SABINE LAHME

Mit *Resilienz* Krisen überwinden

SABINE LAHME

Mit *Resilienz* Krisen überwinden

Wie Sie lernen, immer wieder aufzustehen und neue Kraft zu schöpfen

mvgverlag

Bibliografische Information der Deutschen Nationalbibliothek
Die Deutsche Nationalbibliothek verzeichnet diese Publikation in der Deutschen Nationalbibliografie. Detaillierte bibliografische Daten sind im Internet über http://dnb.d-nb.de abrufbar.

Für Fragen und Anregungen
info@mvg-verlag.de

Wichtiger Hinweis
Dieses Buch ist für Lernzwecke gedacht. Es stellt keinen Ersatz für eine individuelle medizinische Beratung dar und sollte auch nicht als solcher benutzt werden. Wenn Sie medizinischen Rat einholen wollen, konsultieren Sie bitte einen qualifizierten Arzt. Der Verlag und der Autor haften für keine nachteiligen Auswirkungen, die in einem direkten oder indirekten Zusammenhang mit den Informationen stehen, die in diesem Buch enthalten sind.

Originalausgabe
1. Auflage 2023

Türkenstraße 89
80799 München
Tel.: 089 651285-0
Fax: 089 652096

Redaktion: Silke Panten
Umschlaggestaltung: Monika Tomaszewska
Umschlagabbildung: shutterstock/B.illustrations
Satz: Christiane Schuster | www.kapazunder.de
Druck: CPI books GmbH, Leck
Printed in the EU

ISBN Print 978-3-7474-0534-5
ISBN E-Book (PDF) 978-3-96121-916-2
ISBN E-Book (EPUB, Mobi) 978-3-96121-917-9

Wir produzieren nachhaltig
www.m-vg.de

Weitere Informationen zum Verlag finden Sie unter
www.mvg-verlag.de
Beachten Sie auch unsere weiteren Verlage unter www.m-vg.de

Inhalt

Vorwort

Selbst der weiteste Weg beginnt mit dem ersten Schritt.
Laotse

Liebe Leserin, lieber Leser,

ich freue mich, dass der Titel des Buches *Mit Resilienz Krisen überwinden* Sie so neugierig gemacht hat, dass Sie nun dieses Buch in den Händen halten. Auf den folgenden Seiten geht es um Resilienz, um Geschichten rund um das Thema, meine Tipps als Expertin und nicht zuletzt auch um meine eigene Geschichte, die ich Ihnen erzähle, um Ihnen immer wieder Gedankenimpulse zu geben. Ich darf Ihnen zeigen, wie ich coache und welche Möglichkeiten Sie haben, diese Methoden in Ihr Leben zu integrieren. Wissen zu teilen und mutig zu sein, ist meine Herzenssache. Dieses Buch erzählt vom Mut, neu zu starten.

Falls Sie jetzt denken »Noch so ein Buch, bei dem ich etwas verändern soll!«, möchte ich Sie beruhigen. Genau das ist nicht mein Ansatz, wenn es um das Thema Resilienz geht. Mit den Geschichten und Tipps in diesem Buch möchte ich bewirken, dass Sie vielleicht den einen oder anderen Aha-Effekt haben. Ich möchte Ihnen zeigen, dass es einen Weg gibt, mit Dingen umzugehen, die wir Menschen nicht ändern können. Und ich möchte Ihnen an der einen oder anderen Stelle vielleicht ein kleines Lächeln ins Gesicht zaubern.

Sie lernen mit diesem Buch die sieben Säulen der Resilienz kennen und erfahren, was es damit auf sich hat und wie ich selbst diese

Säulen in mein Leben integriert habe. Mit dem Wissen der sieben Säulen der Resilienz wird es Ihnen leichter fallen, mit schwierigen Situationen in Ihrem Leben umzugehen, um zukünftig sorgsamer mit sich selbst zu sein.

In jedem einzelnen Kapitel warten wertvolle Impulse und Anregungen auf Sie. Dazu gesellen sich wirksame Übungen, die Ihnen auch in schwierigen Situationen den Weg aus der Krise und hinein in ein selbstbestimmtes Leben aufzeigen. Umrahmt sind diese Impulse mit persönlichen Tipps und Anekdoten aus meiner eigenen Biografie. Denn ich habe schon sehr früh gelernt, was es bedeutet, wieder aufzustehen, nachdem ich hingefallen bin. Aufzustehen und gehen zu lernen war nicht nur eine Lernerfahrung meiner Kindheit, sondern sollte sich in meinem Erwachsenenleben noch mehrmals wiederholen. Meine Gedanken wieder und wieder auf die Reise zu schicken, um nach Lösungen zu suchen und dabei auch noch geduldig zu bleiben, war eine weitere Aufgabe, die mir mein Leben stellte.

Vielleicht macht Ihnen meine Geschichte ja Mut, sich auch auf Ihren Weg zu begeben. Denn mal ganz ehrlich: Wenn ich das alles geschafft habe, dann schaffen Sie das auch. Und im Zweifel hilft Ihnen der eine oder andere Stupser aus diesem Buch dabei.

Mit diesem Buch möchte ich Sie »in Gang bringen«, motivieren und inspirieren, Ihr Leben in Leichtigkeit zu leben. Unter Umständen inspiriert Sie das Buch, auch neue Wege zu gehen und zukünftige Erlebnisse neu zu überdenken.

Ein Spruch von mir lautet: Hinfallen dürfen wir alle, doch jammern nützt nichts. Popo heben und nach vorn gehen, auch wenn's wehtut.

Los geht's, lassen Sie uns gemeinsam mutig sein.

Die sieben Säulen der Resilienz

Jeder Mensch wird im Laufe seines Lebens mit Veränderungen und Krisen konfrontiert. Das kann die Trennung der Eltern sein, der Auszug aus dem Elternhaus, der Tod eines geliebten Menschen, ein Umzug in eine andere Stadt, verbunden mit dem Verlust der Freunde, und so weiter und so fort. Leider lässt sich das Leben nicht immer planen, und allzu häufig müssen wir auf das reagieren, was gerade passiert. Manche der Veränderungen, die wir in unserem Leben erfahren, sind unkalkulierbar, geradezu überraschend und kommen förmlich über Nacht, andere dagegen sind lange im Voraus erkennbar.

Genauso wie jede Veränderung, jede Krise und jeder Wendepunkt in unserem Leben anders ist und andere Konsequenzen mit sich bringt, so bewerkstelligt auch jeder Mensch eine solche Situation auf seine eigene Art und Weise.

Haben Sie sich schon einmal gefragt, weshalb einige Menschen mit Wendepunkten, Belastungen und Krisen in ihrem Leben besser zurechtkommen als andere? Die Antwort lautet: Diese Menschen sind resilient.

Resilienz – was ist das eigentlich?

Das Wort »Resilienz« kommt vom lateinischen Verb »resilire« und wird übersetzt mit abprallen oder zurückspringen. Ursprünglich wurde das Wort in der Physik verwendet und beschreibt in der Werkstoffkunde die Fähigkeit eines Werkstoffes, sich verbiegen zu lassen und danach wieder in den ursprünglichen Zustand zurückzukehren. In der Persönlichkeitsentwicklung wurde der Begriff »Resilienz« benutzt, um die Stärken besonders jener Menschen zu beschreiben, die schwere Erkrankungen oder traumatisierende Erlebnisse durchgestanden, einen Arbeitsplatz oder nahe Angehörige verloren oder generell Rückschläge im Leben gemeistert haben. Dafür wird das Wort auch heute noch häufig verwendet. In einigen Fachbüchern wird Resilienz als die »psychische Widerstandsfähigkeit« beschrieben. Darunter ist zu verstehen, dass Menschen in Krisensituationen psychisch stabil, körperlich belastbar und geistig gesund bleiben.

Kann Resilienz trainiert werden?

Menschen mit einer guten Resilienz haben gelernt, dass sie selbst für den Ausgang einer Krise oder einer Belastung verantwortlich sind. Das heißt, sie kennen ihre Fähigkeiten und sind sich bewusst, was sie selbst an ihrer Situation ändern können und was nicht, und gehen dann die entsprechenden Schritte. Das stärkt den Selbstwert und das Selbstvertrauen.

Diese Menschen verfügen über gute innere Mechanismen, die ihnen in schwierigen Situationen helfen, mit dem eigenen Verhalten ein positives Ergebnis zu erzielen. Folglich bezeichnet Resilienz die Fähigkeit, Belastungen sowie Krisen zu bewältigen. Dabei führen wir durch unsere sozialen und persönlichen Ressourcen einen Ausgleich herbei und nutzen die Krise für die eigene Weiterentwicklung.

Grundsätzlich gilt, dass sich Resilienz trainieren lässt, denn es gibt verschiedene Wesenszüge, die sich positiv auf die Psyche auswirken. Sie sind also wahrscheinlich ein Mensch mit hoher Resilienz, wenn Sie folgende Charaktereigenschaften innehaben:

- Sie denken grundsätzlich positiv.
- Sie halten Krisen für bezwingbar.
- Sie empfinden Krisen als Chance für persönliches Wachstum.
- Sie sind entscheidungsfähig.
- Sie haben ein hohes Maß an Selbstvertrauen und ein positives Selbstbild.
- Sie besitzen eine vertrauensvolle Grundhaltung.
- Sie achten auf sich.
- Sie probieren gerne Neues aus.
- Sie stellen Fragen und interessieren sich für Zusammenhänge.

Keine Sorge, wenn Sie sich in dieser Aufzählung nicht wiederfinden. Mit ein wenig Übung – und mit diesem Buch – lässt sich all das lernen.

Schritt für Schritt zu mehr Resilienz im Alltag

In diesem Buch möchte ich Sie auf Ihrer Reise durch das »Immunsystem« Ihrer Psyche begleiten, damit Sie gestärkt und kraftvoll allen Herausforderungen Ihres Lebens begegnen können.

Resilienz lässt sich in sieben Säulen unterteilen, von denen jede einen thematischen Schwerpunkt bildet und einen wichtigen Bestandteil der Resilienz darstellt.

Diese sieben Säulen der Resilienz sind:

1. Akzeptanz
2. Optimismus
3. Lösungsorientierung

4. Opferrolle verlassen
5. Verantwortung übernehmen
6. Netzwerkorientierung
7. Zukunftsplanung

Ich führe Sie in diesem Buch Schritt für Schritt durch die Inhalte zu mehr Resilienz, indem ich Ihnen in jedem Kapitel eine dieser sieben Säulen vorstelle. Mithilfe der Übungen zu jedem Thema können Sie ganz einfach direkt an die Arbeit gehen und meine persönlichen Geschichten und Tipps sollen Sie auf diesem Weg unterstützen. Am Ende der sieben Säulen wartet noch eine kleine Überraschung als Zusatzmaterial auf Sie.

Je nachdem, in welcher schwierigen Situation Sie sich befinden, kann es für Sie auch hilfreich sein, sich zunächst nur mit einer einzelnen Säule und den dazugehörigen Übungseinheiten zu beschäftigen.

Säule 1: Akzeptanz

Laufen lernen leicht gemacht

Wenn es uns gelingt, Dinge so zu akzeptieren,
wie sie gerade sind, nur dann ist es möglich,
in Wandel mit uns selbst zu gehen.

Sabine Lahme

Können Sie sich noch daran erinnern, wie Sie laufen gelernt haben? Falls nicht, lassen Sie mich Ihnen kurz auf die Sprünge helfen: Laufen lernen Kinder im Alter von etwa einem Jahr. Davor krabbeln sie, versuchen, sich hochzuziehen, und können die Füßchen heben und senken. Die ersten Tritte erfolgen bereits im Mutterleib, doch da ist von loslaufen noch keine Rede. Laufen fängt erfahrungsgemäß mit den Fingerchen an, denn diese werden als Grundlage für das Hochziehen am Stuhl, Entlanghangeln am Bettchen oder zum Ergreifen des elterlichen Mobilfunktelefons auf dem Sofa benutzt (kleiner Scherz am Rande). Die Fingerchen sind also die ersten Laufhilfen im Leben eines Kindes, die sogenannten Stabilisatoren. Mit ihnen machen Babys schon sehr früh Greifübungen. Sie spielen damit, beobachten ihre eigenen Finger, klammern sich an unsere Fingerglieder, versuchen, diese zu erspüren, und ziehen schließlich ihr eigenes Körpergewicht mit ihren Fingerchen hoch.

Sehr bald bemerken sie ihre eigenen Beinchen. Auch diese werden ertastet, erkundet und genauestens untersucht. Hat das Kleinkind seine ersten Lernerfahrungen mit den Fingerchen, dem Hochziehen und Entlanghangeln gut erarbeitet, dann folgt als nächster

Schritt die Beinarbeit. Ein Schritt nach dem anderen. Dabei kommt es vor allem darauf an, die Beinchen geradezustellen. Zu Beginn ist die Beinarbeit noch sehr wackelig, und die Stabilität des Körpers ist auch noch mitten in der Arbeit, doch diese Aufgaben klappen meist sehr schnell.

Ausbalancieren, durch- und festhalten, schon geschafft. Die ersten Schritte sind gemacht.

Anfänglich ist von Aufgeben keine Rede, denn auf eigenen Beinen zu stehen und die Welt aus einer neuen Perspektive zu betrachten, das ist es, was Kinder neugierig macht und ihre spielerische Wissbegier fördert. Gewicht verlagern, schwungvolle Gehbewegungen, all diese Dinge brauchen ganz viel Übung und tägliche Neugier auf noch mehr. Bis die Kinder dann laufen können, vergehen noch eine Menge Zeit und viele Übungseinheiten. Einige Kinder laufen früher und andere etwas später. Doch das Ergebnis ist bei allen Menschen dasselbe: Sie sind auf ihren eigenen Beinen in Bewegung.

Nachmachen, entdecken und in ständiger Bewegung zu sein, fordert Eltern spätestens ab dem Zeitpunkt, an dem Kleinkinder das Gehen für sich entdeckt haben, enorm in ihrem Handeln und Tun. Jetzt werden die Eltern auf Trab gehalten, und das von früh am Morgen bis spät abends. Entdeckerreisen für die Kinder sind Geduldsübungen für jeden Elternteil.

In Bewegung zu sein, das ist es, was Kinder jetzt für sich benötigen, um die Entdeckungsreisen und die Abenteuer des Lebens gut zu meistern. Denn ab jetzt ist jede Reise ein Abenteuer der Bewegung und eine Piratenreise ins Leben. Ein wesentlicher Unterstützer des Gehens ist die kindliche Neugier auf mehr. Plötzlich sehen die Kinder viele Sachen aus einer neuen Perspektive. Was früher noch groß und unerreichbar erschien, ist jetzt in greifbare Nähe gerückt. An manchen Tagen ist dies das pure Glücksspiel für Kinder – und für die Eltern dabei der blanke Horror.

Wenn ich mir nun vorstelle, dass ich das auch so als Kind gemacht habe, mit meinem Dickschädel und meiner Energie, dann bedaure ich in der Retrospektive meine Eltern sehr. Doch sie haben mich ja in die Welt gesetzt und mussten somit auch mit den Konsequenzen rechnen. Spaß beiseite. Kinder möchten wissen, wie die Welt funktioniert. Sie möchten erproben, was machbar ist. Sie erkunden ab dem Zeitpunkt, ab dem sie aufrecht auf ihren Beinen gehen können, fast alle Stellen der Wohnung und sind, bis sie zu Bett gehen, wissbegierig und kaum zu bremsen.

Erinnern Sie sich noch, wie Sie die Welt erkundet haben? Nein? Dann erzähle ich Ihnen, wie Sie das gemacht haben und weshalb diese Erfahrung wichtig ist für Ihre Resilienz. Denn diese Fertigkeit, wie Sie damals erlernt haben, aufzustehen und zu gehen, die Welt zu erkunden und sich für Dinge zu interessieren, das ist ein wichtiges Werkzeug für Ihre zukünftige Aufgabe, wenn es um Akzeptanz geht. Um zu verstehen, wie die Welt funktioniert, waren Sie nicht nur in Bewegung auf Ihren Beinen, nein Sie haben auch alles andere erkundet. Kinder räumen zum Beispiel alles aus, es wird untersucht, angefasst, umgedreht, ab und zu auch zerstört. All diese Bewegungen gehören zur Erkundung der Welt dazu. Besonders stolz sind Kinder, wenn ihnen etwas gelingt, wenn sie eine Aufgabe lösen konnten. So zum Beispiel beim Bauen mit den Holzklötzchen, wenn es gelungen ist, diese aufeinanderzustapeln. Oder nehmen wir das Aus- und Anziehen von Puppen, ein bei Kindern sehr beliebtes Ritual, das gleichzeitig eine Lernerfahrung für das eigene An- und Ausziehen im eigenen späteren Leben darstellt.

Kinderaugen leuchten dann besonders, wenn ihnen etwas gelingt. An Ihre leuchtenden Augen können sie sich vermutlich nicht mehr erinnern, aber vielleicht an das Gefühl der Freude oder des Glücks. Vielleicht waren Sie erfreut, motiviert oder begeistert. Unter Umständen auch inspiriert, berührt, erleichtert oder sicher. All diese Gefühle wurden damals angelegt, und meist können wir uns an die Szenen nicht mehr erinnern, doch die Gefühle sind in Ihnen abgespeichert. Und diese Gefühle können sich heute noch genauso anfühlen wie früher, nämlich in den Momenten, wenn Ihnen etwas gelingt. Dann sind sie auch heute glücklich, zufrieden oder sogar erfüllt und ab und zu auch dankbar.

Mit zunehmendem Alter denken wir nicht mehr darüber nach, ob wir laufen können; wir tun es, weil wir es akzeptiert haben und weil wir es nun mal können. Doch stellen Sie sich bitte für einen Moment vor, Sie wären damals mit dem ersten Fall auf den Popo oder die Knie auf die Idee gekommen: »Das Fallen akzeptiere ich so nicht, ich bleibe lieber fortan in meiner robbenden Haltung.« Wie merkwürdig würde das wohl heute aussehen, wenn das der Fall gewesen wäre? Wie gut, dass Sie sich damals dafür entschieden haben, dass einmal hinfallen bedeutet, grundsätzlich einmal mehr aufzustehen. Denn genau das war Ihre Entscheidung. Sie haben akzeptiert, dass Sie noch nicht komplett aufstehen, sich nicht alleine halten können und noch etwas Übung benötigen beim Finden Ihres Gleichgewichts. Sie sind davon ausgegangen, dass Sie nach vielen Übungseinheiten laufen lernen werden. Diese Neugier hat Sie damals in Bewegung gebracht und Sie dabei unterstützt, dass Sie heute aufrecht gehen können.

Akzeptieren, dass es so ist, wie es ist

Was ich mit diesem Satz aussagen möchte und was uns das Beispiel des Laufenlernens eindrucksvoll zeigt, ist, dass wir erst in die Veränderung gehen können, wenn wir den Istzustand selbst akzeptieren. Das bedeutet: Wenn wir akzeptieren, dass der Zustand oder die Situation, in der wir uns gerade befinden, so ist, wie sie ist, und wir diese nicht verändern können, erst dann ist auch ein Wandel realisierbar. Denn Akzeptanz bedeutet auch loslassen, was gerade noch an uns klebt und uns daran hindert, Neues in unser Leben zu lassen.

Wir sollten uns dessen bewusst sein, dass Veränderung grundsätzlich nur mit uns selbst möglich ist. Menschen und Situationen, die nicht unserer Vorstellung entsprechen, begegnen uns im Leben immer wieder. Ebenso stolpern wir oft über Konflikte, die uns vor neue Herausforderungen stellen. Manche Menschen fügen uns Kränkungen zu, andere Liebeskummer oder Herzschmerz, und vereinzelt sind es auch Situationen, die uns sehr ärgerlich, sauer oder wütend machen. Meist sind es die unerwarteten Situationen, die uns eiskalt erwischen.

Wenn ich über Akzeptanz spreche, dann bedeutet das nicht, dass Sie alles hinnehmen oder sich den Situationen ergeben sollen. Nein, Akzeptanz bedeutet, die Energie und die Zeit, die Sie aufbringen, um gegen das, was passiert, anzukämpfen, genau diese Energie sollten Sie lernen, zukünftig einzusparen. Denn meist ist es vertane Zeit und unnötiges Verschwenden von Energiequellen, leider zu Ihren Lasten. Die Energie, die Sie für unnötige Zeitfresser einsparen, die dürfen Sie gerne gewinnbringend einsetzen, um zum Beispiel Lösungsstrategien zu entwickeln, die Ihnen helfen, etwas in der Realität zu verändern. Vor allem so, dass es Ihnen am Ende des Tages gut geht und Sie zufrieden sind.

Machen Sie sich bitte bewusst: Wenn Sie nicht der Chef des Ganzen sind, wer denn dann? In der Psychologie heißt es oft: Sei dir selbst dein bester Freund. Das drückt nicht aus, dass Sie egoistisch oder rücksichtslos durch Ihr Leben gehen sollten, sondern, dass der wichtigste Mensch in Ihrem Leben Sie selbst sind. Denn, wenn nicht Sie, wer denn dann? Es mag sein, dass der eine oder andere jetzt denken könnte: Das ist ja pure Selbstsucht. Nein, das ist es nicht; es ist Selbstliebe, Selbstakzeptanz und Selbstverantwortung.

Und das sind gesunde Muster in unserem Leben. Wenn Sie sich nicht selbst ernst nehmen, weil Sie Ihre Gefühle vernachlässigen oder Situationen vermeiden, die etwas mit Ihnen machen, wer sollte es dann tun? Denken Sie bitte daran, dass es an keinem Ort der Welt ein Kilogramm Selbstakzeptanz, Gelassenheit oder Optimismus zu kaufen gibt. Sie selbst sind in der Verantwortung für Ihr Leben.

Menschen, die gelernt haben, dass sie sich selbst ihr bester Freund oder die beste Freundin sind, gehen nicht über Leichen, sondern sind empathisch, hilfsbereit und wohlwollend, vor allem sich selbst gegenüber. Als Kind haben sie gelernt, dass der Weg nur mit kleinen Schritten machbar ist und sie ihn ausschließlich selbst gehen können.

Nehmen auch Sie sich wichtig. Sie sind der Kapitän auf Ihrem eigenen Kutter. Das bedeutet, Sie steuern sich selbst durch Ihr Gewässer, durch alle Riffe (die sichtbaren und die unsichtbaren) und durch hohe Wellen und nur Sie allein können durch die Stürme Ihres Lebens segeln. Was Sie mitbringen sollten, ist ein wenig Geduld, der Wunsch nach Veränderung, die Bereitschaft, Neuem zu begegnen, und das Wissen, dass es auch ab und zu Rückschritte geben wird. Rückschritte sind Lernerfahrungen und die gehören dazu. Sie sind ein wichtiger Teil im Veränderungsprozess und ab und zu nötig. Denn was wir Menschen gern vergessen, ist das Feiern unserer bereits geleisteten Erfolge. Und genau dann, wenn Sie einen Schritt zurückgehen, können Sie sich bewusst machen, was Sie schon erreicht haben. Sie können sich vor Augen führen, wie viel Sie sich schon bewegt und welche Strecke Sie bereits hinter sich gelassen haben.

Stellen Sie sich vor, Sie würden einen Marathon laufen. Mal ehrlich, wie weit würden Sie ohne Übungseinheiten kommen? Bis zur nächsten Weggabelung? Einen Kilometer? Vielleicht ein bisschen mehr? Mir würde schon ab der nächsten Weggabelung die Puste ausgehen, und ich hätte zu akzeptieren, dass ich null Komma null trainiert bin. Wie würde es Ihnen gehen? Wäre für Sie Training nicht auch eine Lösung?

Genau diese Trainingseinheiten gibt es auch auf Ihrem Weg, resilienter zu werden. Dabei sind sie mehr als bloßes Training, sie legen den Grundstein für echte Beziehungsarbeit. Beziehungsarbeit an und mit sich selbst. Machen Sie sich bewusst: Jede Beziehung ist Arbeit, auch die zu uns selbst. Und genau die fällt uns Menschen am allerschwersten.

Ritual: Weshalb fällt es mir schwer, etwas zu akzeptieren?

Schreiben Sie doch einmal einen Brief an sich selbst. Das ist eine wundervolle Gelegenheit, um an der Beziehung zu sich selbst zu arbeiten, über das zukünftige Leben nachzudenken und dem bereits vergangenen Leben zu danken. Sammeln Sie zuerst alle Ihre Ideen und Impulse, über die Sie schreiben möchten.

Überlegen Sie sich an dieser Stelle für einen kurzen Moment, was der Grund war, weshalb Sie sich dieses Buch gekauft haben, oder was Ihr Interesse geweckt hat, dieses Buch in die Hand zu nehmen. Was war Ihr erster Impuls? Welche Ideen hatten Sie, wobei die Inhalte dieses Buches Sie unterstützen könnten? Unter Umständen ist es Ihr Wunsch, Vergangenes zu akzeptieren, Ereignisse, die in Ihrem Leben geschehen sind, zur Ruhe zu bringen. Oder vielleicht haben Sie gerade den Wunsch, sich zu verändern.

Nehmen Sie sich jetzt gern einen kurzen Moment Zeit. Besorgen Sie sich Stift und Papier und los geht es.

Nun befassen Sie sich mit Ihrem zurückliegenden Leben. Stellen Sie sich die folgenden Fragen, und gehen Sie darauf in Ihrem Brief an sich selbst ein:

- Was brauche ich, um Dinge, Ereignisse, Geschehnisse, die ich nicht ändern kann, zu akzeptieren?
- Welche Methode könnte mir dabei helfen zu akzeptieren, dass ich nicht alles im Leben ändern kann?

Schreiben Sie die Erkenntnisse so detailliert wie möglich auf Ihr Blatt Papier – Ihren Brief an sich selbst. Das können schöne Ereignisse sein, schmerzhafte Erlebnisse oder magische Momente.

Dazu ein Beispiel: Mein Großvater war ein wichtiger Mensch und Mentor in meinem Leben, leider ist er viel zu früh verstorben. Das kann ich nicht ändern und halte ihn aus diesem Grund in liebevoller Erinnerung. Um diese Situation, den Verlust meines Großvaters, zu akzeptieren, hilft es mir, ihn in schwierigen Situationen gedanklich um Rat zu fragen.

Wenn Sie alle Ereignisse und Situationen in Ihrem Brief aufgeschrieben haben, dann gehen Sie auf das Leben ein, das noch vor Ihnen liegt. Stellen Sie sich nun diese Fragen:

- Was möchten Sie unbedingt erleben und mit wem?
- Wer ist die wichtigste Person in Ihrem Leben?
- Welche Dinge werden Sie in Ihrem zukünftigen Leben verändern?
- Woran haben Sie Spaß?
- Was macht Sie glücklich und zufrieden?
- Wenn Sie einen Wunsch frei hätten, welcher wäre das?

Ich gebe Ihnen auch hierzu ein Beispiel: Wenn ich einen Wunsch frei hätte, dann würde ich sehr gerne einen Gesprächsabend am Kamin mit meinem Großvater machen.

Wenn Sie am Ende Ihres Briefes angekommen sind und alles niedergeschrieben haben, dann verschließen Sie den Brief an sich.

Notieren Sie nun Ihre Adresse auf dem Briefumschlag, und geben Sie den Brief einem guten Freund, einer guten Freundin, Ihrem Partner oder Ihrer Partnerin. Bitten Sie die Person Ihres Vertrauens, den Brief in einem Jahr an Sie zu senden. Ich bin gespannt, was Sie in einem Jahr über sich erfahren werden und was sich binnen eines Jahres verändern wird.

Für Menschen, die gerne in der digitalen Welt unterwegs sind, habe ich auch noch einen Tipp: Machen Sie doch mit sich selbst einen Termin in Ihrem digitalen Terminkalender aus und hinterlegen Sie Ihren Brief elektronisch. Vielleicht haben Sie auch Lust darauf, mir in einem Jahr zu berichten, was sich alles in Ihrem Leben positiv verändert hat. Ich freue mich auf Ihre Post.

Viel Spaß damit, und nun geht es weiter zum Thema, was Krisen mit uns machen.

Was machen Krisen konkret mit uns?

Den meisten Menschen fällt es schwer, etwas zu akzeptieren, wenn sie es nicht kontrollieren können, es nicht in ihrer Hand ist oder Sie es selbst nicht steuern können. Sie hegen den Wunsch, die Kontrolle über die Gefühle, über das Leben und über sich selbst zu haben und es bestenfalls nicht aus der Hand geben zu müssen. Natürlich ist es verständlich, dass wir ungern Dinge aus der Hand geben und diese am allerbesten selbst kontrollieren möchten. Doch ist das auch sinnvoll? Vor allem bei Dingen, Ereignissen oder Geschehnissen, die von außen auf uns einströmen, fällt es uns extrem schwer, etwas zu akzeptieren.

Damit Sie das besser nachvollziehen können, gebe ich Ihnen hierzu ein Beispiel: Ihr Chef informiert Sie darüber, dass Sie Ihren Arbeitsplatz verlieren werden, weil das Unternehmen, in dem Sie angestellt sind, verkleinert wird. Er erklärt Ihnen, dass es einen sehr aufwendigen Prozess gab, in welcher Abteilung wie viele Mitarbeiter entlassen werden müssen, wie der Sozialplan auszusehen hat und wie der prozentuale Entlassungsschlüssel ist. Um keinen seiner Mitarbeiter zu benachteiligen, erzählt Ihnen Ihr Chef, wie er diejenigen Mitarbeiter, die zur Entlassung anstehen, ausgewählt hat. Zuerst hat er jeden Namen seiner Mitarbeiter, die nach dem Sozialplan noch übrig waren, auf einen Zettel geschrieben und diese Zettel in ein Glas gelegt. Dann hat er, wie bei den Lottozahlen, dieses Glas geschüttelt, um die Zettel mit den Namen der Mitarbeiter gut durchzumischen. Danach wurden die Zettel mit den Namen der Mitarbeiter, die entlassen werden sollten, der Reihe nach wie ein Los gezogen. Einer der Mitarbeiter, die ausgewählt wurden, sind nun Sie. Dieser Zustand ist unveränderbar, und Sie haben demnach keine Möglichkeit, etwas daran zu verändern.

Was ist der erste Gedanke, den Sie haben? Vielleicht: wieso ich? Oder: Was habe ich gemacht, dass es mich trifft? Es sind wie gesagt vor allem solche Situationen, in denen es uns besonders schwerfällt, den Zustand zu akzeptieren: Situationen, in denen wir etwas aus der Hand geben müssen, das wir nicht selbst verursacht haben, und in denen wir keine Chance auf ein Einwirken bekommen und nicht das Geringste dazu beigetragen haben. Dass in diesen Momenten Gefühle wie Fassungslosigkeit oder Wut, gepaart mit Angst und Stress zum Vorschein kommen, ist völlig normal. Mit diesem Ausgang des Gespräches hatten Sie nicht gerechnet und es erwischt Sie eiskalt. Das Gefühl, etwas nicht selbst in der Hand zu haben, macht uns ohnmächtig, es ist katastrophal und grauenvoll zugleich.

Gefühle außer Kontrolle zu wissen, das Körpergefühl nicht kontrollieren zu können und womöglich alles entgleiten zu sehen, das sind Vorstellungen, denen wir gerne aus dem Weg gehen möchten. Genau das ist jetzt in dieser Situation unmöglich, denn Ihre Gefühle tanzen jetzt mit Ihnen Samba. Ihr Körper hat Stress, Sie fühlen sich hilflos, und Angst, wie es jetzt weitergehen wird, macht sich breit.

Machen Sie sich bewusst: Das sind ganz normale Gefühle, die immer dann entstehen, wenn wir Menschen uns in einer Überforderungssituation befinden; und genau darin stecken Sie gerade. Das Adrenalin schießt abrupt in die Höhe, Ängste, die im Normalfall ein Warninstrument sind und bei Gefahr unterstützen, werden aktiv, und der Körper ist auf Gefahr programmiert. Ihr komplettes System ist außer Rand und Band, da diese Situation eine Gefahr für Sie darstellt. Der Blutdruck steigt durch das Adrenalin, quasi unwichtige Funktionen wie die Verdauung werden unterdrückt, und auch die Immunabwehr wird durch das Cortisol zurückgefahren. Bei unvermeidbaren Gefahrensituationen sind diese Funktionen folgerichtig, sinnvoll und überlebensnotwendig. Jedoch in dieser Situation jetzt gerade sind sie eher anstrengend. Abstellen können Sie diese Funktionen in Ihrem Körper leider nicht, jedoch ist es machbar, dass Sie sich diesen Emotionen nicht ganz ergeben müssen.

Erinnern Sie sich noch an den Satz zu Beginn dieses Kapitels? »Wenn es uns gelingt, Dinge so zu akzeptieren, wie sie gerade sind, nur dann ist es möglich, in Wandel mit uns selbst zu gehen.« Sie können die Kündigung jetzt nicht mehr ändern, schön finden müssen Sie diese aber trotzdem nicht. Was Akzeptanz hier jedoch meint, ist: Akzeptieren Sie, dass es jetzt gerade so ist, dass Sie gekündigt wurden. Mehr meint Akzeptanz hier nicht. Ihre Gefühle sollten Sie nicht ignorieren, denn die sind da und wollen ganz klar beachtet werden. Sie dürfen sauer sein, traurig und auch ärgerlich, denn das sind echte Gefühle, die zu Ihnen und zu dieser Situation gehören. Zudem weisen Ihre Gefühle Sie gerade darauf hin, dass sich jetzt in Ihrem Leben etwas verändern wird, mit dem Sie nicht gerechnet haben. Gemeint ist damit dieses Ereignis, das unkontrolliert aus dem Off kam und das Sie jetzt gerade sprichwörtlich versucht, aus der Bahn zu werfen.

Doch nicht wir leben das Leben, sondern das Leben lebt uns, und somit sind auch Krisen, Veränderungen und Wendepunkte in unserem Leben unvermeidbar. Wie Sie jedoch damit umgehen, das ist ganz allein Ihre Entscheidung. Etwas so zu akzeptieren, wie es jetzt gerade ist, hört sich oftmals an wie eine Aufforderung, zu resignieren oder aufzugeben. Genau das Gegenteil ist der Fall. In die Akzeptanz zu gehen, ist bereits ein Schritt auf dem Weg in die Veränderung. Lassen Sie diesen Satz wirken: Akzeptanz ist der erste Schritt in die Veränderung. Diese Bewegung fällt den meisten Menschen schwer; stattdessen versuchen sie das Unmögliche vom Unmöglichen zu verlangen, sie kämpfen gewissermaßen darum, dass es sich ändern lässt. Allerdings können wir wie gesagt nur uns selbst verändern und keinesfalls unser Gegenüber. Doch genau das ist es, was viele Menschen in solchen Situationen dann versuchen. Sie wollen unter allen Umstanden den anderen verändern.

Kommt Ihnen das bekannt vor? Hat das bei Ihnen schon einmal zum Erfolg geführt? Sind Sie beim Versuch, Ihr Gegenüber zu verändern, schon jemals auf offene Arme gestoßen? Nein? Dann stellt sich mir die Frage, warum Sie es wiederholt versuchen. Vielleicht haben Sie bislang noch keinen Schlüssel zu dieser Frage gefunden. Vielleicht haben Sie noch keine Methode gefunden, die Ihnen dabei hilft, etwas, das sie nicht verändern können, zu akzeptieren.

Einen Türöffner für Ihren Weg zur Veränderung kann ich Ihnen anbieten. Was nicht in meinem Angebot enthalten ist, ist der Schlüssel für die Möglichkeit, Ihr Gegenüber zu verändern. Doch ich gehe davon aus, dass Sie das ab jetzt nicht mehr möchten.

Raus aus der Hängematte der Selbstzufriedenheit

Akzeptanz bedeutet, die Kränkung, das Verhalten des Gegenübers sowie den eigenen Mangel nicht zu ignorieren, sondern nachsichtig anzunehmen. Den meisten Menschen fällt dies schwer. Sie sind gewohnt, sich eher zu ärgern und dem Groll zu folgen, als bei sich klarer hinzuschauen. Motzen geht ja bekanntlich immer.

Natürlich ist es schmerzhaft, anstrengend oder auch unangenehm, bei sich selbst genauer hinzusehen. Doch es lohnt sich, aus der Hängematte der Selbstzufriedenheit auszusteigen, und zwar mit allen Konsequenzen. Stellen Sie sich einmal vor, dass Sie nur noch dann ärgerlich wären, wenn es sich für Sie lohnen würde oder Sie einen Gewinn daraus erzielen könnten. Das ist gar nicht so leicht. Selbstverständlich ist es behaglicher, bequem in der Hängematte der Selbstzufriedenheit zu liegen. Das verstehe ich sehr gut. Und wenn Sie sich für den Weg entscheiden, aus der Hängematte auszusteigen, ist es erst mal anstrengend. Ihre erlernten Muster werden es Ihnen anfänglich schwer machen. Doch genau das ist der wichtigste Schritt, um sich mit den eigenen Bedürfnissen, Wünschen und der Gewohnheit im Umgang mit Kränkungen zu beschäftigen. Dinge zu akzeptieren, die wir nicht ändern können, ist eine entscheidende Annahme für die Entwicklung der eigenen Persönlichkeit.

Wer Krisen, Krankheiten, Meinungen und Mängel bei sich und anderen sowie dem eigenen Habitus und sich selbst als Typ akzeptiert, verfügt über einen großen Reichtum an Selbstvertrauen, Selbstwert und eine Menge an Zufriedenheit. In der Resilienz bedeutet Akzeptanz, alle unveränderbaren und unvermeidbaren Dinge des Lebens zuzulassen. Kummer, Leid, Kränkungen, Wendepunkte und Misserfolge sind Dinge, die zu unserem Leben gehören. Wenn Sie als Persönlichkeit gelernt haben, damit umzugehen, dann dürfen Sie sich ab sofort resilient nennen. Sie lassen die oben beschriebenen Themen buchstäblich an sich abprallen, denn Sie haben die Fähigkeit, eine Kämpfernatur zu sein. Doch vor der Akzeptanz gibt es noch das Thema der Selbstakzeptanz.

So bringen Sie den inneren Kritiker zum Schweigen

Haben Sie sich schon einmal mit der Frage beschäftigt, was wohl passieren würde, wenn Sie sich so annehmen würden, wie Sie sind? Oder wie Ihr Leben aussehen könnte, wenn Sie es selbst gestalten würden. So, wie Sie es für richtig und sinnvoll erachten? Nein? Dann wird es jetzt höchste Zeit.

Als Erstes schmeißen Sie Ihre inneren Zweifler oder Kritiker raus. Denn genau die sind es, die Ihnen vorgeben, wie Sie Ihr Leben zu führen haben und wie Sie sein sollen. Was aus der Sicht Ihres inneren Kritikers gut und nicht gut für Sie ist und was jetzt gerade wieder für Veränderungsthemen anstehen, die es zu verwandeln gilt, obliegt Ihnen allein. Doch glauben Sie jetzt bloß nicht, dass Sie bei Ihrem Kritiker auch nur die leiseste Chance haben, mitsprechen zu dürfen. Das ist nicht der Fall. Ihr Kritiker ist es gewohnt, eigenständig zu handeln. Leider nicht immer zu Ihrem Wohl. Viele Menschen werden von ihrem Kritiker besonders häufig überrascht, wobei die Betroffenen eher weiblich sind. Männer leiden seltener darunter, völlig verschont werden jedoch auch sie nicht. Bestimmt kennen auch Sie die Stimme des kleinen Barbaren, der Dinge zu Ihnen sagt wie:

- »Du bist nicht so hübsch wie die neue Kollegin!«
- »Ein paar Kilo weniger könntest du wirklich wiegen!«

- »Das geht doch sicherlich auch besser, oder?«
- »Dein Kollege ist erfolgreicher als du.«

Sie könnten den inneren Selbstkritiker auch Zweifler, Bewerter, Vergleicher, Kommentierer, Kommandant oder Controletti taufen. Denn seine Hauptaufgaben sind, Sie irrezumachen, zu kritisieren, zu beurteilen und zu verunsichern. Verängstigt vor einer anstehenden Prüfung zu sein, Furcht, den neuen Job nicht zu bekommen, oder Unsicherheiten bei Veränderungsprozessen, das sind ganz normale Bedenken, die jeder kennt. Sorgt der Kritiker jedoch dauerhaft für eine Verunsicherung, und übernimmt der innere Barbar die Macht, hat das Auswirkungen auf die Lebensqualität, den Selbstwert sowie das Selbstvertrauen. Die Macht der inneren Stimmen fängt an, Sie zu sabotieren.

Doch wann und wie entsteht dieser Kritiker? Er formt sich bereits recht früh in unserem Leben: Als kleine Wesen sind wir abhängig von unseren Erziehungspersonen. Wir nehmen zuerst mit unseren Augen wahr, spüren mit unserem Bauch und erleben so, ob wir umsorgt und liebevoll behütet sind. Jedes Kind hofft, dass seine Bedürfnisse von den Eltern zufriedengestellt werden. Es möchte um seiner selbst wahrgenommen und geliebt werden. Durch die sichere Bindung zu den Eltern entwickelt sich eine sichere Basis. Aus dieser heraus ist es möglich, Vertrauen in sich selbst und anderen gegenüber zu erschaffen. Fehlt diese Basis am Anfang der Entwicklung, werden Kinder unsicher im Umgang mit anderen. Sie lernen, dass Sie nur dann okay sind, wenn Sie so sind, wie andere sie haben wollen.

Machen Kinder positive Erfahrungen, so sind sie gewohnt zu vertrauen, da sie gelernt haben, sich selbst zu vertrauen. Das schafft weitere Sicherheit in Bezug auf das Selbstvertrauen und sorgt so dafür, dass sich die Kinder in ihrem Handeln und Tun anerkennen. Sie lernen, sich so zu akzeptieren, wie sie sind. Lernen Kinder hingegen, dass sie nur dann okay sind, wenn sie angepasst sind, perfekt aussehen, alles richtig machen oder in der Schule gut sind, oder werden sie womöglich sehr früh mit anderen Spielkameraden oder Kindern der Umgebung verglichen oder für das, was sie tun, häufig kritisiert, so fangen sie an, an ihrem Handeln und Tun zu zweifeln. Das ist der Beginn der ersten Saat des Selbstzweifels. Das bedeutet nicht, dass Kinder keine Kritik hören sollten. Kinder benötigen altersgerechte Leitplanken und Verständnis für die Dinge, die Eltern von ihnen möchten. Dazu gehören Kritik, das »Nein« und eine verständliche Begründung, weshalb Eltern bestimmte Dinge anders betrachten. Dann verstehen Kinder, worum es geht, und befürchten nicht, an sich selbst zweifeln zu müssen.

Parallel dazu gibt es noch andere Erfahrungen, die für Selbstzweifel im Erwachsenenalter zuständig sind: Sind es nicht die Erfahrungen, die Sie als Kind gemacht haben, so können auch die nachfolgenden Situationen die Verursacher sein:

- häufige Ablehnung bei der Jobsuche
- Schönheitsideale und ein gewisser Schönheitswahn, die von der Promiwelt und der Medienbranche vorgelebt werden
- Druck aus der Gesellschaft, auf gar keinen Fall Schwächen zu zeigen, denn das wäre gleichbedeutend damit, nicht erfolgreich zu sein
- Angst vor Misserfolgen gepaart mit der Angst vor Bestrafung
- persönliche Krisen, etwa mehrfach gescheiterte Beziehungen wegen Untreue, Lügen und Vertrauensbrüchen.

Aber jetzt lassen Sie uns loslegen mit Ihrem neuen Leben. Um Ihrer Selbstakzeptanz ein wenig auf die Sprünge zu helfen, sollten Sie als

Erstes mit Ihrem inneren Kampf gegen sich selbst aufhören. Leichter gesagt als getan? Das stimmt! Meist sagen wir etwas leichtfertig daher und sind uns oft nicht darüber bewusst, wie anstrengend die Arbeit an dem Wunsch nach Selbstakzeptanz sein kann. Keine Sorge, ich möchte Ihnen keine Angst machen, sondern Mut zusprechen. Sie schaffen das!

Machen Sie sich bewusst, dass jeder Veränderungsprozess anstrengend sein kann, denn nicht nur Sie haben eine Menge zu tun, sondern auch Ihr Gehirn. Damit Ihnen die Selbstakzeptanz ein wenig leichter fällt, möchte ich Sie zu ein paar kleinen Übungen einladen. Doch zuerst etwas ganz Persönliches von mir für Sie ganz allein: Sie sind ein wundervoller Mensch. Niemand hat das Recht, etwas anderes über Sie zu sagen, schon gar nicht, Sie selbst. Los geht es mit dem Training.

Übung 1: »Ich bin ein wundervoller Mensch«

Diese Übung dient dazu, Ihre positiven Merkmale in den Vordergrund zu locken. Denn gerade wenn es um die Selbstakzeptanz geht, stellen wir unsere positiven Eigenschaften gern in den Hintergrund. Ich möchte also, dass Sie sich mit sich und Ihrer Akzeptanz auseinandersetzen. Sie lernen in dieser Übung Ihre positiven Merkmale nicht nur kennen, sondern Sie werden diese auch leben. Und je mehr Sie diese in Ihr Leben integrieren, desto mehr werden Sie sich akzeptieren.

1. Schreiben Sie Ihren Vornamen senkrecht in Großbuchstaben auf ein großes Blatt Papier. Falls Sie mehrere Vornamen besitzen, machen Sie diese Übung mit all Ihren Vornamen und suchen Sie sich danach den Vornamen

aus, der Ihnen am besten gefällt. Nehmen Sie für diese Übung Ihren vollständigen, echten Vornamen, keine gekürzte Variante.

2. Suchen Sie zu jedem Buchstaben eine Eigenschaft, die zu Ihnen passt. Bedenken Sie, dass diese Eigenschaft unbedingt positiv sein sollte, auch wenn Sie sie noch nicht bei sich erkennen können. Das macht gar nichts. Allein die Vorstellung und der Wunsch, dass es so sein wird, reichen aus.

3. Lesen Sie sich jede dieser Eigenschaften langsam und laut vor. Benutzen Sie vor jeder Aussage Ihren Vornamen. Halten Sie kurz inne, sagen Sie danach »Du bist …« und fügen Sie dann die entsprechende Eigenschaft hinzu. Hierzu ein Beispiel mit meinem eigenen Vornamen:

   S = selbstbewusst

   A = achtsam

   B = bodenständig

   I = ideenreich

   N =neugierig

   E = empathisch

   Ich würde also sagen: »Sabine, du bist selbstsicher. Sabine, du bist achtsam. …«

4. Damit Ihre Selbstakzeptanz wachsen kann, gibt es auch die Möglichkeit, diese Übung vor dem Spiegel zu machen. Das hat den kleinen Nebeneffekt, dass Sie sich selbst sehen und zudem kraftvoller zu sich selbst sprechen können. Wenn Sie diese Übung nun auch noch abends vor dem Schlafengehen machen, hat das sogar einen doppelten positiven Verstärker, und Sie gehen mit einem guten Gefühl in die Nacht. Ist das nicht eine wundervolle Vorstellung?

Übung 2: Die Treppe der Akzeptanz

Um zukünftig besser akzeptieren zu können, ist es wichtig, sich die Zeit zu nehmen, um das wahrzunehmen, was passiert ist. Dazu gehört, die krisenhaften Situationen zu identifizieren, die negative Gefühle erzeugen, um künftig gewandter damit umzugehen. Das Ziel ist, die negativen Gedanken und die damit verbundenen Emotionen sowie die körperlichen Anspannungen mit gezielten Übungen in ein positives Verhalten zu ändern. Noch einmal: Akzeptanz beginnt bei jedem selbst. Das bedeutet, bei sich anzufangen, um sich eine Chance einzuräumen, bewusster und gelassener auf Dinge und Situationen zu reagieren.

Auch bei dieser Übung kann ein Blatt Papier von Nutzen sein. Wenn Sie diese Übungen öfter machen möchten, können Sie sich auch ein Tagebuch zulegen, um alles darin zu dokumentieren. Gemäß meinem Lieblingsspruch: »Wer schreibt, der bleibt.« Für mich bedeutet das: Wer seine Gedanken nicht vergessen möchte, der schreibt diese besser auf. Denn ein geschriebenes Wort bleibt bewusster in Erinnerung. Oft verschwinden Gedanken viel zu schnell und sind für immer in der weiten Welt unserer Gedankenfülle versunken. Ihre geschriebenen Übungen sind Lebenserinnerungen und zeigen Ihnen, welche Schritte Sie auf dem Weg Ihrer Akzeptanz bereits gemacht haben.

Schritt 1: Nehmen Sie die zu bearbeitende Situation an.
Dieser Schritt ist meist der schwierigste, denn oft überrollen uns Situationen und Ereignisse, und noch ehe wir uns gesammelt haben, hat die Sache uns im Griff. Dies ist jedoch nur in den ersten Sekunden der Fall. Danach sind wir wieder in der Lage, etwas zu tun. Nehmen Sie die Situation an. Nehmen Sie das belastende Ereignis an. Versuchen Sie nicht, mit Schuldzuweisungen oder Ablehnung zu agieren. Auch nach Ausreden zu suchen ist nicht zielführend, und daran festzuhalten, dass es für die Situation einen Verursacher geben muss, hilft Ihnen leider auch nicht weiter. Was nützlich ist, ist wahrzunehmen, dass die Situation jetzt gerade so ist, wie sie ist. Es kann Ihnen passieren, dass Sie spüren, dass das belastende Ereignis Sie in diesem Moment ärgerlich, wütend oder sauer macht. Das sind Emotionen, die Sie haben dürfen, denn Gefühle lassen sich nicht abstellen. Allerdings ändert das nichts an der Situation selbst, daran, dass Sie diese nicht ändern können. Okay, Gefühle brauchen Zeit. Akzeptieren bedeutet nicht, dass Sie Ihre Gefühle ignorieren sollen. Akzeptanz besagt, dass Ihre Gefühle da sein dürfen. Geben Sie Ihrem Gefühl diese Zeit, und versuchen Sie trotzdem parallel dazu, den Zustand als solchen zu akzeptieren. Sollte Ihr Gefühl wie Rumpelstilzchen um das Feuer in Ihnen toben, dann hilft es Ihnen unter Umständen, wenn Sie sich vorstellen, dass Sie mit jedem Schluck Wasser das Feuer löschen. Und stellen Sie sich für einen Moment vor, wie das wäre, wenn Sie plötzlich eine Möglichkeit hätten, den Wüterich in Ihnen unter Kontrolle zu wissen. Wäre das nicht eine wundervolle Möglichkeit? Versuchen Sie es doch einmal. Denn im Ärgernis zu bleiben hilft Ihnen leider nicht, um in die

Akzeptanz zu kommen. All diese negativen Handlungen bringen Sie leider keinen einzigen Schritt weiter. Ganz im Gegenteil: Sie bewegen sich Schritt für Schritt rückwärts und versuchen dabei, das Unmögliche zu vollbringen. Denken Sie für einen kleinen Moment darüber nach, ob Sie diese Zeit wirklich aufbringen möchten. Denn das Ergebnis wird sein, dass Sie an der Situation schlichtweg nichts ändern können. Leider gibt es an dieser Stelle nur diese eine Möglichkeit, die Akzeptanz, denn könnten Sie die Situation, in der Sie sich gerade befinden, ändern, dann hätten Sie das längst getan.

Dann ist es doch klüger zu sagen: So ist das *jetzt*! Indem Sie die Situation wertfrei so annehmen, wie sie ist, richten Sie den Blick weg vom Problem und hin zu einer möglichen Lösung.

Schritt 2: Analysieren Sie die Situation, ohne sie zu bewerten.
Sie sind bereits mitten auf dem Weg in Ihre Akzeptanz. Dieser Schritt möchte Sie inspirieren, sich einen kleinen Moment Zeit zu nehmen, um darüber nachzudenken, was es konkret ist, was Sie verärgert, wütend oder sauer macht. Stellen Sie sich folgende drei Fragen:

- Was ist geschehen?
- Was ärgert mich?
- Was macht mich wütend?

Schritt 3: Wägen Sie Aufwand und Nutzen ab.
In diesem Schritt geht es darum, sich bewusst zu machen, welchen Aufwand Sie in einer Situation betreiben und was Ihnen dieser Aufwand an Nutzen bringt. Meist ist der Aufwand, den wir Menschen an Ereignissen betreiben, die wir nicht ändern können, immens hoch. Der Nutzen dagegen ist von schwindender Bedeutung. Bringt Ihnen das etwas? Haben Sie sich schon einmal mit der Frage beschäftigt, weshalb Sie etwas tun, was im Ergebnis zu keinerlei Erfolg führt?

Beschäftigen Sie sich nun mit den nachfolgenden Fragen:

- Wie viel Energie kostet mich das Thema?
- Habe ich etwas davon, wenn ich mich ärgere?
- Wie viel Zeit am Tag verbringe ich mit einem Thema, das mir nichts nützt?
- Welchen Nutzen hat es, wenn ich mich von diesem Thema bestimmen lasse?
- Wie viel besser wäre es für mich, wenn das Ärgernis nicht vorhanden wäre?

Schritt 4: Etablieren Sie eine positive Sicht.
Klasse, Sie sind nun bei Schritt 4 angekommen. Nur noch ein Schritt und Sie sind am Ziel – auf dem Gipfel Ihrer Akzeptanz. Jetzt ist Ihre positive Sicht auf die Situation gefragt. Das ist nicht immer leicht, doch ich bin mir sehr sicher, dass Sie auch diesen Schritt schaffen werden. Ich unterstütze Sie dabei.

Stellen Sie sich vor, Sie stehen im Stau auf der Fahrt zur Arbeit. Der Tag hat sowieso schon nicht besonders gut begonnen. Sie haben verschlafen, ein wichtiger Termin mit dem Chef steht Ihnen bevor. Auf dieses Gespräch haben Sie schon so lange gewartet und nun auch noch das: Stau auf der Autobahn.

Genau diese Situationen sind es, die Sie für einen kurzen Moment verzweifeln lassen. Dinge, die die Welt nicht braucht. Schritt 1, also die Situation anzunehmen, hat geklappt, denn an einem Stau können Sie nicht das Geringste ändern. Schritt 2, die Analyse, hat ebenfalls funktioniert, Sie sind sauer auf sich. Denn wenn Sie ein paar Minuten eher aufgestanden wären, wäre Ihnen der Stau vermutlich erspart geblieben. Und auch Schritt 3, Aufwand und Nutzen abzuwägen, haben Sie hinter sich gelassen: Sie bemerken, dass es sich nicht lohnt, im Ärger zu bleiben, denn das kostet enorme Kraft. Doch nun sogar etwas Positives an der Situation zu finden, wie geht das?

Gehen Sie in Gedanken das Gespräch mit Ihrem Chef durch. Manchmal ist es tatsächlich wie verhext. Doch seien Sie sich gewiss, es hat eine Bedeutung, dass es so ist, wie es ist. Am Ende des Tages hat es einen Sinn, dass eine Situation so verlaufen ist, wie sie sich ergeben hat. Und in der Regel wird es auch einen guten Grund dafür geben. Manchmal erfahren wir diesen und ab und zu auch nicht. Sollte Ihnen die positive Sicht fehlen, dann sagen Sie sich doch, es wird dafür einen guten Grund geben.

Vielleicht helfen Ihnen auch Bilder, die Sie sich vorstellen können, um die Situation für Sie positiver zu gestalten. Stellen Sie sich beispielsweise vor, dass Ihr Chef unter Umständen auch in diesem Stau steht und ebenfalls nicht pünktlich am Gespräch teilnehmen kann. Möglicherweise ist der Stau gerade auch eine wunderbare Möglichkeit für Sie, sich noch ein paar Minuten Zeit zu verschaffen, um die Gedanken für das Gespräch zu sortieren. Vielleicht sollten Sie länger im Auto sitzen bleiben, um noch diesen einen Beitrag im Radio zu hören, der Ihnen neue Argumente für das Gespräch liefert. Unter Umständen ruft sogar Ihr Chef an, um Ihnen zu sagen, dass auch er im Stau steht, oder ein guter Freund wünscht Ihnen noch ganz viel Glück für das Gespräch mit Ihrem Chef.

Kreieren Sie positive Bilder in Ihrem Kopf, weshalb der Stau Sinn haben könnte, und schon bekommen Sie einen positiven Blick auf die Situation. In schwierigen Situationen positive Bilder zu kreieren ist anfangs nicht ganz einfach, doch mit viel Übung und Freude daran wird es Ihnen gelingen, in die Akzeptanz zu kommen. Stellen Sie sich die nachfolgenden Fragen:

- Was ist das Positive an dieser Situation?
- Gibt es etwas, was ich daran positiv sehen kann?

Und schlussendlich kommen wir zum Gipfel der Akzeptanz, der Dankbarkeit.

Schritt 5: Seien Sie dankbar.

Dankbarkeit ist ein Begriff, der, wie es scheint, in Vergessenheit gerät. Dankbarkeit ist eine bejahende Emotion. Es ist die Wertschätzung und Anerkennung für das, was uns gesagt, geschenkt oder Gutes gegeben wird. Dankbarkeit ist die Lovestory Ihres Lebens.

Schon als sehr kleines Kind haben mir meine Eltern die gesellschaftlichen »Spielregeln« beigebracht. Dazu gehört zum Beispiel, anderen Menschen höflich und wertschätzend zu begegnen sowie die Worte Danke und Bitte zu verwenden. Heute erkenne ich: Ein wenig Dankbarkeit macht die Welt so viel bunter. Wann haben Sie das letzte Mal »Danke« zu sich selbst gesagt?

Soll ich Ihnen ein Geheimnis verraten? Ich bin dankbar für mein Leben, ich bin resilient und ich darf Ihnen dabei helfen, dass auch Sie Schritt für Schritt resilienter werden. An dieser Stelle dürfen Sie sich fragen: Wofür bin ich dankbar? Vielleicht sind Sie – wenn wir zurück auf unser Beispiel schauen – dankbar dafür, dass Ihnen auf der Autofahrt nichts passiert ist. Denn ein Stau zeigt Ihnen auch, dass Ihnen etwas hätte passieren können. Er zeigt Ihnen auch, dass Sie nicht der einzige Autofahrer sind, der gerade jetzt in der Schlange auf der Autobahn steht. Schauen Sie sich um und schenken Sie Ihrem Autonachbarn doch einfach ein Lächeln. Ich bin mir sicher, er oder sie wird Ihnen eines zurückschicken.

Übung 3: Die Hosentaschen-Akzeptanz

Bei dieser Übung handelt es sich um eine haptische Einheit. Haptisch bedeutet, etwas zu berühren, in gewissem Sinn, etwas zu greifen. Denn etwas in der Hand zu halten, schärft unsere Wahrnehmung und zeigt gleichzeitig, was einem schon geglückt ist.

Doch zurück auf Anfang. Ab und zu brauchen Sie vielleicht eine Trainingseinheit, bei der Sie das Ergebnis sofort in die Hand nehmen können. Besorgen Sie sich drei kleine Steine, die Sie sich in Ihre Hosentasche stopfen, auf den Schreibtisch legen oder in Ihre Geldbörse stecken können. Vielleicht haben Sie noch von früher kleine Lego-Steine, die nicht mehr benötigt werden? Eventuell gibt es noch Murmeln, die Sie an alte Erlebnisse aus Ihrer Kindheit erinnern? Dann wäre jetzt eine schöne Gelegenheit, dass diese Gegenstände wieder gebraucht werden. Und wenn Sie nichts von all diesen Dingen haben, dann dürfen es auch gerne getrocknete Bohnen, Erbsen oder Linsen aus Ihrer Küche sein.

Bei jeder Gelegenheit, in der Sie sich in der Vergangenheit über etwas geärgert haben oder gar wütend waren, versuchen Sie zunächst, die fünf Schritte auf der Treppe der Akzeptanz aus der vorhergehenden Übung zu gehen. Wenn Sie dann am Ende der Übung angekommen sind und einen dankbaren Moment gefunden haben, legen Sie einen Ihrer Steine oder eine Ihrer Murmeln, Erbsen, Bohnen oder Linsen an eine für Sie sichtbare Stelle und erfreuen sich daran. Sie trainieren damit, Ihre Wahrnehmung wieder auf das Positive in Ihrem Leben zu lenken. Dadurch verlieren sich Schritt für Schritt die belastenden Dinge und das Leben wird farbenfroher. Bedenken Sie bitte, dass Ihnen diese Übung nicht jeden Tag zu 100 Prozent gelingen wird, allerdings muss es das auch nicht. Auch auf die Gefahr hin, dass es einen Tag geben wird, an dem Sie kein positives Ergebnis erzielen werden, sollte Ihnen das nicht die Lust vermiesen.

Machen Sie sich bewusst, dass es auch solche Tage geben kann und wird. Allein die Tatsache, dass Sie es versucht haben, ist schon ein gelungenes Ergebnis. Ich wünsche Ihnen ganz viel Spaß bei

Ihren Übungseinheiten. Und denken Sie daran: Akzeptanz ist der Anfang, fangen Sie bei sich damit an.

Mein Akzeptanz-Learning: Kommunikation ist das A und O

Ich möchte Ihnen einen Auszug aus meiner persönlichen Geschichte erzählen. Auch ich habe gelernt, auf meinen eigenen Beinen durch mein Leben zu gehen. Und wie jedes Kleinkind bin ich doppelt so oft aufgestanden, wie ich hingefallen bin. Dennoch wurde ich trotz aller Übungseinheiten schon sehr früh mit dem wahren Leben und all seinen Herausforderungen konfrontiert. Ich durfte lernen, was es bedeutet, aus den Aufgaben des Lebens Chancen für ein leichteres Leben zu machen. Für mich als Widder-Kind bedeutete das durchaus eine große Herausforderung. Wussten Sie, dass Widder-Kinder eher nicht so viel Geduld besitzen? Doch wenn es heute eines gibt, das ich gelernt habe, dann ist es geduldig zu sein.

Noch mal zurück auf Anfang. Nach dem Krabbeln kamen auch bei mir die ersten Schritte und somit auch das Hinfallen, gefolgt vom Aufstehen. Nur die Wiederholung der Wiederholung machte es möglich, dass ich auf meinen eigenen Beinen durch die Welt gehen konnte. Kaum hatte ich akzeptiert, dass ich diese Lernaufgabe gemeistert habe, kam auch schon die nächste Aufgabe. Dass Kinder krank werden, gehört zum Leben dazu und dient der Entwicklung von Abwehrkräften und einem gut ausgebildeten und stabilen Immunsystem. Werden jedoch Kinder schwerer krank, dann ist das eine Belastung und Herausforderung für das ganze Familiensystem, insbesondere wenn es mehrere Kinder in der Familie gibt. Denn meist werden die gesunden Kinder unter der Last und den Sorgen um das kranke Kind vergessen. Leider widerfuhr auch mir das in meiner Kindheit. Ich hatte das Gefühl, unwichtig zu sein, geradezu vergessen zu werden. Dazu ist es wichtig zu wissen, dass ich die Erstgeborene und einzige Tochter in meiner Ursprungsfamilie bin. Vier Jahre nach mir kam mein erster kleiner Bruder zur Welt und weitere vier Jahre später erblickte mein zweiter Bruder – ich nenne ihn gerne liebevoll »Brudi« – das Licht der Welt. Dass sich mein Leben Knall auf Fall verändern würde und meine Kindheit von jetzt auf gleich nicht mehr frei und unbeschwert sein sollte, konnte zum damaligen Zeitpunkt niemand ahnen.

Mein Bruder und ich schliefen im selben Zimmer. Ich war etwa fünf Jahre alt und noch nicht in der Schule, als ich nachts aufwachte, weil mein Bruder ganz merkwürdig atmete. Heute weiß ich, dass es ein epileptischer Krampfanfall war, der nicht zur Epilepsie wurde, jedoch die Ursache eines hohen Fiebers war. Bei Fieberkrämpfen verursachen die Krankheitserreger eine kurzzeitige Senkung der Krampfschwelle im Gehirn und lösen dadurch einen Fieberkrampf aus. Das kann mehrere Ursachen haben. Ein Auslöser kann sein, dass die Temperaturregelung im Gehirn noch unvollständig ausgereift ist.

Ich war sehr erschrocken und bemerkte, dass da etwas nicht stimmte. Schnell rannte ich zu meinen Eltern, um diese zu wecken, und dann lief alles ab wie in einem Zeitraffer. Meine Mutter wurde hektisch, mein Vater rannte zum Telefon, um den Notarzt zu verständigen. Und ich? Ich stand da und war schockiert; heute würde ich sagen, ich war traumatisiert und wurde in dem ganzen Tohuwabohu einfach vergessen. Niemand redete mit mir; niemand erklärte mir, was geschah. Wie gut, dass meine Großmutter mit bei uns im Haus wohnte und ich bei ihr unter die Bettdecke kriechen konnte.

Mein Bruder war dann für eine längere Zeit im Kinderkrankenhaus, und als er wieder nach Hause durfte, habe ich mich gefreut wie Bolle. Ich weiß noch, dass ich auf unserer Holztreppe saß und auf ihn wartete und mich so sehr freute, dass es ihm wieder gut ging. Er kam mit meinen Eltern zur Tür herein und erkannte mich leider nicht mehr. Ich war für ihn eine fremde Person, nicht mehr seine große Schwester. Für mich war dies das nächste traurige Erlebnis. Wieder wurde mit mir nicht geredet. Meine Eltern versuchten zwar, mir zu erklären, dass das ein ganz normaler Zustand wäre und dass diese Situation bald wieder normal würde, doch das wurde sie leider nicht. Denn wir durften nicht raufen und uns auch nicht gegenseitig ärgern. Nein, das stimmt nicht ganz, er durfte mich schon ärgern, kneifen und treten, ich durfte mich nicht wehren. Ich sollte doch bitte die große vernünftige Schwester sein, und vor allem sollte ich doch aufpassen, dass nichts passierte, denn schließlich war mein Bruder krank.

Das war ich dann auch: die große vernünftige Schwester, bei der von jetzt auf gleich die unbeschwerte Kindheit vorbei war. Denn nun hieß es, Verantwortung zu übernehmen. Ich fühlte mich unwichtig. Als Kind konnte ich das nicht verstehen, denn ich hätte Umarmung und Trost von meinen Eltern gebraucht. Heute weiß ich, welche Last das für das komplette System darstellte, und bin überaus dankbar, dass es meine Großeltern gegeben hat, die mir ein ganz großes Stück Kindheit erhalten haben. Insbesondere mein Großvater war ein wichtiger Mensch in meinem Leben, der mir gerade in den schlimmsten Zeiten gezeigt hat, wie es gelingt, sich magische Momente zu schaffen. Ich erinnere mich noch heute liebevoll daran, wie ich zusammen mit ihm auf der Bank hinter dem Haus meiner Großeltern saß und er mir über den Schwarzwald und seine Erlebnisse von früher erzählte. Dieser große stattliche Mann drückte mich dann gefühlvoll an sich, während er ins Schwärmen über seine Heimat kam. Diese schönen Momente waren meine kleinen Inseln der Glückseligkeit.

Heute betrachte ich meine Kindheit folgendermaßen: Ich durfte schon früh lernen, was es bedeutet, einen kranken Bruder zu haben, und musste akzeptieren, dass er fortan im Mittelpunkt des Geschehens stand. Das ging nicht von heute auf morgen, es hat lange gedauert, bis ich akzeptieren konnte, dass es so ist, wie es ist. Ich hatte ein großes Bedürfnis, meinem Bruder zu helfen. Das war die nächste Hürde, über die ich zu springen hatte, denn ich durfte zu der Erkenntnis gelangen, dass das nicht meine Aufgabe war. Dass ich heute beruflich als Systemische Coachin, Mediatorin und Resilienz-Trainerin arbeite und psychologisch tätig bin, ist sicherlich auch ein Relikt aus meinen Kindertagen. Wenn ich Ihnen, liebe Leserinnen und Leser, etwas mit auf Ihren Weg geben darf, dann dies: Achten Sie bitte auf sich. Situationen zu akzeptieren, das ist nicht leicht. Doch mit viel Kommunikation und wertvollen Menschen in Ihrer Umgebung gelingt es auch Ihnen, über die Hürden des Lebens zu springen. Egal, was in Ihrem Leben passiert, ob negativ oder positiv, sprechen Sie darüber und lassen Sie Ihr Gegenüber nicht uninformiert.

Mein Tipp für mehr Resilienz in Ihrem Leben: Schaffen Sie schöne Momente!

Für viele von uns ist Akzeptanz eine Eigenschaft, die nur schwer zu erreichen ist. Wenn wir etwas nicht verändern können, dann möchten wir es auch nicht akzeptieren. Das ist manchmal durchaus verständlich und manchmal eben auch nicht. Meist sind es die Dinge, die wir nicht verstehen können, nicht nachvollziehen können und ab und zu auch mal nicht verstehen wollen, die wir verändern möchten. So versuchen wir mitunter das Unerfüllbare, verausgaben uns, werden sauer, wütend und voller Groll und müssen am Ende doch feststellen, dass der Versuch wiederholt missglückt ist.

Ich möchte Ihnen das an einem Beispiel verdeutlichen: Haben Sie es schon einmal geschafft, das Wetter zu verändern? (Wenn ja, dann schreiben Sie mir bitte, wie Ihnen das geglückt ist.) Meist fällt es uns leicht, das Wetter zu akzeptieren, denn das haben wir ja nicht in der Hand. Doch wenn wir es in der Hand hätten, das Wetter ändern zu können, würden wir das sicherlich auch tun. Stellen Sie sich mal das Chaos für alle Menschen vor, wenn das möglich wäre. Der eine hätte gerne Schnee im Sommer, die andere Regen, den ganzen Tag, Hitzewellen im Winter und das Ganze jede Sekunde anders. Nicht auszuhalten wäre das – und schön vermutlich auch nicht. Wie gut also, dass wir gelernt, geübt und trainiert haben, das Wetter zu akzeptieren, gleichwohl wir auch da ab und zu dazu tendieren, darüber zu meckern. Doch meist schließen wir damit ab, dass wir das Wetter eh nicht ändern können. Es ist eben höhere Gewalt und wir haben es nicht in der Hand.

Mir ist bewusst, dass uns der Weg in die Akzeptanz sehr viel abverlangt. Doch es gibt keine Alternative: Entweder können wir etwas verändern oder wir lernen, es zu akzeptieren. Schließlich können wir uns nicht dauerhaft ärgern. Was also tun?

Wenn Sie wiederholt in Ihrem Leben an eine Weggabelung kommen, an der sie nur noch die Chance haben, das Geschehnis zu akzeptieren oder sich zu ärgern, dann bleiben Sie einmal für einen kleinen Moment stehen. Stellen Sie sich die Fragen: Was möchte mir das Leben mit dieser Aufgabe zeigen? Was darf ich hierbei lernen?

Wenn Ihnen das Leben etwas zum Lernen gibt, sollte es Sie begeistern. Kennen Sie das Gefühl, wenn Ihnen etwas unter die Haut geht? Wann hatten Sie zuletzt dieses wohlige Gefühl? Welche Situation kommt Ihnen sofort in den Sinn? Genau dieses Gefühl – dass es Ihnen unter die Haut geht – brauchen Sie. Etwas, das Sie begeistert, sorgt dafür, dass im Gehirn die emotionalen Zentren aktiviert werden und Sie somit die Möglichkeit erhalten, diese Information zu speichern. Je mehr positive Dinge Sie abspeichern, desto mehr wird Ihr Entdeckerdrang aktiviert. Gehen Sie doch mal wieder auf Entdeckerreise, so wie damals, als Sie das Laufen gelernt haben. Suchen Sie die für Sie ärgerliche Situation nach genau solch einem Körnchen ab, das Sie auf Ihre nächste Abenteuerreise schicken könnte. Neugierig und mit einem riesigen Entdeckerdrang. Erkunden Sie die Gänsehautmomente und diejenigen, die Ihnen sogar unter die Haut gehen. Schreiben Sie sich diese zauberhaften Momente auf oder machen Sie ein Foto davon.

Falls Sie doch eine Methode benötigen, wenn Sie sich ärgern, ehe sie etwas akzeptieren oder ändern können, nur so viel vorweg: Es ist vollkommen in Ordnung, wenn Sie das Gefühl haben, ärgerlich zu sein. Das darf sein. Erlauben Sie sich, dass Sie jetzt gerade ärgerlich sind. Doch machen Sie sich Folgendes bewusst: Sie ärgern sich nicht über Ihren Nachbarn, Ihre Kollegin, Ihren Partner etc. Sie sind ärgerlich, da jetzt gerade eines Ihrer Bedürfnisse im Mangel ist. Es könnte sein, dass es Ihnen an Wertschätzung fehlt. Eventuell mangelt es auch an Respekt und Kommunikation Ihnen gegenüber. Oder vielleicht haben Sie es zugelassen, dass jemand mit Ihnen unfair umgegangen ist. Es ist vollkommen okay, wenn Sie jetzt ärgerlich sind. Sinnvoll ist in solchen Momenten, dass Sie sich ein Zeitlimit setzen. Das bedeutet: Sie erlauben sich, dass Sie zehn Minuten ärgerlich sein dürfen. Es ist vollkommen okay, wenn Sie während dieser Zeit knatschen, schimpfen, rumschnauzen oder vor die Wand springen. Doch nach zehn Minuten ist Feierabend, und Sie entscheiden sich, in die Akzeptanz zu gehen. Das ist eine bewusste Haltung zu Ihren Gefühlen und vor allem zu Ihrem Leben. Denn abstellen können Sie Ihre Gefühle leider nicht.

Säule 2: Optimismus

Der positive Blick nach vorn

Das ganze Leben ist eine Challenge,
nehmen wir diese an,
dann gelingt es uns, glücklich zu sein.

Sabine Lahme

Können Sie sich noch daran erinnern, wie es damals war, als Sie Ihre ersten Tage und Monate in der Schule verbracht haben? Kaum war Sie vorbei, die Kindergartenzeit, schon fing er an, der Alltag des Schullebens. Das war Aufregung pur und dazu gab es noch so viel Neues zu entdecken. An unserem ersten Schultag erhielten wir eine zauberhafte Schultüte, die unsere Eltern zuvor gebastelt und heimlich hinter unserem Rücken bis oben hin gefüllt hatten. Welch herrliche Aufregung! Noch zu Kindergartenzeiten durften wir uns einen Schulranzen aussuchen, das passende Füllermäppchen, einen farbig abgestimmten Sportbeutel – und zu meiner Zeit wurden statt der Schulhefte noch eine Schiefertafel, Schwämmchen, Läppchen und Griffel besorgt.

Schule zu meiner Zeit hatte den Auftrag, dass wir Kinder auf das Leben vorbereitet werden sollten. Heute ist das gar nicht mehr vorstellbar, dass nur das Schulsystem Kinder auf das Leben vorbereitet. Damals war es Sitte, dass die Aufgaben in der Schule folgsam, fleißig und diszipliniert erledigt wurden. Das waren auch noch zu meiner Schulzeit in den 1960er-Jahren die Eigenschaften, die im Vordergrund standen. Wenn ein Kind Widerworte gab, wurde es bestraft.

Zum Erziehungsstil meiner Schulzeit gehörte noch die körperliche Züchtigung. Tatzen, so wurde die Bestrafungsmethode genannt, wurden geduldet. Tatzen, das waren Schläge mit dem Rohrstock oder dem langen Mathematik-Lineal, vorzugsweise auf die Handinnenflächen. Heute ist dies zumindest in Deutschland kaum mehr vorstellbar. Doch damals war es eben so. Von Optimismus oder Lebensfreude im Schulhaus gab es keine Spur.

Etwas mehr Lebensfreude boten die Pausenzeiten. Um uns in Bewegung zu halten, durften wir auf dem Schulhof in den Pausenzeiten umhertoben, fangen spielen und uns verstecken. Noch heute höre ich meine Freunde den Spruch »Eckstein, Eckstein, alles muss versteckt sein« rufen. Die Schulpausen waren Bewegung pur. Ich erinnere mich auch noch, wie wir stundenlang Gummitwist spielten, eine weitere Bewegungsart. Unsere Mütter hatten die helle Freude, wenn erneut aus dem Nähkästchen das Gummiband verschwunden war.

Ich habe viele Lernerfahrungen aus dieser Zeit mitgenommen. Ich habe gelernt, altersgerecht Verantwortung zu übernehmen. Verabredungen durfte ich erst nach den Hausaufgaben wahrnehmen, für die ich komplett selbst verantwortlich war. Aufeinander aufzupassen und Zusammenhalt zu pflegen, war uns allen äußerst wichtig. Und ich habe gelernt, optimistisch zu sein, dass ich es schon schaffen werde, Lesen und Schreiben zu lernen, so mühselig das auch anfangs war. Um uns in der Schule in Schreibbewegung zu halten, gab es im Deutschunterricht sogenannte Schwungübungen. Die Idee hinter diesen Schwungübungen war, das Halten des Stiftes zu perfektionieren. Für Schulkinder, die das Schreiben noch mit dem Griffel gelernt hatten, war das wahrlich eine sehr geräuschintensive Zeit. Damit Sie sich vorstellen können, wie es klingt, wenn ein Griffel über die Schiefertafel geführt wird, ein kleiner Vergleich: Jeder kennt das Geräusch, wenn der Lehrer mit der Kreide an der Tafel geschrieben hat. Manchmal kam da ein sehr schriller Ton heraus. Genauso klang es, wenn der Griffel anfangs über die Schiefertafel geführt wurde. Erst mit viel Übung war es möglich, geräuschlos zu schreiben. Als ich es dann konnte, wurde die Schiefertafel abgeschafft. Schulhefte wurden eingeführt und wir durften mit Bleistiften und anschließend mit Füllfederhalter schreiben.

Heute, mit zunehmendem Alter, denken wir nicht mehr darüber nach, ob wir schreiben, lesen oder rechnen können. Wir können es, weil wir es durch die vielen Wiederholungsübungen gelernt haben. Doch stellen Sie sich bitte für einen Moment vor, damals hätten Sie nicht den Optimismus gehabt, dass Sie es schaffen werden. Oder Sie hätten sich ständig gedacht: »Das schaffe ich nie!« Wie gut, dass Sie sich damals dafür entschieden haben, dass Übung den Meister macht.

Heute fällt es vielen von uns schwer, im Alltag optimistisch zu sein. Oft sehen wir schwarz und geben viel zu schnell auf. Falls es Ihnen ähnlich geht, erfahren Sie nun, wie Sie es dennoch schaffen, optimistisch durch Ihr Leben zu gehen.

Los geht es.

Optimistisch sein, so gut es geht

Es gibt Kinder, die kommen bereits als sogenannte Sonnenscheine zur Welt. Sie schlafen ruhig ein, liegen entspannt in ihrem Bettchen, nehmen die Nahrung auf, die ihnen angeboten wird, und sind sowohl im Kindergarten als auch in der Schule mit vollem Tatendrang dabei. Sie haben durch ihre freundliche und optimistische Art einen guten und stabilen Freundeskreis, und wenn sie beim Spielen hinfallen, stehen sie rasch wieder auf und spielen weiter.

Kinder sind dann optimistisch, wenn sie bereits früh Sicherheit, Geborgenheit, Vertrauen sowie positive Erlebnisse erfahren dürfen.

Können Kinder genug gute Erfahrungen in ihren Entwicklungsphasen machen, speichern sich diese im Gehirn und zeigen sich in einer positiven, optimistischen Grundeinstellung zum Leben. Der Optimismus bei Kindern ist somit nicht nur vererbt, sondern wird auch durch das tägliche Lernen vergrößert. Erleben Kinder eine Atmosphäre voller Lebenslust, Lebensfreude, Geborgenheit und Sicherheit, dann sind sie auch optimistischer. Zusätzlich entwickeln sich dadurch weitere Attribute. So sind diese Kinder beglückter und gesünder, tun sich leicht beim Erlernen von Neuem und haben mehr Freude daran, haben eine positive Ausstrahlung, sind beliebt und zeigen gute Ergebnisse in der Schule und später im Berufsleben.

Wenn diese Kinder dann noch dabei unterstützt werden, dass sie ihre Gefühle verstehen, ist das schon die halbe Miete für den Optimismus, der sich bis ins Erwachsenenalter hält. Das gilt nicht nur für die positiven Gefühle wie glücklich, motiviert, entspannt, ausgeglichen oder begeistert, sondern auch für die negativen Gefühle wie traurig, sauer, wütend, schockiert, irritiert usw. Schon früh sollten Eltern über Gefühle reden, und zwar so, dass Kinder es verstehen. Denn Gefühle weisen darauf hin, dass auf der Bedürfnisebene ein oder mehrere Bedürfnisse erfüllt oder im Mangel sind.

Hierzu ein Beispiel: Spielen Kinder miteinander, kommt es oft vor, dass jedes Kind genau das Spielzeug haben möchte, mit dem gerade das andere Kind spielt. Das kann ein ärgerliches oder wütendes Gefühl verursachen, da das Kind, welches gerade mit dem Spielzeug spielt und dieses nun abgeben soll, mit seinem Bedürfnis der Fairness in den Mangel gerät. Es empfindet das Abgeben des Spielzeugs als unfair und dieses Gefühl darf das Kind genauso haben. Erklären Eltern oder Erziehungsberechtigte ihren Kindern nicht frühzeitig, was Emotionen, Gefühle und Bedürfnisse sind, und dass es okay ist, diese Empfindungen zu verspüren, dann können sich sehr rasch Glaubenssätze entwickeln.

Glaubenssätze sind negative Annahmen wie, dass Sie

- nicht gut genug sind,
- etwas nicht schaffen,
- nichts wert sind,
- nicht schwach sein dürfen,
- keine Fehler machen dürfen,
- nicht liebeswert sind,
- keine Hilfe annehmen dürfen usw.

Glaubenssätze beeinflussen direkt den Selbstwert und das Selbstvertrauen, stärken den Pessimismus und finden sich in allen Bereichen des Lebens wieder. Es beginnt in der Kindheit damit, dass sich jedes Kind als sehr hilfloses Wesen daran orientiert, was Eltern, Erziehungsberechtigte, Geschwister oder andere Erwachsene tun oder sagen. Denn die sind ja schon groß und müssen es wissen. Zusätzlich geht jedes Kind davon aus, dass Eltern die Wahrheit sagen und zeigen. Doch Eltern sind eben auch nur Kinder anderer Kinder. Sie haben selbst ihre Konditionierungsphase erlebt, die sie nun an die nächste Generation weitergeben.

Wie stark sich ein Optimismus bei Kindern entwickeln kann, hat die amerikanische Psychologin Dr. Susan C. Vaughan[1] in einem Tierversuch beleuchtet. In ihrem Experiment wurden junge Ratten in zwei unterschiedlichen Gruppen ins Wasser gesetzt. Eine Gruppe konnte sich jederzeit auf eine Insel retten, die andere Gruppe musste schwimmen ohne rettende Insel. Das Ergebnis war, dass die Gruppe der Ratten, die sich jederzeit auf die Insel retten konnte, doppelt so lang im Wasser aushielt als die Gruppe ohne Perspektive. Für die Forscherin drückte das Experiment aus, dass Optimismus der Motor war durchzuhalten. Laut Vaughan ist Optimismus ein Prozess und kein Zustand. Dieser benötigt

Techniken und Hilfestellungen, um den Schaltkreis im Gehirn zu durchbrechen, damit die betreffenden Personen auf die positive Seite des Lebens kommen können.

Ob Optimismus angeboren ist, ist wissenschaftlich nicht in Gänze geklärt. Nur so viel: Die Evolutionspsychologie spricht davon, dass es gute Gründe gibt, weshalb wir eher pessimistisch als optimistisch sind. Das kommt noch aus der Zeit der Säbelzahntiger. Säbelzahntiger waren in der Eiszeit gefürchtete Raubtiere und verbreiteten Angst und Schrecken. Das Relikt aus dieser Zeit trägt noch heute dazu bei, dass sich eher negative Erlebnisse einprägen als die Momente, die uns positiv und optimistisch durch unser Leben tragen, gleichwohl es heute keine Säbelzahntiger mehr gibt und wir nicht mehr in Höhlen leben. Daran können Sie, liebe Leserin und lieber Leser, sehen, wie stark unsere alten antrainierten Muster unser Leben beeinflussen.

Ob nun Ihr Glas halb voll oder halb leer ist, hat zum einen damit zu tun, dass etwa 25 Prozent der Lebenseinstellung laut Glücksforschung angeboren ist. Die restlichen Prozente werden im Laufe des Lebens erarbeitet durch die Lebensform unserer Eltern und von wichtigen Bezugspersonen in unserem Leben sowie durch Erlebnisse und Erfahrungen, die wir gemacht haben. Ob wir Erlebnisse, Erkenntnisse, Ereignisse und die Lebensformen eher negativ oder positiv abspeichern, ist uns zu Beginn unseres Lebens nicht bewusst, sondern läuft im Hintergrund ab und wird uns erst dann gewahr, wenn es uns an Optimismus fehlt. Dann sind wir eher ein Pessimist als ein Optimist.

Was genau bedeutet Pessimismus?

Als Pessimist werden wir nicht geboren. Ein Pessimist hält sich für unfähig, ist oft einer Situation ohnmächtig ausgeliefert oder empfindet sich anderen Menschen gegenüber als hilflos ausgesetzt. Der Pessimismus eines Menschen ist natürlich ebenso wenig angeboren wie der Optimismus. In einem Pessimisten hat sich anhand früherer Erfahrungen und Krisen die Überzeugung breitgemacht, dass ihn Situationen ohnmächtig und hilflos machen können. Mit zunehmender Erfahrung solcher Situationen wird die pessimistische Haltung automatisiert. Optimistisch auf Situationen und Ereignisse zu schauen, ist fast aussichtslos.

Im Erwachsenenalter ist das Denken, Fühlen und Handeln durch diese Erfahrungen noch automatisierter und sorgt beim Pessimisten dafür, dass er in den Zustand von Ohnmacht und Paralyse rutscht und sich als Opfer der Situation fühlt. Und allein, dass der Pessimist denkt, er wäre hilflos, macht ihn auch zum Opfer dieser Situation.

Doch alles, was wir Menschen erlernt haben, können wir uns auch wieder abtrainieren – so auch die Hilflosigkeit. Pessimisten haben offenkundig keinerlei Vertrauen in Ihre Fähigkeiten, was sie hilflos macht. Sie zweifeln an sich, ihrer Intelligenz, sind sich nicht bewusst, welche Talente in ihnen stecken, und leben in einer ständigen selbsterfüllenden Prophezeiung:

- »Ich schaffe das eh nicht.«
- »Ich verdiene es nicht, dass etwas positiv in meinem Leben läuft.«
- »Ich vertraue nicht darauf, dass mir etwas gelingt.«

Dies sind nur einige Dinge, von denen Pessimisten überzeugt sind. So bestärkt jedes Erlebnis die Denkweise, dass es sich eh nicht ändern lässt und alles so bleibt, wie es ist.

Nicht jeder Mensch entwickelt eine pessimistische Haltung, wenn er schlechte Erfahrungen gemacht hat. Das hängt vielmehr davon ab, wie gesund sich Selbstwert, Selbstvertrauen und Selbstbewusstsein in frühester Kindheit entwickeln dürfen. Lernen Kinder frühzeitig, mit Problemen und den Herausforderungen des Lebens umzugehen, können sie auch später mit Niederlagen umgehen – so entwickelt sich Optimismus. Optimisten betrachten die Welt mit positiven Augen und denken somit in den meisten Situationen positiv. Doch ein Pessimist muss nicht zwingend ein Pessimist bleiben, denn Optimismus ist erlernbar.

Was genau bedeutet Optimismus?

Optimismus wird abgeleitet vom lateinischen Wort »optimum« und bezeichnet eine positive Haltung zum Leben und zur Erde. Ein Optimist glaubt daran, dass es am Ende gut ist.

Kennen Sie die Geschichte, in der ein Piranha und ein Goldfisch versuchsweise im selben Aquarium ausgesetzt wurden? Ohne Frage wurde der Goldfisch vom Piranha sofort gefressen, da dieses Verhalten in der Konditionierung des Piranhas verankert ist. Im zweiten Versuch wurde zwischen die beiden Fische eine Glasscheibe gestellt. Wiederholt versuchte der Piranha, den Goldfisch zu verspeisen, und stieß dabei mehrfach heftig gegen die Glasscheibe. Die Erfahrung, die der Piranha daraus ableitete, war: »Ich schaffe es nicht, den Goldfisch zu fressen!« Dies führte dazu, dass der Piranha keinen weiteren Versuch unternahm, um den Goldfisch zu attackieren. Nachdem im Versuch nun die Scheibe wieder aus dem Aquarium entfernt wurde, schwammen beide Fische friedvoll durch das Wasser. Der Piranha hatte gelernt, dass er den Goldfisch nicht fressen kann. Da lohnt es sich doch, Optimist zu werden.

Jetzt wird es noch mal spannend, denn Optimismus gibt es in verschiedenen Formen: Es gibt den wirklichkeitsnahen Optimismus, den unrealistischen Optimismus und den naiven Optimismus.

Der wirklichkeitsnahe Optimismus beschreibt die gesunde Form des Optimismus. Dabei werden weder Risiken verdrängt noch Dinge verfälscht. Auch reden sich Menschen mit einem wirklichkeitsnahen Optimismus die Dinge nicht schön. Sie sagen sich, dass Krisen dazu da sind, etwas zu lernen, um sich weiterzuentwickeln. Diese Menschen sind in der Lage, auch in den schwierigsten Situationen noch etwas Positives zu erkennen. Sie sind der Überzeugung, dass es einen guten Grund gibt, dass es so ist, wie es ist, und dass der Grund dafür nicht negativ ist.

Der unrealistische Optimismus beschreibt Menschen, die mit einer rosaroten oder himmelblauen Brille durch die Welt gehen. Gegebenheiten werden ignoriert und Fakten weggewischt. Diese Haltung erinnert eher an ein Wunschdenken und nicht an eine optimistische Haltung.

Zuletzt ist da noch der naive Optimismus. Menschen mit einem naiven Optimismus sehen die Geschehnisse mit anderen Augen. Sie stufen etwa das Risiko einer Unternehmung zu gering und den Erfolg als sehr hoch ein, gleichwohl die Aussicht auf Erfolg in der Realität nicht vorhanden ist.

Schauen wir uns die drei unterschiedlichen Formen des Optimismus am Beispiel einer Krebsdiagnose an: Ein Mensch mit einem unrealistischen Optimismus würde sagen: »Das wird schon, so schlimm ist es nicht. Ich werde wieder gesund.« Ein Mensch mit einem naiven Optimismus würde sich die Situation schönreden und dadurch realistische Chancen auf eine Lösung verpassen. Dieser Mensch würde sagen: »Das muss eine Fehldiagnose sein. So schlimm ist es sicher nicht.« Und ein Mensch mit einem wirklichkeitsnahen Optimismus, jemand, der keiner Illusion folgt, sondern der in der Realität lebt, würde sagen: »Das ist eine schlimme Diagnose, mit der ich mich auseinandersetzen muss. Ich muss schauen, welche Therapieformen es für mich gibt.«

Was Optimisten von Pessimisten unterscheidet

Optimismus hat nicht nur Auswirkungen auf die persönliche innere Haltung. Er hat auch Effekte auf körperlicher Ebene. Viele Menschen stellen sich im Laufe ihres Lebens die Fragen, ob jemand, der optimistischer durchs Leben geht, weniger Erkältungen hat oder ob eine optimistische und lebensbejahende Grundhaltung gesundheitsförderlich ist.

Lebensbejahende Menschen haben tatsächlich ein gutes Immunsystem, sind mobiler, weniger stressanfällig und denken positiv. Gesunder Optimismus ist zudem eng mit der Selbstwirksamkeit verknüpft. Der Begriff der Selbstwirksamkeit wurde in den 1970er-Jahren vom Psychologen Albert Bandura geprägt. Er beschreibt, wie sehr ein Mensch darauf vertraut, seine Schritte mit den eigenen Fähigkeiten erfolgreich und eigenständig umsetzen zu können. Das heißt, glaubt ein Mensch an sich und vor allem daran, gerade in sehr kritischen Situationen selbstständig etwas erreichen zu können, spricht das für eine große Selbstwirksamkeit.

Dazu ein Beispiel: Sie möchten joggen gehen; nehmen wir an, Ihre Zielvorstellung sind zehn Kilometer. Sie könnten im Zuge dessen mit folgenden Fragen konfrontiert werden: Sind Sie sich sicher, dass Sie das schaffen werden? Kennen Sie diesen zehn Kilometer langen Weg? Sind Sie diese Strecke schon einmal gejoggt? Wer nun Erfahrung in anderen Bereichen gemacht hat, zum Beispiel beim Radfahren, wo eine Strecke von 15 Kilometern überwunden wurde und das Wissen aus der Vergangenheit gezeigt hat, dass es machbar ist, eine so lange Strecke problemlos zu schaffen, wird sich dies auch beim Joggen zutrauen. Hier kommt die Erkenntnis aus der Vergangenheit mit der optimistischen Formulierung »Das schaffe ich schon« zum Tragen. Optimistisch durchs Leben zu gehen, hängt überwiegend davon ab, welche Erfahrungen in der Historie gemacht wurden und wie wir diese eingestuft haben. Hier kommt wieder die Selbstwirksamkeit ins Spiel, eine für den Optimismus äußerst wichtige Komponente, durch die es wie gesagt möglich ist, selbst Einfluss auf die kritischen Momente des Lebens nehmen zu können.

Und noch etwas unterscheidet Optimisten von Pessimisten: Mal abgesehen davon, dass sie gesünder sind, leben sie auch länger, und das ist sogar wissenschaftlich erwiesen (siehe Seite 63). Optimisten sind fitter und sogar leistungsfähiger, leben in einer guten und erfüllten Beziehung und sogar der Freundeskreis ist stabil. Sind das nicht gute Gründe, optimistisch durch das Leben zu gehen?

Martin Seligman, der Begründer der positiven Psychologie, hat die menschliche Psyche erforscht und sich all die Gründe angesehen, die es dafür gibt, ein Optimist oder ein Pessimist zu sein. Darüber hinaus unterscheidet sich ihm zufolge der Optimismus vom Pessimismus dadurch, dass die beiden Wertesysteme unterschiedliche Argumente dafür benutzen, weshalb etwas so ist, wie es ist. Wesentliche Aspekte für diese unterschiedlichen Argumente sind:

1. Dauerhaftigkeit
Ein Pessimist geht dauerhaft davon aus, dass sich Situationen nie ändern werden und es immer so bleiben wird. Ein Optimist geht davon aus, dass der Zustand vorübergeht und zeitlich begrenzt ist.

2. Geltungsbereich
Ein Pessimist ist der Meinung, dass Situationen nicht vereinzelt furchtbar sind, sondern dass generell alle Situationen so sind. Ein Optimist dagegen geht davon aus, dass eine aktuell eventuell furchtbare Situation keine Auswirkungen auf andere Lebensbereiche hat.

3. Personalisierung

Ein Pessimist ist der Meinung, dass er grundsätzlich persönlich verantwortlich für jedes entstandene Ereignis ist. Sein Selbstwert und sein Selbstvertrauen sind eher gering ausgeprägt. Ein Optimist geht davon aus, dass es Umstände gibt, weshalb etwas so ist, wie es ist, und dass er selbst nichts damit zu tun hat. Er hat einen starken Selbstwert und ein großes Selbstvertrauen.

4. Hoffnung

Ein Pessimist verharrt in der Hoffnungslosigkeit und verzweifelt. Einem Optimisten hilft seine Hoffnung dabei, nach einer Lösung zu suchen.

Falls Sie sich nach dieser Unterscheidung mehr auf der Seite der Pessimisten wiederfinden denn auf der der Optimisten, kann ich Sie beruhigen: Laut Seligman lässt sich Optimismus lernen. Dafür warten in diesem Kapitel drei wirkungsvolle Übungen auf Sie. Vorher möchte ich Ihnen noch einen weiteren Grund geben, weshalb es sich für Pessimisten lohnt dranzubleiben.

Machen wir dazu einen kleinen Ausflug in die Natur. Sonnenblumen, diese wundervollen, sonnenanstrahlenden Pflanzen, werden häufig als Symbole benutzt, wenn die Rede vom Optimismus ist. Durch die gelbe Strahlkraft sind die Blumen gerade in den Tagen, in denen wir auf den Beginn der Herbstzeit aufmerksam gemacht werden, eine willkommene Überraschung auf dem Wohnzimmertisch. Schon beim Anblick in der Vase verbreiten sie gute Laune und freudige Momente und die Trübsinnigkeit der dunklen Jahreszeit verschwindet im Handumdrehen.

Sonnenblumen sind richtige Sonnenanbeter-Spezialisten. Damit ihnen kein Sonnenstrahl entgeht, richten sie sich in ihrer Wachstumsphase tagsüber nach der Sonne. Sie legen dabei wahre »Stalking-Künste« an den Tag. Der Grund dafür ist, dass sie durch die Zuwendung zur Sonne genug Energie tanken können. Und noch etwas macht die Sonnenblume zum lebensbejahenden Lebewesen schlechthin. Früh morgens begrüßen sie die Sonne und spät abends nicken sie ihr ein letztes Mal zum Untergang entgegen. Dann am nächsten Morgen, zum Sonnenaufgang, stehen sie wieder parat, um die Sonne begrüßen zu dürfen. Ältere Pflanzen unterstützen sich gegenseitig bei schlechtem Wetter. Sie drehen ihre Blütenkelche zueinander, um ihre getankte Sonnenenergie mit den anderen zu teilen. Verblüffend, wie ich finde.

Dass unsere Gedanken uns oft im Griff haben, wissen die meisten Menschen. Darüber hinaus wird die Wirkung unserer Gedanken oft unterschätzt. Doch wussten sie auch, dass Gedanken eine Chance sein können, um optimistisch durch das Leben zu gehen? Jetzt fragen Sie sich wahrscheinlich, wie das geht. Vielleicht haben Sie schon einmal etwas von Mental-Training gehört. Durch Mental-Training können Sie alte Gewohnheiten verändern. Gerade um optimistischer zu werden, ist das eine wichtige Übungseinheit. Wir alle kennen Situationen, in denen es uns schwerfällt, unsere Gedanken auf positiv und nicht auf negativ zu stellen. Situationen, in denen wir unzufrieden sind oder hoffnungslos, weil gerade mal wieder nichts gelingt. Machen Sie sich bewusst, dass Sie diesbezüglich nicht allein sind. Das passiert jedem von uns, doch es gibt eine Möglichkeit, wie wir raus aus dem Frust und rein in ein besseres Leben gelangen.

Psychologische Forschungen haben Folgendes gezeigt: Wenn Menschen Optimismus in sich tragen, schenken sie ihrer eigenen Verantwortlichkeit einen hohen Glauben. Parallel dazu neigen sie weniger zu Depressionen oder Angststörungen, sie meistern Aufgaben mit einem höheren Engagement und sie sind erfolgreicher in ihrem Berufsalltag. Optimistische Menschen prüfen, ob sie das, was sie sich vorgenommen haben, gewinnbringend und eigenständig zum Erfolg führen können. Sie wissen schon zu Beginn ihres Handelns, dass sie das, was sie sich vorgenommen haben, schaffen werden. Das wiederum bedeutet, dass sie, bevor sie loslegen, nachdenken, ob ihre Erwartung nicht zu hoch ist und ob sie die gestellte Aufgabe selbst bewältigen können. Optimisten glauben an sich, an ihre Fähigkeiten und vertrauen ihrem Handeln und Tun.

Erst glücklich, dann optimistisch?

Friedensnobelpreisträger Kofi Annan hat einmal gesagt: »Die Welt besteht aus Optimisten und Pessimisten. Letztlich liegen beide falsch. Aber der Optimist lebt glücklicher.« Doch was genau hat Glück mit Optimismus zu tun und wie entsteht Glück?

Um glücklich zu sein, benötigen wir keine großartigen Besitztümer, keine riesengroße Villa und meist auch kein Gold und Geschmeide. Für ein freudestrahlendes Leben benötigen wir genügend Geld, um alle laufenden Kosten in unserem Alltag tragen zu können, Freude am Leben und Zeit, um schöne Momente zu erleben. Im »Glücksatlas«, einer Studie, die jedes Jahr im Auftrag der Deutschen Post[2] erstellt wird, geht es um die glücklichsten Menschen in Deutschland: Sind die Deutschen glücklich? Wo wohnen die glücklichsten Deutschen und was macht sie glücklich? Heraus kam, dass die meisten Menschen gar nicht so unzufrieden sind und ihr Heimatland auch nicht in einer ständigen Talfahrt sehen. Die wichtigsten Glücksformeln sind laut dieser Studie:

- wertschätzende, respektvolle menschliche Beziehungen,
- eine erfüllende Partnerschaft,

- materieller Zuwachs,
- gesichertes Wohnen und eine stabile Familie sowie
- Freizeit, Gesundheit, Beruf und Einkommen.

Glück ist ein Gefühl und entsteht im Gehirn. Zufriedenheit etwa ist dagegen ein Zustand. Glücksgefühle entstehen durch einen Cocktail gehirneigener Botenstoffe, Serotonin, Dopamin und Oxytocin sind nur einige davon. Während Dopamin als das Glückshormon schlechthin bekannt ist, wirkt Serotonin beruhigend und fördert ebenfalls das Wohlbefinden. Oxytocin, auch als Kuschelhormon bekannt, stärkt das Vertrauen und fördert die sozialen Bindungen. Die Glücksimpulse berauschen uns und sorgen dafür, dass unsere guten Gefühle länger anhalten. Glücksgefühle entstehen durch Aktionen, in denen wir völlig aufgehen. Wir sind im Flow-Erlebnis und gedanklich in Erwartung. Dabei kommt in unserem Gehirn das Belohnungssystem ins Spiel und es läuft für uns wie am Schnürchen. Das Belohnungssystem motiviert uns und wir hoffen auf mehr Belohnung. Diese positiven Erlebnisse werden in unserem Gehirn abgespeichert und sorgen dafür, dass weitere hirneigene Opiate fließen. Wir spüren, dass wir glücklich sind.

Was können Menschen nun aktiv tun, um langfristig glücklich zu sein?

1. Wertschätzende Beziehungen führen

Eine wichtige Formel, um glücklich zu sein, ist, eine wertschätzende, respektvolle und gute Beziehung zu allen Menschen zu pflegen. Leben Menschen eine gute, wertschätzende und respektvolle Beziehung zu sich selbst, zu Freunden oder ihrem Partner, so sind sie glücklicher, leben gesünder und haben eine höhere Lebenserwartung. Einsamkeit im Gegenzug beeinträchtigt das Leben, erhöht das Sterberisiko und hat zudem Auswirkungen auf die mentale und körperliche Konstitution.

2. Zeit mit anderen verbringen

Nicht die Quantität, sondern die Qualität in einer Beziehung ist maßgeblich, um glücklich zu sein. Wird in Beziehungen ständig gestritten oder bestehen andauernde Konflikte, die geklärt werden müssen, spielt es für das Glücklichsein keine Rolle, ob es sich dabei um eine Freundschaft, ein Kollegium oder um verheiratete oder nicht verheiratete Paare handelt. Die Qualität einer Beziehung ist ausschlaggebend dafür, glücklich zu sein. Das bedeutet, dass sich jede Beziehung Zeit füreinander nehmen sollte, um das Glück gemeinsam zu erleben. Nicht die Menge der Zeit, die wir mit anderen verbringen, ist wichtig, sondern, was wir miteinander erleben. Glücklich sein, das ist der Wille, so zu leben, wie es das Leben uns vorgibt. Und eine erfüllte Partnerschaft gehört dazu, denn diese schafft doppeltes Glück: mein eigenes und das gemeinsame.

3. Mithilfe von Dankbarkeit Krisenzeiten überwinden

Krisenzeiten sind oft ein Hindernis, um glücklich zu sein. Spätestens seit Anfang des Jahres 2020 mit Beginn der COVID-19-Pandemie, in der wir uns im Ausnahmezustand bewegten, ist der psychische Druck gewachsen und viele Menschen befanden sich im Stressmodus. Das hat Auswirkungen auf das Glücksgefühl. Sorgen, Nöte und der ständige Druck um die Gesundheit behindern das Glückslevel, machen unglücklich und fördern Ängste. Aus diesem Grund ist es wichtig, einen der wichtigsten Schlüssel zu leben, und der ist Dankbarkeit. Dankbarkeit sorgt für

Zufriedenheit und Glück, reduziert den Stress und stimmt uns positiv.

Und nicht zuletzt zählen auch sportliche Aktivitäten, ein erfüllendes Hobby sowie die persönliche Weiterentwicklung zu den Glücksfaktoren.

So werden Sie vom Pessimisten zum Optimisten

Ein optimistischer Mensch wird, wie bereits beschrieben, nicht als Optimist geboren, ebenso wenig wie der Pessimist. Optimisten unterscheiden sich von Pessimisten durch ihre *erlernte* positive Einstellung zum Leben. Für sie ist das Glas halb voll. Optimisten haben in ihren Entwicklungsphasen, durch ihre Bezugspersonen und durch das, was sie erlebt haben, gelernt, die Welt mit positiven Augen zu betrachten. In den meisten Situationen haben sie sich die Fähigkeit antrainiert, positiv zu denken. Diese positive Haltung zum Leben ist größtenteils über viele Jahre abgespeichert und kann jederzeit abgerufen werden. Pessimisten haben diese Eigenschaften eher nicht. Einen Menschen mit einer optimistischen Grundhaltung erkennen Sie an den folgenden Fähigkeiten:

- Er sucht sich das Gute in einer Situation.
- Er gibt neuen Situationen Chancen, um daraus Lernerfahrungen zu schaffen.
- Er spricht sich selbst Mut zu und sagt sich »Ich kann das« oder »Ich schaffe das«.
- Bei ihm ist der Glaube an sich selbst prinzipiell vorhanden.

Pessimisten suchen Ausreden, weshalb etwas nicht gelingen kann. Optimisten suchen nach Lösungen, damit die Dinge gelingen.

Haben Sie sich schon einmal mit der Frage beschäftigt, ob Optimisten tatsächlich länger leben? In der positiven Psychologie findet sich die Formel des Glücks auf die Gesundheit. Martin E. P. Seligman[3] zufolge ist unser Leben viel zu kurz, um unglücklich sein zu müssen. Er sagt sogar, dass jeder Mensch die Veranlagung für das eigene Glück in sich trägt. Die einzige Schwierigkeit ist, dass das Schatzkästchen des Glücks erst entdeckt werden muss. In dem Moment, in dem Sie Ihr Glückskästchen gefunden haben, entstehen eigene Glücksgefühle, bedingt durch einen Cocktail an hirneigenen Morphinen. Zufriedenheit dagegen ist nicht nur den Optimisten vorbehalten. Pessimisten kennen den Zustand der Zufriedenheit auch, jedoch nicht in demselben Leidenschaftsgrad, wie es Optimisten empfinden. Optimisten sind weniger anfällig für psychische Erkrankungen wie Depressionen und für Erkrankungen des Herzkreislaufsystems.

Alt werden Optimisten tatsächlich. Dazu gibt es viele wissenschaftliche Experimente und Forschungen und eine Menge von veröffentlichten Ergebnissen in Fachzeitschriften. In einem Fachmagazin der amerikanischen Akademie der Wissenschaften wurden Krankengeschichten spezifischer Berufsgruppen über Jahrzehnte gespeichert.[4] Diese beinhalten das Befinden und die Lebenshaltung von mehreren 10 000 Personen im Pflegebereich und von Tausenden altgedienter Soldaten. Die Teilnehmenden wurden aufgeteilt in mehrere Gruppen, die von optimistisch bis pessimistisch reichten. Das Resultat: Optimistische Frauen leben im Durchschnitt 15 Prozent länger und optimistische Männer leben im Durchschnitt elf Prozent länger als ihre pessimistischen Artgenossinnen und Artgenossen.

Ich bin darüber hinaus fest davon überzeugt, dass Optimismus sehr viel mit der inneren Haltung zu tun hat. Diese innere Haltung wird geleitet von der Art, wie wir Menschen denken. Wenn wir uns sehr viel mit positiven Gedanken auseinandersetzen, wird die Kraft des Optimismus wachsen. Beschäftigen wir uns hingegen mit negativen Gedanken, wird die Kraft des Optimismus schwächer werden. Demnach liegt es nahe, dass wir es besser vermeiden, negativen Gedanken nachzugehen. Wir sollten uns vielmehr sagen: Jedem negativen Gedanken schicke ich ab jetzt zwei positive Gedanken hinterher.

Sollten Sie selbst auf Ihrem Weg vom Pessimisten zum Optimisten sein und auf Pessimisten treffen, dann versuchen sie, den Kontakt so kurz wie möglich zu halten. Anfänglich ist Ihr negatives Gedankenmuster noch nicht unterbrochen und der Kontakt zu einem Pessimisten würde Ihnen nicht guttun. Machen Sie sich bewusst, dass sich negative Weissagungen meist auch erfüllen. Das nennt sich selbsterfüllende Prophezeiung; oft wird hierfür auch der englische Begriff »self-fulfilling prophecy« verwendet.

Bei einer selbsterfüllenden Prophezeiung kündigt eine Person etwas an, was in der Zukunft liegt. Das kann sowohl eine positive als auch eine negative Äußerung sein. Die Person tut also so, als hätte es sich bereits erfüllt. Die eigene Haltung passt sich sehr schnell der Äußerung an und die Prophezeiung erfüllt sich. Machen Sie sich bewusst: Sie selbst haben die Stärke, ob ein Ereignis eine geistige Katastrophe oder eine positive Chance wird.

Um aus der negativen Kraft des Pessimismus zu gelangen:

1. Lenken Sie Ihre Aufmerksamkeit auf Ihre Stärken:
Optimisten haben gelernt, ihre Stärken zu definieren; versuchen Sie es doch auch einmal. Hierfür eignen sich folgende Fragen besonders gut:

- Welche Fähigkeiten habe ich?
- Was kann ich besonders gut?
- Was liebe ich am meisten an mir?

2. Stellen Sie sich den Herausforderungen des Lebens: Sagen Sie nicht mehr »Das schaffe ich nicht« oder »Das ist eine ausweglose Situation«, sondern »Ich schaffe das« oder »Ich finde eine Lösung«. Wenn Sie sich ausschließlich mit dem Problem beschäftigen, werden Sie auch keine Lösung finden. Also raus aus der Opferrolle und rein in die Lösung. Ziehen Sie am Ende eines jeden Tages ein positives Tagesfazit. Hierfür können Sie sich die folgenden Fragen stellen:

- Was waren heute meine Highlights?
- Was ist mir heute besonders gut gelungen?
- Was habe ich heute mit Leichtigkeit gemeistert?

Übung 1: Das Glückstagebuch

Um glücklicher und optimistischer zu sein, brauchen wir Glücksimpulse. Diese können wir uns mithilfe eines Glückstagebuchs verschaffen.

Schritt 1: Legen Sie sich ein Tagebuch zu.
Besorgen Sie sich bitte ein Buch, das Ihnen gut gefällt und das zu Ihnen passt. Es darf bunt sein, groß, klein, mit und ohne Linien oder kariert. Alles, was Ihnen gefällt und Sie dabei unterstützt, sich mutig jeden Tag mit sich und den wundervollen Momenten Ihres Lebens zu beschäftigen.

Schritt 2: Notieren Sie Ihre Glücksmomente.
Schreiben Sie jeden Abend Ihre drei Glücksaugenblicke auf, die Ihnen tagsüber ein Lächeln ins Gesicht gezaubert haben. Das kann …

- eine freundliche Bedienung an der Theke Ihres Einkaufsmarktes,
- eine Ente, die über die Straße gewatschelt ist, oder
- ein sportlicher Erfolg sein.

Es dürfen auch Momente sein wie:

- das Lächeln Ihrer Partnerin oder Ihres Partners,
- ein wundervolles Gespräch mit Ihrem Vorgesetzten,
- ein Telefonat mit Ihrer Freundin oder Ihrem Freund,
- eine kleine Überraschung in Ihrem Briefkasten,
- eine Postkarte mit einem motivierenden Spruch oder
- eine Karte mit einem riesengroßen Smiley.

Öffnen Sie Ihren Blick auch für die kleinen Momente im Leben. Beschreiben Sie zum Beispiel diesen Augenblick, bei dem Sie über ein Feld voller Sonnenblumen geschaut haben oder als ein anderer Mensch Ihnen ein Lächeln geschenkt hat.

Schritt 3: Beschreiben Sie Ihre Gefühle.
Schreiben Sie neben den Glücksmomenten Ihre Emotionen auf. Wie haben Sie sich dabei gefühlt? Welche Gefühle haben Sie wahrgenommen? Das kann klingen wie:

- »Ich habe mich dabei sehr wohl gefühlt.«
- »Ich konnte von diesem Gefühl der Freude noch lange profitieren.«
- »Ich fühlte mich wertgeschätzt und geachtet.«

Ziel der Übung ist es, ihre Emotionen wahrzunehmen. Denn durch die bewusste Haltung belohnt unser Gehirn uns sofort mit der Ausschüttung von Endorphinen. Die Liste der Glücksimpulse darf unendlich sein. Gerne dürfen Sie auch mehr als drei Momente aufschreiben.

Schritt 4: Gestalten Sie Ihr Tagebuch.
Ihr Tagebuch liebt es, wenn Sie es gestalten. Malen Sie darin, kleben Sie Ihre gesammelten Postkarten hinein; Zettel mit kleinen Zeichnungen sind ebenfalls herzlich willkommen. Alles, was Ihnen Freude bereitet oder ein Lächeln ins Gesicht zaubert, ist erlaubt.

Wenn Sie sich täglich mit den kleinen Glück bringenden Momenten beschäftigen, dann wird sich Ihr Gefühl von Glück, welches den ganzen Körper durchströmen kann, verstärken.

Sollte es dann einmal Tage geben, an denen Sie das Glück ein wenig auf die Probe stellt, gibt es Ihr Tagebuch, in dem Sie blättern und an dem Sie sich erfreuen können. Denn Tage, an denen es Ihnen nicht so gut gehen kann, gehören dazu. Solche Tage sind normal. Sie sind auch nur ein Mensch und kein Roboter. Das Tagebuch wird Ihnen dabei helfen, sich wieder an Situationen und Momente zu erinnern, die Ihnen ein Lächeln auf das Gesicht zaubern, und schon geht es Ihnen wieder besser.

Falls Sie kein Tagebuch kaufen möchten, gibt es auch die Möglichkeit, Ihre Erinnerungen online aufzuzeichnen. Ihr Onlinetagebuch können Sie zwar mitunter nicht so persönlich gestalten wie ein physisches Tagebuch, doch es hat andere Vorteile, denn in der Welt der schnellen Medien gilt:

1. Sie haben Ihr Tagebuch, egal wo Sie sich gerade aufhalten, in der Regel greifbar. Voraussetzung: Sie haben Ihr Smartphone oder Tablet dabei.

2. Sie können sofort alles fotografisch festhalten und das dann zeitnah in Ihr Onlinetagebuch laden.

3. Sie können sofort darauf zurückgreifen, wenn Sie in einer unschönen Situation einen positiven Aspekt benötigen.

Letztendlich gilt: Versuch macht klug, also versuchen Sie es doch einmal. Ich wünsche Ihnen viel Erfolg dabei.

Übung 2: Das Lachen

Lachen wird sowohl in der Medizin als auch der Psychotherapie zum Zweck der Genesung und Gesundung eingesetzt. Lachen, so sagen Wissenschaftler und Psychologen, ist eine wertvolle Methode und ein echter Anreiz gegen Stress, miese Laune, depressive Verstimmungen, Ärger etc. Schon Charlie Chaplin sagte: »Ein Tag ohne Lächeln ist ein verlorener Tag.«

Weshalb ist Lachen so wichtig? Beim Lachen werden im Gehirn – exakter im limbischen System – Botenstoffe ausgeschüttet. Das ist zuallererst der Botenstoff Serotonin. Zusammen mit seinen Unterstützern Dopamin, zuständig für die Kommunikation der Gehirnzellen, und Noradrenalin, zuständig für unsere Motivation, ist Serotonin ausschlaggebend für unser Gefühlsleben. Wissenschaftlich erwiesen ist, dass Lachen die Lungenfunktion steigert, das Gehirn besser mit Sauerstoff versorgt, die Immunabwehr aktiviert und Stresshormone abbaut. Zum Lachen benötigen wir etwa 80 Muskeln im ganzen Körper. Seit den 1980er-Jahren wird Lachen sogar als Therapieform eingesetzt, um Heilungsprozesse über das Lachen zu fördern. Inzwischen gibt es in vielen europäischen Ländern humorvolle Krankenhausvisiten mit Clowns, die dafür sorgen, kranken Kindern das Leben etwas leichter zu machen. Wer Kinder hat, kann sich bestimmt an ihr erstes Lachen erinnern. Wussten Sie, dass bereits Ungeborene im Mutterleib das Lachen üben? Sind die Babys dann erst geboren, testen sie das Lachen außerhalb des Mutterleibs, und das meist sehr erfolgreich.

Babys lachen, nachdem sie geboren sind, im Durchschnitt täglich circa 400-mal, wir Erwachsene nur noch 15- bis 20-mal. Ist das nicht sehr bitter? Wir wären um ein Vielfaches gesünder, optimistischer und glücklicher, wenn wir Lachen wieder mehr in unser Leben integrieren würden. Allein die Tatsache, dass hochgezogene Mundwinkel, auch »Grinsen« genannt, dem Gehirn signalisieren, dass wir glücklich und optimistisch sind, sollte uns doch animieren, mehr davon zu tun. Und noch eine Funktion hat das Hochziehen der Mundwinkel. Das Unterbewusstsein bekommt die Information, dass Sie jetzt etwas Liebreizendes, Schönes oder Erfreuliches erleben. Die Tatsache, dass diese Stimmung positive Emotionen erzeugt, wäre ein zusätzlicher Grund, zu lächeln. Der Körper belohnt das mit Entspannung; dies betrifft den Nacken- und Schulterbereich genauso wie die Gesichtsmuskulatur. Sogar der pure körperliche Reiz zu lächeln reicht dabei schon aus. Testen Sie es doch selbst einmal aus.

Für diesen Versuch reicht es, wenn Sie sich zwischen Ihre Zähne einen Bleistift klemmen. Dieses Festhalten des Bleistifts durch die Zähne sorgt dafür, dass die Gesichtsmuskulatur nach oben gezwungen wird. Das signalisiert der Gehirnregion, in der unsere Glückshormone produziert werden, dass es sich um einen positiven Gemütszustand handelt. Das Gehirn schlussfolgert daraus: Wenn die Muskeln sagen, dass wir glücklich sind, dann sind wir es auch. Lachen steckt zudem an, das heißt, wenn Sie lachen, zaubern Sie nahezu automatisch auch Ihrem Gegenüber ein Lächeln ins Gesicht.

Was passiert beim Lachen? Lachen, das wissen viele Menschen nicht, ist eine angeborene Fähigkeit. Durch unsere Erziehung und die gesellschaftlichen Zwänge vermindert sich unser Lachen mit zunehmendem Alter. Wussten Sie, dass eine Minute lachen der Gesundheit genauso hilft wie zehn Minuten joggen oder 30 Minuten Entspannungsübungen? Da in so einer kleinen Übungseinheit also solch eine große Wirkkraft steckt, lohnt es sich doch, das sofort zu testen.

Hier kommt die Anleitung, die ihre Lachmuskeln aktiviert und ihre Botenstoffe auf Vordermann bringt:

Name des Arzneimittels: Lächeln oder Lachen
Dosierung: täglich mehrfach 60 Sekunden lang
Anwendung: Mundwinkel hochziehen (am besten dabei in einen Spiegel schauen)
Für wen ist diese Medizin gedacht: für alle Menschen zwischen 0 und 110 Jahren
Nebenwirkungen:

- Die Kampfenergien werden von den Glückshormonen aufgegessen.
- Das Immunsystem wird gestärkt.
- Die Ausstrahlung ist positiv.
- Die Haltung wird optimistisch.

Überlegen Sie sich also gut, ob Sie das täglich machen möchten, denn der Effekt kann sein, dass Sie den ganzen Tag glücklich sind und Sie optimistisch den Tag beenden. Spaß beiseite: Es kann Ihnen passieren, dass Sie in verschiedenen Situationen ärgerlich, wütend oder sogar sauer sind. Genau dann ist es wichtig, dass Sie sich an die Übung des Lächelns erinnern. Kleben Sie sich doch einen Zettel mit einem Smiley an eine gut sichtbare Stelle oder machen Sie es wie ich: Stellen Sie eine kleine Schiefertafel in Ihrem Bad auf, auf der mit Kreide in großen Buchstaben »LÄCHELN« geschrieben steht und das Gesicht eines Smileys zu sehen ist. Für den Schreibtisch empfehle ich Ihnen das Bild einer Sonnenblume in einem Rahmen. In die Mitte der Blume könnten Sie zum Beispiel ein lächelndes Gesicht malen. Egal, welche Idee Sie für sich nutzen, wichtig ist, dass Sie die Übung wiederholen. Glücklich ist, wer täglich das Lachen nicht vergisst.

Übung 3: Das Kopfkino

Pessimisten haben ein Talent dafür, dass aus den Gedanken in ihrem Kopf ein perfekter Katastrophenfilm entsteht. Kaum hat der Film begonnen, schon ist die Verwandlung in einen Horrorfilm in vollem Gange. Finden Sie nicht, dass es gerade jetzt Zeit wäre, Ihren Film zu stoppen, um eine neue Filmrolle, vielleicht mit einem wundervollen Spielfilm, einzulegen?

Mein erster Tipp lautet: Sie sind der Chef Ihres Kopfkinos. An dieser Stelle können die folgenden Fragen wertvoll sein:

- Welcher Film inspiriert mich am meisten?
- Welches positive Ende soll mein Film haben?
- Was ist meine Rolle in meinem Film?

Vielleicht hilft es Ihnen, wenn Sie die Geschichte Ihres Films verschriftlichen. Machen Sie eine Story daraus. Erinnern Sie sich noch an einen Film, über den Sie so richtig herzhaft gelacht haben? Wissen Sie noch, was Sie begeistert hat und weshalb Sie das lustig gefunden haben?

Nehmen wir nun einmal an, Ihr Film würde einen Oscar gewinnen, weil er die Menschen positiv begeistert und motivierend und effektvoll ist. Was würde sich für Sie in Ihrem Leben durch die Auszeichnung Ihres Filmes verändern?

Nun stellen Sie sich vor, dass Ihr Film auch ein humorvoller Streifen werden kann. Schreiben Sie ein Skript, Ihr ganz persönliches Filmdrehbuch. Unter Umständen ist es hilfreich, die verschiedenen Rollen zu dokumentieren. Sie können im Kopf auch ein Casting veranstalten. Jede Figur bekommt die Möglichkeit, sich bei Ihnen vorzustellen und sich von der allerbesten Seite zu zeigen. Denn die wichtigste Funktion in Ihrem Film, die haben Sie selbst. Sie entscheiden, wer in Ihrem Film vorkommt, welche Rolle wer hat, ob es sich um einen Film in Schwarz-Weiß oder in Farbe handelt, mit oder ohne Ton usw. Machen Sie sich bewusst: Es ist Ihr Film mit Ihren Schauspielern, und Sie sind der Regisseur.

Mein zweiter Tipp lautet: Manchmal hilft es, wenn Sie objektiv auf die Situation schauen. Stellen Sie sich die nachfolgenden Fragen:

- Was wäre das Allerschlimmste, was in Ihrem Film passieren könnte?
- Wie könnte Ihr Film im bestmöglichen Fall aussehen?
- Und was wird am wahrscheinlichsten in Ihrer Realität davon eintreten?

Wenn Sie lernen, die Situationen realistischer zu betrachten, wird es Ihnen gelingen, aus dem Pessimismus auszusteigen. Sie haben dabei jede Menge Lernchancen, versuchen Sie es.

Mein Optimismus-Learning: Alles geschieht aus einem guten Grund

Im Frühjahr vor meiner Einschulung hatte meine Großmutter Besuch von ihrem Bruder, der seit vielen Jahren in Amerika lebte. Er war Gast im Hause meiner Eltern und für mich eine wundervolle

Bereicherung, denn dieser Onkel und seine Frau waren nicht nur sehr lustig, sondern dank ihres Aufenthalts war der Frühling auch gefüllt mit vielen Ausflügen und Wandertouren. Eine herrliche Anreicherung in meinem Leben.

Mein Onkel war ein sehr aufmerksamer Mensch und bemerkte, dass etwas mit meiner Kopfstellung nicht in Ordnung war. Er beobachtete, dass ich meinen Kopf selten gerade hielt, sondern meist schief oder schräg. Heute bin ich sehr glücklich, dass er so mutig war und seine Entdeckung nicht für sich behielt. Es folgte eine Reihe von Untersuchungen. Die Diagnose der Ärzte lautete »Schiefhals«, im Fachjargon bekannt unter dem Begriff Torticollis, was so viel bedeutet wie »gedrehter oder gekrümmter Hals«. Die Bewegung meines Kopfes war eingeschränkt und eine aufwendige Operation war der einzige Weg in ein normales Leben. Das hatte ich zu akzeptieren.

Bei einer solchen Operation wird der verkürzte Muskel am Kopf komplett am Ansatz des Brustbeins durchtrennt. Im Nachgang muss der Kopf für mehrere Wochen ruhig gestellt werden. Das geschah bei mir durch einen Gipsverband vom Kopf bis knapp über den Bauchnabel, wobei Arme, Gesicht, Ohren sowie der Haaransatz ausgespart waren. Mit diesem Gips wurde ich eingeschult. Können Sie sich vorstellen, wie meine Gefühlswelt aussah, so in die Schule gehen zu müssen? Wissen Sie, wie rücksichtslos Kinder sein können? Haben Sie eine Vorstellung davon, was es bedeutet, sich nicht bewegen zu dürfen, wie es für ein Mädchen in diesem Alter angemessen gewesen wäre? Ändern konnte ich das nicht. Was es mich jedoch als sechsjähriges Kind gelehrt hat, ist, dass alles im Leben einen Sinn hat: Die Aufmerksamkeit meines Onkels hat dafür gesorgt, dass ich untersucht wurde. Dank der Operation bei einem Spezialisten habe ich heute eine fast gerade Kopfhaltung.

Akzeptanz war das, was ich damals als Erstes lernen durfte. Geduld war die zweite Erfahrung, die ich machen durfte. Zu diesem

Zeitpunkt wusste ich nicht, dass ich von beidem in den nächsten Jahren noch eine Menge benötigen würde. Mein Learning Nummer drei war also Optimismus. Ich versuchte, positiv in die Zukunft zu schauen. Das alles geschah nicht unmittelbar, das hat tatsächlich ein bisschen länger gedauert. In meinem Leben gab es noch viele Krankenhausaufenthalte und eine Menge an Krisen, mit denen ich zurechtkommen durfte. Den Optimismus, trotz alldem positiv in die Zukunft zu schauen, verlor ich nicht.

Mein Tipp für mehr Resilienz in Ihrem Leben: Gehen Sie wandern!

Wussten Sie, dass Wandern wieder voll im Trend ist? Der Genuss der Natur erfährt gerade eine großartige Renaissance. Die frische Luft, gepaart mit einem hohen Freizeitwert, entpuppt sich über das Wandern als äußerst gesundes Duo. Zudem liefert das Wandern ein sehr positives Resultat für den Körper, Geist, die Fitness und die Gesundheit. War Wandern früher eher etwas für die ältere Generation und wurde der Bewegungsdrang dieser Menschen eher belächelt, so hat sich die Bewegung in der Natur durch die Corona-Pandemie deutlich verändert. Bis zur Corona-Pandemie fuhren viele Menschen selbst kleine Strecken mit dem Auto oder mit öffentlichen Verkehrsmitteln; sie bewegten sich nur selten zu Fuß durch die Natur und machten Sport eher in »Fitnesstempeln«. Doch mit dem Start der Pandemie ging der Trend »back to the roots«. In die Natur zu gehen, steht hoch im Kurs, sei es Wandern, Mountainbiking, Waldbaden oder die Übernachtung in der freien Natur – alles ist neuerdings möglich. Die meisten Menschen zieht es am Wochenende in die Natur zum Krafttanken. Das Wandern ist der neue Trendsport.

Kennen Sie die Vorteile des Wanderns und die Auswirkungen regelmäßigen Wanderns auf das Immunsystem? Wissenschaftliche Studien haben herausgefunden, dass Wandern eine Stärkung des Immunsystems bewirkt. Vom Erholungswert ganz zu schweigen. Schon nach einer Tageswanderung durch den Wald wird im Blut ein Anstieg der Immunzellen nachgewiesen. Bewegung in freier Natur ist zudem ein wirksames Mittel für die schlanke Linie. Weiterhin wird durch das Marschieren die Produktion der Stammzellen aktiviert und es gilt als Seelenhygiene. Ein weiterer Grund, wandern zu gehen, spricht besonders Menschen mit Allergien an, denn je höher der Berg, desto geringer ist die Pollenbelastung. Doch bitte seien Sie achtsam mit sich, denn je höher Sie steigen, desto mehr sinken der Luftdruck und die Sauerstoffsättigung.

Eine wesentliche Rolle beim Wandern spielt das seelische Wohlergehen. Auch dazu gibt es wissenschaftliche Studien,[5] die belegen, dass das regelmäßige Schnüren der Wanderstiefel, gepaart mit der Bewegung an der frischen Luft, ein probates Mittel gegen depressive Verstimmungen ist. Wandern pustet förmlich das Gehirn durch. Dadurch ergibt sich die Möglichkeit, lästige Gedankenkreisel zu stoppen, Stress abzubauen und gleichzeitig Achtsamkeit zu trainieren, den Blick für das Wesentliche zu schärfen und wohlwollend mit der Natur umzugehen. Sportmediziner, Psychiater und Psychologen empfehlen das Wandern, da es den Stoffwechsel anregt, das Herz-Kreislauf-System positiv beeinflusst und Risikofaktoren für Herz-Kreislauf-Erkrankungen minimiert.

Abgesehen von den ersten Anschaffungen wie Wanderstiefel und adäquate Wanderbekleidung, ist es auch noch eine kostengünstige Freizeitgestaltung, die jeder Mensch für sich und die Hygiene der eigenen Psyche nutzen kann. Sie haben es selbst in der Hand, ob Sie Wanderfan werden oder nicht. Vielleicht sehen wir uns ja einmal beim Wandern.

Säule 3: Lösungsorientierung

Alles eine Frage der Lösung

Wenn Träume Realität werden,
dann lebst du dein wahres Leben.

Sabine Lahme

Können Sie sich noch daran erinnern, wie es bei Ihnen in der Pubertät war? Blöde Eltern, dämliche Schule, nerviges Leben und alles ist eine einzige Baustelle. Das zumindest war meine Pubertät. Wussten Sie, dass die Pubertät im Kopf beginnt? Das Gehirn spielt sprichwörtlich verrückt. Ein Gefühlschaos rast durch den Körper, und dann wird man auch noch mit Wachstumsschüben konfrontiert. Ein Jahrmarkt der Gefühle und eine Menge Neues, das es zu verarbeiten gilt.

Übersetzt bedeutet Pubertät »Mannbarkeit«, was wiederum so viel bedeutet wie reif, geschlechtsreif, potent und fortpflanzungsfähig zu sein. Während sich der Körper von Pubertierenden noch augenscheinlich verändert, sind die Veränderungen im Gehirn leider unsichtbar. Dabei ist gerade das Gehirn während der Pubertät eine ständige Baustelle: Alles ist in Bewegung. Einige neuronale Verbindungen entstehen neu, andere wiederum verschwinden auf wundersame Weise. Speziell im sogenannten Stirnlappen, einem wichtigen Kontrollzentrum im Gehirn, finden Umbaumaßnahmen statt. Unter Umständen sind das auch die Gründe, weshalb Gefühlsschwankungen vorhanden sind, das Erinnerungsvermögen nachlässt, Pubertierende für Eltern nicht mehr kalkulierbar sind oder

Lernschwächen vorhanden sein können. Ein Umbau zu Hause oder ein Update im Computernetzwerk findet schließlich auch so gut wie nie ohne Probleme statt, oder?

Wenn Sie das als erwachsener Mensch mit diesem Wissen betrachten, können Sie Pubertierenden in Ihrem Umfeld womöglich heute etwas sanftmütiger begegnen. Manche Funktionen sind nämlich einfach nicht da, denn das Gehirn ist gerade vollkommen mit dem Umbau beschäftigt. Vielleicht verstehen sie nun, aus welchem Grund es bei pubertierenden Kindern auch ab und an zu Verzögerungen kommen kann. Jedes Elternpaar, das Kinder im Pubertätsalter hat, weiß, was es bedeutet, plötzlich und ohne Vorwarnung die eigenen Kinder nicht mehr zu verstehen. Machen Sie sich bitte bewusst: Ihren Kindern geht es genauso. Sie verstehen sich selbst auch nicht mehr. Was ihre Eltern ihnen sagen, wird konsequent infrage gestellt, und auch die Mitpubertierenden sind ihnen manchmal fremd. Vielleicht erinnern Sie sich ja daran, dass es Ihnen während Ihrer eigenen Pubertät genauso erging.

Und womöglich erinnern Sie sich dann auch an die Zeit des Zweifels und der Bedenken. Die Kindheit ist vorbei, das Erwachsensein jedoch ist erst in der Ferne sichtbar. Was für ein Chaos. Jeder Jugendliche hat das Gefühl, in einem fortwährenden und unaufhaltsamen Wandelprozess zu sein. Plötzlich wird sogar das Aussehen infrage gestellt, und es wird in vielerlei Hinsicht an sich gezweifelt: Bin ich zu dick? Sind meine Haare schön? Finden die anderen mich auch hässlich? Und so weiter und so fort.

Vielen Jugendlichen fehlt die Information, dass Schönheit wandelbar ist, sich der Körper das ganze Leben lang im Wandel befindet und jeder Mensch okay ist, so wie er ist. Den Jugendlichen fehlt das Gespräch über die belastenden Momente sowie das Verständnis für die Zeit der Pubertät. Doch statt gemeinsam auf die Reise durch diesen Wandel zu gehen, haben viele Eltern das Gefühl, dass ihnen dafür die Handlungsinstrumente fehlen und es keine Möglichkeiten für Lösungen gibt. Weit gefehlt. Es gibt für alles eine Lösung. Kennen Sie den Satz: Manche Probleme lösen sich von allein? Er bedeutet, dass man manchmal gar nichts tun muss, damit sich ein Problem löst.

Nichtstun gehört im Systemischen Coaching tatsächlich zu den Lösungsmethoden. Wenn Kinder nicht frühzeitig erfahren, dass sie okay sind, so wie sie sind, können sich Selbstzweifel und Bedenken in ihnen breitmachen . Selbstzweifel, das sind diese kleinen aufmüpfigen Monster, die auf den Schultern sitzen und uns wie ein Souffleur oder eine Souffleuse zweifelnde Worte ins Ohr flüstern. Im Theater ist die Aufgabe der Souffleuse oder des Souffleurs eine wichtige Einrichtung. Denn sie dient dazu, den Darstellern während der Aufführung jemanden zur Seite zu stellen, der ihnen bei Texthängern den Text zuflüstern kann. Eine sehr wohlwollende Haltung, hilfsbereit und bedacht, das Gegenüber zu unterstützen. Genau das Gegenteil ist der Fall beim Selbstzweifel. Der Zweifel ist diese kritische Stimme, die sich anfühlt wie ein kleiner Gnom, der die Oberhand hat und permanent Regie führt. Er ist allerdings nicht wohlwollend, sondern eher zerstörerisch. Dabei sind die Inhalte des Zweifels nicht das, was wir hören *wollen*. Zudem verhindert der Dialog mit dem Zweifel den Kontakt zu uns selbst.

Da wir gefallen wollen und abgelehnt zu werden etwas ist, was uns noch mehr verunsichert, wird es im Gespräch mit anderen Personen noch dramatischer. Jetzt beschäftigt uns der Selbstzweifler damit, darauf zu achten, was das Gegenüber benötigt, und wir verlieren noch mehr den Kontakt zu uns selbst. Leider sind die Texte, die uns zugeflüstert werden, nach wie vor die des Zweiflers. Schade. Denn größtenteils hinterfragen wir sie nicht, sondern geben vielmehr, ohne darüber nachzudenken, ob die Inhalte wirklich passend sind, der Aussage des Zweiflers nach.

So kann es beispielsweise während der Pubertät vorkommen, dass wir beim ersten Treffen mit einer potenziellen Freundin oder einem potenziellen Freund den besten Eindruck machen wollen. Wenn dann ein Spruch kommt wie »Das sieht nicht vorteilhaft aus, zieh besser etwas anderes an« oder »Die oder der will eh nichts von dir«, dann ist das Treffen schon vor dem Start zum Scheitern verurteilt. Später im Berufsleben, nämlich genau dann, wenn Sie in der Vorstellungsrunde auf gar keinen Fall negativ auffallen möchten, könnte der Satz des Selbstzweiflers lauten: »Sag nichts Falsches, sonst verdrehen alle die Augen.« Noch viel schlimmer kann es werden, wenn Sie sich im Beruf von Ihrer besten Seite Ihrem Chef präsentieren möchten und Ihr Selbstzweifler Ihnen zuflüstert: »Gib keine Widerworte und fall nicht negativ auf.« Und besonders tragisch wird es dann, wenn Sie nicht gelernt haben, Ihre eigene Meinung vertreten zu dürfen. Dann sagt Ihnen Ihr Selbstzweifler noch als erwachsener Mensch »Erzähl nicht so viel über dich« oder »Stell dich nicht immer in den Vordergrund«. Immer genau dann, wenn wir diese innere Stimme nicht gebrauchen können, ist sie da und vermiest uns jede wundervolle Chance. Doch dafür gibt es eine Lösung. Ich zeige Ihnen, wie es gehen kann.

Was Lösungsorientierung mit Selbstwirksamkeit zu tun hat

Eine Person handelt lösungsorientiert, wenn sie im Zentrum des Handelns und Tuns die Möglichkeiten hat, sich besser auf die gut laufenden Dinge zu konzentrieren, statt dem Problem zu folgen. Das bedeutet, dass Menschen, die lösungsorientiert sind, Chancen, Wege und Gelegenheiten nutzen, um die Herausforderungen des Lebens durch gezielte und gute Lösungsstrategien zu meistern.

Lösungsorientierte Menschen gehen uneingeschränkt davon aus, dass sie

- über genügend Kompetenzen verfügen und eine Lösung finden,
- geduldig und mit viel Disziplin Rückfälle durchhalten,
- gelassen gegenüber Schwierigkeiten sind und
- Situationen positiv beeinflussen können.

Menschen, die lösungsorientiert handeln, werden als resilient beschrieben. Was sie von Menschen unterscheidet, die eher das Problem in den Vordergrund stellen, ist, dass sie eine hohe Selbstwirksamkeit besitzen. Wie im Kapitel Optimismus beschrieben, handelt es sich bei der Selbstwirksamkeit um Menschen, die

- sich in einem guten körperlichen und leidenschaftlichen Zustand befinden,
- vollkommen davon überzeugt sind, dass sie es schaffen, und
- ihre Erlebnisse und die Einordnung dieser Erlebnisse positiv abspeichern.

»Unmöglich, sagt die Vernunft. Zu viel Risiko, sagt die Erfahrung. Sinnlos, sagt der Zweifel. Versuch's trotzdem, flüstert das Herz.« Wie schade, dass der Verfasser dieses wundervollen Spruchs unbekannt ist. Gerade bei Menschen, deren Selbstwirksamkeit hoch ist, hat der Zweifel eher keine Chance. Das bedeutet nicht, dass diese Menschen nicht auch ab und zu an sich zweifeln würden. Doch sie bleiben nicht im Zweifel gefangen, sondern stellen sich die Frage, was der Zweifel ihnen gerade für eine Aufgabe vor die Füße wirft. Sie nutzen den Zweifel, um sich klar zu machen:

- Was möchte der Zweifel mir mitteilen?
- Welche Aufgabe steckt hinter dem Zweifel?
- Ist der Zweifel unter Umständen eine Täuschung?

Das wiederum ist bereits der erste Schritt, der diese Menschen von Menschen unterscheidet, deren Selbstwirksamkeit nicht so hoch ist. Letztere sehen den Zweifel als eine Möglichkeit, sich selbst zu hinterfragen, ob unter Umständen doch etwas dran ist am Zweifel. Im Normalfall entsteht der Zweifel dann, wenn er uns als Warninstrument unterstützen soll. Denn genau dafür sollte er da sein, als Warnsignal. Er sollte uns sagen:

- »Sei vorsichtig im Gespräch mit deinem Gegenüber!«
- »Pass beim ersten Kennenlernen mit vorschnellen Urteilen auf!«

Diese Warnsignale sind hilfreich und melden an, dass es sich lohnt, achtsam mit sich zu sein. Menschen, deren Selbstwirksamkeit nicht so hoch ist, verstehen allerdings:

- »Das schaffst du eh nicht!«
- »Andere können das viel besser als du!«
- »Wie siehst du wieder aus!«

Diese Formulierungen schaffen noch mehr Zweifel und die Bedenken werden größer, ob die Stimme eventuell doch recht hat. Das, was an wertvollem Potenzial in uns steckt, geht mehr und mehr verloren.

Zweifel gehören zu unseren antrainierten Gewohnheiten. Sie sind ein Teil von uns, dem wir als Erstes in unserem Gedankengut begegnen. Zweifel werfen Fragen auf, fechten unsere Fähigkeiten,

Talente und Entscheidungen an und kritisieren unser Handeln und Tun. Dieser innere Dialog verunsichert und sorgt dafür, dass wir verwirrt sind und dem Zweifel noch mehr Aufmerksamkeit schenken. Dadurch schwindet unser Selbstvertrauen, denn der Selbstzweifel bekommt die Überhand. Die Gedankenspirale nimmt Fahrt auf und das Karussell startet. Und so folgt ein Zweifel auf den anderen.

Dabei sind Zweifel nicht ausschließlich negativ. Wenn wir sie als Chance nutzen, um uns zu hinterfragen oder Entscheidungen nochmals zu überdenken, dann dienen sie uns auch für einen kreativen Prozess. Hat der Zweifel uns jedoch so richtig im Griff, dann engt er uns ein und ist selbstzerstörend. Starke Selbstzweifel können psychische Störungen wie Depressionen und Angstzustände begünstigen. Hinterfragen Sie also Ihren Zweifel:

- Was habe ich von meinem Zweifel?

Überprüfen Sie, ob es tatsächlich so ist, wie es Ihnen die Stimme vorspricht. Geben Sie dem Zweifel keinen Raum, Sie kleinzuhalten, sondern fragen Sie sich vielmehr:

- Wovor bewahrt mich der Zweifel? Was vermeide ich mit dem Zweifel und welche Chance nutze ich nicht?
- Was ist mein Gewinn, wenn ich weiterhin im Zweifel bleibe?

Alles, was Sie in Ihrem Leben tun, bestimmen Sie selbst. So auch, ob Sie dem Zweifel folgen oder nicht.

Enttarnen Sie Ihren Problemtyp

Um ein wenig tiefer in die Lösungsorientierung einzutauchen, möchte ich Ihnen zuerst ein paar Problemtypen vorstellen. Jeder Problemtyp geht anders mit Konflikten, Spannungen oder Streitsituationen um. Nicht jede Reaktion der einzelnen Problemtypen ist nachvollziehbar und manche sind auch sinnfrei. Jedoch verstehen das die Problemtypen in den Konfliktsituationen nicht oder erkennen es erst viel zu spät.

Der Paniker

Bei diesem Typ läuten alle Alarmglocken, sobald er sich auf einmal einem Problem gegenübergestellt sieht. Im Streit gleicht das Benehmen dem von aufgescheuchten Hühnern, die alle wild durcheinanderrennen, ohne Ziel und Verstand. Durch seine unkoordinierten und sinnfreien Aktionen macht der Paniker alle Menschen um sich herum verrückt und versucht zudem noch, die Menschen in seinem Umfeld in seinen Bann zu ziehen. Gehen Sie mit ihm eine Allianz ein, gaukelt ihm das Sicherheit vor.

Der Kritiker

Dieser Typus lebt von der Annahme, dass er es bereits im Vorfeld gewusst hat, dass etwas schiefgehen wird. Tritt ein Problem auf, fühlt sich das für ihn an wie eine Bestätigung, da er ja im Vorfeld wusste, dass es so kommen würde. Das kann er nicht oft genug betonen oder den anderen unter die Nase reiben. Parallel dazu lässt der Kritiker keine Möglichkeit aus, darauf hinzuweisen, dass mal wieder alle Arbeit an ihm hängen bleibt und er sowieso nicht davon ausgeht, dass sich das Problem lösen lässt. Zudem hat er eh keine Zeit, sich um eine Lösung zu kümmern, da er in einer ständigen Problemüberlastung hängt.

Der Rücksichtslose

Augen zu, das ist das Motto des Rücksichtslosen. Wo er nichts sehen kann, da kann auch nichts sein, denn schließlich gibt es keine Hinweise, an denen dieser Typus ein Problem erkennen könnte. Probleme löst der Rücksichtslose erst dann, wenn sie nicht mehr vermeidbar sind. Bis dahin versucht er, sich vor den Problemen zu verstecken, bis es nicht mehr geht.

Der Macher

Dieser Typus ist lösungsorientiert ausgerichtet. Seine Aufmerksamkeit ist vollkommen auf Lösung konzentriert. Ein Problem sorgt bei dem Macher nicht für Verwirrung, sondern liefert ihm die Möglichkeit, sich lösungsorientiert um das Finden von Lösungsstrategien zu kümmern. Sein Ziel ist klar und transparent. Der Macher ist der Einzige der vier Typen, der lösungsorientiert an Probleme herantritt. Für ihn sind Herausforderungen positiv und nicht negativ, auch nicht beschwerlich.

Erkennen Sie Ihren Konflikttyp

Einer der am häufigsten anzutreffenden Problemtypen ist der Kritiker. Meiner Erfahrung nach räumen sehr viele Menschen dem inneren Kritiker sogar mehr Raum ein, als einem lieb sein sollte. Dabei geht durch Kritik sehr viel Energie verloren. Zum Thema Kritik und zum Umgang mit Krisen hat John Gottman[6], amerikanischer Psychologe und Professor für Psychologie an der University of Washington, etwas herausgefunden: Kritik gehört zu den K.-o.-Kriterien einer Beziehung. Im Zuge der Kritik gibt es laut Gottman vier Herangehensweisen: Er nennt sie die vier apokalyptischen Reiter:

- Kritik (Schuldzuweisungen und Verurteilungen)
- Verteidigung (Verleumdung und Rechtfertigung)
- Rückzug (Mauern aufbauen, »zumachen« bis hin zum Schweigen)
- Verachtung (Herabwürdigen).

Zusätzlich hat Gottman über viele Jahre durchleuchtet, wie sich heftige Konfliktsituationen auf die Beziehungsebene auswirken und was Paaren hilft, um dauerhaft Konfliktsituationen aufzulösen. Betonen möchte ich an dieser Stelle, dass nicht davon auszugehen ist, dass Konfliktsituationen vermeidbar sind. Entscheidend ist die Art und Weise, wie Konflikte aufgelöst werden. Da ist sie wieder, die Lösungsorientierung.

Eine der bedeutungsvollsten Familientherapeutinnen war Virginia Satir.[7] Sie entwickelte eine Kommunikationsform mit vier unterschiedlichen Typen. Die Information über die einzelnen sogenannten Konflikttypen soll dabei unterstützen, Verhaltensweisen sowohl bei sich selbst als auch beim Gegenüber besser zu verstehen und im Konfliktfall anders damit umzugehen. Je nach Zusammenhang können die Typen im Konflikt auch wechseln. Folgende Konflikttypen hat Satir herausgestellt:

Der Beschwichtiger

Dieser Typus versucht, sich für sein Verhalten zu rechtfertigen, vor allem wenn das Gegenüber im Konflikt von ihm enttäuscht ist. Die Tonalität ist eher sanft, fast zaghaft, sein Habitus ist diskret. Die Körpersprache gleicht der Haltung eines ewigen Opfers. Aus Angst davor, abgelehnt und verlassen zu werden, versucht er stets, anderen zu gefallen, was im schlimmsten Fall bis hin zur Selbstaufgabe gehen kann.

Der Ankläger

Ihn kennzeichnet sein herrisches und forderndes Benehmen. Der Tonfall ist laut und bestimmend. Er nutzt Angriff als Verteidigungsstrategie. Er sucht meist nach Fehlern beim Gegenüber und beschuldigt gerne. Hinter der Position des vermeintlich überlegenen Anklägers liegt die Angst vor dem Alleinsein und der Erfolglosigkeit.

Der Rationalisierer

Dieser Typus findet für alles und jedes eine Erklärung, eine Entschuldigung oder ein Alibi. Der Tonfall ist eintönig, Emotionen werden ausgeblendet. Er ist in seiner Formulierung logisch und kontrolliert. Hinter der rationalen Begründung, weshalb etwas so ist, wie es ist, steckt die Angst vor emotionaler Verletzung.

Der Ablenker

Er ist ein auf den ersten Blick betriebsamer, ausdrucksvoller und epochaler Typus. Er vermeidet es, konkrete Aussagen zu treffen, weicht aus und passt seine Ansicht je nach Thema an. Nirgends richtig, doch überall dabei, so könnte sein Motto lauten. Dahinter steckt die Angst vor zu viel intimer Beziehung. Er möchte keine Schwäche zeigen, lenkt davon ab und vermeidet dadurch den Kontakt zu anderen.

Bei ihren Konflikt-Kategorien befasste sich Virginia Satir mit einem Kommunikationsmodell. Haben Sie sich schon gefunden? Welcher Konflikttyp sind Sie? Vielleicht hilft es Ihnen, noch ein wenig mehr davon zu erfahren, denn jeder dieser Typen ist charakterisiert durch eine individuelle Gestik, eine besondere Körperhaltung, eine spezifische Sprache und Körpergefühle.

Der Beschwichtiger sagt Sätze wie: »Da hast du völlig recht.« Oft sind auch Wörter wie hätte, sollte oder würde in seinem Wortschatz zu finden. Die Sprache ist eher leise, fast schon weinerlich, welche seine Hilflosigkeit ausdrückt. Seine größte Stärke ist sein Einfühlungsvermögen, seine Schwäche, Entscheidungen zu treffen. Der Ankläger formuliert seine Sätze angriffslustig. Er sagt zum Beispiel: »Ständig machst du alles falsch.« Er spricht mit lauter Stimme, oft auch scharf. Seine Anspannung drückt sich in seiner Körperhaltung genauso wie in seiner Sprache aus. Er ist der Boss und bringt das auch klar zur Aussprache. Seine Schwäche ist, dass er seinen Selbstwert steigert, indem er sein Gegenüber niedermacht. Seine Stärken sind seine Power und das Durchsetzungsvermögen. Beim Rationalisierer ist das Wording sachlich und distanziert. Er sagt Sätze wie: »Bei der gewissenhaften Betrachtung des Falles fällt mir auf, …« Er spricht monoton und wirkt bleiern. Gefühle zu zeigen, das ist nicht seine Art. In seiner Körpersprache wirkt er eher angespannt und steif. Seine Schwäche ist, dass er Körperkontakt gänzlich meidet. Seine Stärke ist das Denken. Und zum Schluss noch der Ablenker. Das ist der Name schon Programm. Er spricht schnell, meist unkoordiniert und braucht die fortwährende Bewegung. Sein Gefühl ist, dass er nirgends dazugehört und sich auch niemand für ihn interessiert. Seine Schwäche ist, dass er häufig das Thema wechselt, seine Stärke seine Spontanität.

Wenn Sie jetzt wissen möchten, wie Sie zur Lösung finden, dann gefällt Ihnen bestimmt das nächste Kapitel.

Warum die Lösung und nicht das Problem Mittelpunkt Ihres Lebens sein sollte

Lösungsorientiert zu handeln, ist eine lebenslange Haltung und erfordert ein ständiges Umdenken. Stellen Sie von nun an hin und wieder bewusst statt Ihrer Probleme Ihre Lösungen in den Mittelpunkt Ihres Lebens. Andernfalls besteht nämlich die Gefahr, dass Sie ständig stolpern und über Ihre Probleme fallen könnten und dadurch all die wundervollen Chancen verpassen, die das Leben für Sie bereithält.

Allerdings kann ich Sie beruhigen. Es ist nahezu normal, dass wir Menschen so ein Affentheater um unsere Probleme machen. Machen wir dazu vielleicht zunächst einen kleinen etymologischen Ausflug und untersuchen die Bedeutung der Formulierung, was ein Affentheater ist. Woher kommt diese Redensart und wie können Sie zukünftig die Affen in *Ihrem* Theater gewinnbringend für sich nutzen?

Die Redewendung stammt aus dem 19. Jahrhundert. Zur damaligen Zeit waren sogenannte Menagerien in Mode. Menagerien waren nichts anderes als Tierschauen, die Pioniere der heutigen Tierparks. Eine der Galanummern waren dressierte Affen. Die Kuriosität daran war, dass die Affen in individuelle Kleidungsstücke gesteckt wurden und in ihrer Verkleidung ihr mannigfaltiges schauspielerisches Geschick zum Besten geben sollten. Auf sonderbare Weise verhielten diese wilden Tiere sich damit komplett anders, als es die Menschen von ihnen erwartet hätten. Sie verhielten sich »menschlich« und nicht wie wilde Primaten. Während die Affenschauen gingen, blieb die Redewendung: Verhalten sich Menschen heute so ganz anders, als man es von ihnen erwartet – fordern sie zum Beispiel lautstark ihre Rechte ein –, dann werden sie auch noch heute, im 21. Jahrhundert, mit der Formulierung »Mach nicht so ein Affentheater« darauf hingewiesen.

Jetzt fragen Sie sich vielleicht, was diese Redewendung mit Ihren Problemen zu tun hat. Nun ja, stellen Sie sich einmal vor, dass Sie das Oberhaupt Ihrer Affenbande, also Ihrer Probleme, wären. Dann könnten Sie erstens diese Probleme dressieren, wie im 19. Jahrhundert die Affen dressiert wurden, sodass sich Ihre Probleme so ganz anders verhalten als angedacht. Zweitens könnten Sie sich auch dafür entscheiden, sich darüber bewusst zu werden, ob es wirklich *Ihre* Affen in Ihrer Affenschau sind. Und drittens könnten Sie dafür sogar richtig Eintritt verlangen und womöglich auch noch mit Ihren Affen reich werden. Spaß beiseite. Natürlich werden Sie sich für die lösungsorientierte Haltung Ihrer Affen entscheiden, denn darum geht es ja in diesem Kapitel.

Das mit Ihren Affen haben Sie dem Anschein nach jetzt im Griff. Vor allem dann, wenn Sie sich mit der Übung 1 vertraut gemacht haben, sollten Ihre Affen jetzt handzahm sein.

Kommen wir daher zu einem anderen Ansatz. Haben Sie schon einmal etwas vom Problemgewinn gehört? Ein Problemgewinn besteht dann, wenn die betreffende Person einen offenkundigen Lohn für das Verhalten des Problems bekommt und nicht lösungsorientiert handelt. Das hat zur Folge, dass das Problem bestehen bleibt und zudem noch positiv verstärkt wird, es entsteht also ein Gewinn. »Wenn die Lösung zum Problem wird«, sagt Paul Watzlawick dazu. Watzlawick beschreibt, dass der Mensch sich seine Probleme selbst macht und der Geist ab und zu keine Lösung sehen möchte, um nicht in den Veränderungsprozess gehen zu müssen.

Damit Sie nachvollziehen können, was es bedeutet, einen Problemgewinn zu haben, kommt nun ein Beispiel. Herr Müller ist ein sehr sachkundiger und erfahrener Elektriker im Angestelltenverhältnis. Um alle anstehenden Aufgaben im Betrieb optimal zu verteilen und einen Überblick zu bekommen, welche Baustellen noch offen und welche bereits abgeschlossen sind, gibt es unter der Leitung des Meisters eine Frühbesprechung um sieben Uhr, an der alle Mitarbeiter teilnehmen sollen. Trotz seiner langjährigen Betriebszugehörigkeit kommt Herr Müller meist bis zu zehn Minuten zu spät zu diesem Termin. Häufig hat er die Ausrede, dass der Wecker nicht geklingelt habe, er den Bus verpasst habe oder ähnliche, die durchaus in die Hall of Fame der Lügen eingehen könnten. Auch nach kritischen Feedback-Gesprächen mit seiner Vorgesetzten hat sich bislang noch keine Veränderung eingestellt. Das kritisierte Verhalten von Herrn Müller ist geblieben.

Mit der Möglichkeit, Lösungsstrategien in einem systemischen Coaching zu finden, sah die Vorgesetzte von Herrn Müller zunächst von einer Kündigung ab. Schon sehr schnell wurde Herrn Müller im systemischen Coachingprozess bewusst, dass nicht seine Unpünktlichkeit das vordergründige Problem war, sondern dass es andere Themen gab. Hinter der Unpünktlichkeit von Herrn Müller standen ein Mangel an Bedürfniserfüllung von Wertschätzung, Anerkennung und Kommunikation. Am wichtigsten schien das Bedürfnis, wahrgenommen zu werden, zu sein, das bei Herrn Müller offenbar nicht erfüllt wurde. Mit seiner morgendlichen Unpünktlichkeit fühlte er sich folglich für einen kurzen Moment in seinem Bedürfnis, »wahrgenommen zu werden«, befriedigt, da er sich, auch wenn es Ärger gab, gesehen fühlte. Das war sein Problemgewinn. Die Kommunikation zwischen ihm und seiner Vorgesetzten war zwar negativ, allerdings war sein Bedürfnis nicht mehr im Mangel.

Mit der Erfahrung des systemischen Coachings und einer darauffolgenden offenen Kommunikation über die Problemthematik konnten sowohl Herr Müller als auch seine Vorgesetzte kleine Schritte in Richtung Veränderung gehen. Herr Müller wurde nach dem systemischen Coaching von seiner Vorgesetzten öfter positiv wahrgenommen und konnte dadurch seinen Problemgewinn ablegen. Eine Lösung des systemischen Coachings hätte auch sein können, dass sich Herr Müller nicht vorstellen kann, aus dem Lohn, der sein Problemgewinn mit sich bringt, herauszugehen. Dadurch hätte Herr Müller den Lohn für den Problemgewinn vor die Lösung gestellt und damit den Preis akzeptiert, den er bezahlen müsste, wenn seine Vorgesetzte von der Kündigung Gebrauch gemacht hätte.

Alles eine Frage des Preises? In der Tat, es ist alles eine Frage des Preises, den Sie für Ihren Problemgewinn bezahlen möchten. Machen Sie sich bitte bewusst, was es Ihnen wert ist und was Sie für Ihr Problem bereit sind auszugeben. An der einen oder anderen Stelle ist der Preis vielleicht zu hoch, und Sie entscheiden sich für den Preis, den es kostet, wenn Sie in die Lösung gehen. Wenn Sie jedoch dauerhaft bereit sind, den viel zu hohen Preis für Ihre Probleme zu zahlen, dann sind Sie vielleicht noch nicht so weit, sich damit zu beschäftigen, was Sie sparen könnten. Unter Umständen haben Sie ja im Lotto so viel Geld gewonnen, dass Sie es auf diese Art und Weise ausgeben können. Höchstwahrscheinlich war Ihnen bislang aber auch nur noch nicht bewusst, was es Sie kostet, wenn Sie weiterhin im Problem bleiben, statt sich um die Lösung zu kümmern.

Spannend ist auch die Preisfrage: Möchten Sie weiterhin das Opfer der Situation sein oder ist es Ihr Wunsch, der Gestalter Ihres Lebens zu werden? Halten Sie genau an dieser Stelle für einen kurzen Moment inne, und stellen Sie sich diese Frage ganz bewusst: »Bin ich Gestalter oder weiterhin Opfer der Situation?«

PAL – Probleme anderer Leute

Haben Sie schon einmal die Abkürzung PAL gehört? Diese drei Buchstaben stehen für **P**robleme **a**nderer **L**eute.

Haben Menschen nicht genug mit den eigenen Problemen zu tun oder benötigen sie eine andere Beschäftigung, dann beschäftigen sie sich gerne mit Problemen von anderen Leuten. Machen Sie sich dabei jedoch bewusst: Ein Problem anderer Leute (PAL) ist grundsätzlich ein Problem eines anderen Menschen und hat nichts mit Ihnen zu tun. Machen Sie es zu *Ihrem* Problem, so versuchen Sie auch, das PAL zu lösen, und laden sich zusätzliche Last auf Ihre

Schultern. Unklar ist zudem, ob Ihr Gegenüber das möchte oder nicht.

Mir stellt sich soeben die Frage, ob wir nicht alle schon genug mit unseren eigenen Problemen zu tun haben? Und selbst wenn gerade all unsere eigenen Probleme in Lösungen umgewandelt worden sind, wäre es doch sinnvoller, uns einen Moment Zeit für das Innehalten und Durchatmen zu erlauben, als uns gleich kopfüber in die Arbeit der Probleme anderer Leute zu stürzen. Bevor Sie sich also einem Problem widmen, stellen Sie sich als Erstes die Frage: Ist das mein Thema?

Sollte die Antwort lauten, dass es nicht Ihr Thema ist, folgt Aktion Nummer zwei. Stellen Sie Ihrem problembeladenen Gegenüber folgende Fragen:

- Wie kann ich dich/Sie bei der Thematik unterstützen?
- Möchtest du/möchten Sie mir lediglich davon erzählen?
- Soll ich überhaupt etwas machen?

Noch einmal: Machen Sie sich bewusst, PAL sind Probleme anderer Leute. Beschäftigen Sie sich mit dem PAL, dann können Sie Ihre eigenen Probleme nicht bearbeiten.

Doch weshalb bearbeiten Sie eigentlich die PAL? Dahinter könnte Ihr Wunsch nach Bewunderung stehen; vielleicht möchten Sie es auch allen Menschen recht machen. Unter Umständen haben Sie ein ausgefallenes Helfersyndrom oder Sie möchten sich jetzt gerade nicht mit Ihren eigenen Themen beschäftigen. Alles okay. Bedenken Sie: Es ist alles eine Frage des Preises, das haben Sie ja bereits gelernt. Vermutlich ist es auch nur eine Übersprunghandlung. Übersprunghandlungen sind ein Zeichen, dass eine Konfliktsituation vorhanden ist. Oberflächlich betrachtet könnten Sie jetzt fragen, ob diese Verhaltensweise nicht komplett sinnfrei ist.

Und, ja, oberflächlich betrachtet könnte es so aussehen. Doch bei genauerer Betrachtung macht eine Übersprunghandlung im Konflikt Sinn. Nicht nur bei uns Menschen, auch in der Tierwelt sind Übersprunghandlungen bekannt.

Kämpfen in der Natur beispielsweise zwei Hühner miteinander, geht es meist um Grenzen, die nicht eingehalten werden. Das Territorium ist in Gefahr. Kampf oder Flucht sind nun die Maßnahmen, die zur Wahl stehen. Hinter beiden Möglichkeiten stecken sowohl der Erfolg als auch das Risiko. Beide Hühner sitzen in der Klemme. In der Tierwelt machen diese beiden Hühner nun Folgendes: Bevor sie in den Kampfmodus übergehen oder fliehen, scharren oder picken sie zuerst auf dem Boden. Ähnliches machen wir Menschen auch, und zwar aus den exakt selben Beweggründen, nämlich dann, wenn wir in der Sackgasse stecken.

Im Labyrinth unseres eigenen Konflikts, mit anderen Menschen oder in unterschiedlichen Situationen greifen wir auf diesen Mechanismus zurück. Wie gut, dass es dann die Möglichkeit gibt, ein Problem anderer Leute zu lösen. Aber vielleicht hilft Ihnen diese Erkenntnis ja ab jetzt dabei, für einen kurzen Moment innezuhalten, wenn Sie merken, dass Sie sich gerade wieder in einer Übersprunghandlung befinden. Unter Umständen wäre es dann hilfreich, wenn Sie sich Ihrem eigenen Problem zuwenden würden, um für sich eine Lösung zu finden, statt den Schlüssel zu suchen, wie Sie das Problem eines anderen Menschen lösen könnten.

Was wir von Tieren in Sachen Lösungsfindung lernen können

Dazu noch eine Geschichte, wie die Tierwelt mit Problemen umgeht und diese in Lösungen verwandelt. Sollen Tiere Probleme lösen, machen diese das nicht nach Schema F. Dazu gibt es ein Experiment mit einem Schimpansen, der mit einem Problem konfrontiert wurde.[8] An der Käfigwand dieses Menschenaffen wurde ein Plastikrohr befestigt, das nicht entfernt werden konnte. Zudem war das Gefäß leicht mit Wasser gefüllt. An der Oberfläche des Wassers schwamm eine Nuss. Beim Versuch, die Nuss mit den Fingern aus dem Rohr zu bekommen, scheiterte der Schimpanse. Er machte sich daraufhin mit den Möglichkeiten vertraut, vielleicht mit irgendeiner Hilfe doch noch an die Nuss zu kommen. Dabei entdeckte er ein anderes Gefäß mit Wasser, nahm einen großen Schluck daraus und spuckte das Wasser in das Reagenzglas. Der Wasserspiegel im Glas stieg, mit ihm die Nuss und durch diese Lösung bekam der Schimpanse die Nuss aus dem Glas.

Diese Lösungsfindung ist keine Ausnahme, denn auch andere Tiere tun etwas, wenn es darum geht, eine Lösung für ein Problem zu finden. Krähen sind nicht nur schlau, Sie sind auch ziemlich erfinderisch. Um an Futter zu kommen, werfen diese Rabenvögel Nüsse auf die Straße und warten, bis die harte Schale von darüberfahrenden Autos geknackt wird. Und zur Abwendung von Gefahr für Leib und Leben werfen einige dieser schlauen Tiere die Nüsse sogar auf Zebrastreifen. Der Grund dafür ist, dass Autofahrer meist etwas vorsichtiger an diesen neuralgischen Stellen fahren, um die Fußgänger die Straße überqueren zu lassen, wodurch die Tiere etwas gefahrloser an den leckeren Inhalt der Nuss kommen. Sogar Metalldrähte werden von Krähen benutzt, um lösungsorientiert Futter aus einem tiefen Behältnis zu angeln. In den Mangrovenwäldern schmeißen Reiher unter anderem Stöckchen ins Wasser, um Fische anzulocken und diese so leichter zu fangen. Hunger macht nicht nur Menschen erfinderisch, sondern sorgt auch dafür, dass Tiere lösungsorientiert handeln.

Wir sehen: Auch im Tierreich gibt es Probleme, die es zu lösen gilt. Tiere versuchen, mit ihren Mitteln lösungsorientiert zu handeln, um am Ende ein Ergebnis zu erzielen. Vielleicht sollten wir uns ein paar Scheiben Lösungsorientierung aus der Tierwelt abschneiden.

Von der Wunderfrage bis zu den SMART-Zielen

Die Wurzeln der Lösungsorientierung beruhen auf der lösungsorientierten Kurzzeittherapie nach Steve de Shazer und seiner Ehefrau Insoo Kim Berg. Dieses systemische Tool gibt Ihnen die Möglichkeit, individuell und sehr produktiv nach Lösungen Ausschau zu halten. Bei der lösungsorientierten oder lösungsfokussierten Kurzzeittherapie geht es in erster Linie darum, Möglichkeiten, Ressourcen und Ziele zu definieren, statt sich mit der Analyse des Problems zu beschäftigen oder das Problem in den Vordergrund zu stellen. Wussten Sie, dass der Fokus auf Probleme uns daran hindert, nach einer Lösung zu suchen? Ob privat oder im Berufsleben, Probleme halten uns davon ab, das Ziel zu erreichen. Sie vernebeln uns die Sicht auf das Wesentliche und sorgen dafür, dass wir uns damit beschäftigen, warum etwas so ist, wie es ist, und nicht damit, wie wir da herauskommen.

Steve de Shazer und Insoo Kim Berg haben in der lösungsfokussierten Kurztherapie die sogenannte Wunderfrage entwickelt.[9] Hierbei geht es um die Vorstellung, dass sich über Nacht etwas verändern und dass das Problem anschließend verschwunden sein könnte. Diese Wunderfrage, die als therapeutisches Werkzeug eingesetzt wird, funktioniert wie folgt:

> Sie kommen nach einem anstrengenden Tag nach Hause. Zuvor waren Sie vielleicht noch ein paar

> Dinge einkaufen, haben Ihre Kinder aus dem Kindergarten oder der Schule abgeholt, vielleicht waren Sie auch noch mit Freunden unterwegs. Möglicherweise waren Sie im Sport oder haben noch ein köstliches Abendessen zubereitet. Nun sind Sie froh, einen entspannten Abend im Kreise Ihrer Lieben verbringen zu dürfen. Leider lässt Sie ein Konflikt, den Sie heute erlebt haben, nicht los und beschäftigt Sie, sodass Sie kaum zur Ruhe kommen. Doch es gelingt Ihnen und Sie fallen in einen tiefen Schlaf. Und dann geschieht über Nacht etwas, was Sie erst bemerken, als Sie aufgewacht sind. Der Konflikt hat sich aufgelöst, und Sie fragen sich, was ist passiert, dass es jetzt anders ist? An welcher Veränderung wird Ihnen bewusst, dass über Nacht etwas geschehen ist und sich Ihr Problem aufgelöst hat?

Hierzu vielleicht noch eine Frage: Angenommen, es würde über Nacht, während Sie schlafen, ein Wunder geschehen, und alle Ihre Probleme wären gelöst. Woran würden Sie das erkennen?

Vielleicht hilft Ihnen dabei ein anschauliches Beispiel: Sie ärgern sich täglich über Ihren Kollegen, der sich, sobald Sie Feierabend machen, an Ihren Schreibtisch setzt. Statt Ihren Sekretär so zu verlassen, wie er ihn angetroffen hat, finden Sie am nächsten Tag einen chaotischen Arbeitsplatz vor, den Sie zuerst aufräumen müssen, um überhaupt arbeiten zu können. Jegliche Art von freundlicher Bitte, den Schreibtisch ordentlich zu verlassen, ignoriert ihr Kollege. Nun möchten Sie für das Problem eine Lösung suchen und nutzen dafür die Methode der lösungsorientierten Kurztherapie. Und siehe da, das Problem ist verschwunden, doch wie? Sie haben akzeptiert, dass Sie nur Ihr eigenes Handeln und Tun verändern können, und räumen ab jetzt Ihren Schreibtisch nicht mehr auf, um es für Ihren Kollegen unattraktiv zu machen, sich an Ihren Schreibtisch zu setzen. Zudem haben Sie großen Spaß daran entwickelt, sich am nächsten Tag sein erstauntes Gesicht anzusehen.

Unter Umständen ist das eine Übung, die Ihnen dabei hilft, lösungsorientiert zu denken und aus dem Problem auszusteigen. Wenn Sie positiv über das Problem denken können, können Sie es auch auflösen. Sie kennen also die Lösung für Ihr Problem, denn das sind Sie selbst.

Es gibt noch eine andere hilfreiche Herangehensweise an Ihre Probleme. Schauen wir uns dafür noch einmal an, was ein Problem konkret ist: Ein Problem beschreibt eine Situation, die schwierig ist und zu Beginn unlösbar erscheint. Der Lösungsweg scheint gefüllt mit vielen Stolpersteinen. Von einem Problem sprechen wir Menschen dann, wenn wir ein Ziel anstreben, jedoch nicht wissen, wie wir es erreichen können. Um ein Problem in Worte zu fassen, sollten Sie sich folgende Fragen stellen:

- Was ist tatsächlich passiert?
- Wie ist die Situation entstanden?
- Können Sie das Problem jetzt ändern?
- Wer könnte Ihnen helfen, um aus der Situation zu kommen?

Probleme machen etwas mit uns. Spätestens dann, wenn Sie nachts vor Sorge um Ihre Probleme nicht mehr zur Ruhe kommen und der Respekt sowie die Wertschätzung Ihnen selbst gegenüber verloren gegangen sind, ist es an der Zeit, sich um Ihre Probleme zu kümmern. Wenn dann auch noch viele Streitigkeiten Ihr Leben bestimmen, ist es bereits lange an der Zeit, nach Lösungen zu suchen. Bei der Lösungsorientierung steht der Fokus auf die Lösung im Vordergrund, sodass das Problem in den Hintergrund verdrängt wird. Dabei soll die Form der Lösungen wohlwollend sein. Das bedeutet, dass das Ziel, also die Lösung, SMART formuliert wird. Die Buchstaben des Akronyms stehen dabei für **s**pezifisch, **m**essbar, **a**ttraktiv, **r**ealistisch und **t**erminiert.

S = spezifisch

Spezifisch bedeutet, dass Sie Ihr Ziel so konkret und detailliert wie möglich beschreiben. Keine Wünsche, die unrealistisch sind oder sogar ungenau. Je klarer Ihr Ziel definiert ist, desto sicherer werden Sie das Ziel erreichen. Bevor Sie beginnen, beantworten Sie sich folgende Fragen: Wie möchte ich mein Ziel erreichen? Wer kann mich unterstützen? Und wann werde ich beginnen? Am Beispiel eines Marathons möchte ich Ihnen die einzelnen Schritte erklären. Spezifisch formuliert würde Ihr Ziel so klingen: »Im Sommer des nächsten Jahres nehme ich am Berlin-Marathon teil. Ich beginne heute mit dem Training und als Unterstützung habe ich einen Personaltrainer engagiert.«

M = messbar

Messbar meint, dass das Ziel sowohl qualitativ als auch quantitativ messbar sein sollte. Ein messbares Ziel hat einen Anfang und ein Ende. Nehmen wir zum Beispiel an, Sie möchten Ihr Gewicht reduzieren. Was ist Ihr aktuelles Gewicht? Welches ist Ihr Wunschgewicht? Was Ihr Zieldatum? Gibt es Zwischenschritte? Falls ja, welche und wann? All das sind messbare Eckpunkte, die berücksichtigt werden sollten. An unserem Beispiel des Marathons wäre messbar: Welches Ergebnis möchte ich wöchentlich erreichen? »Den ersten Halbmarathon laufe ich im Dezember desselben Jahres.«

A = attraktiv (oder akzeptabel)

Attraktiv bedeutet, dass Sie Ihr Ziel positiv und abwechslungsreich formulieren. Das motiviert, und gleichzeitig ist die Chance, dass Sie

Ihr Ziel erreichen werden, realistischer. Um beim Beipiel des Marathons zu bleiben: »Ich trainiere jeden zweiten Tag und habe dafür einen Trainingsplan, an den ich mich halte.«

R = realistisch

Realistisch ist eine Formulierung, die fast schon für sich selbst spricht. Gemeint ist damit, dass Sie Ihr Ziel so beschreiben, dass Sie es auf alle Fälle erreichen. Bei großen Zielen ist es hilfreich, kleine Meilensteine als Zwischenziele zu definieren. Die Definition der Meilensteine für den Marathon kann beispielsweise sein: »Ich halte meinen Trainingsplan ein, übertreibe mein Lauftempo nicht und orientiere mich an kleinen Zwischenschritten.«

T = terminiert

Terminiert meint, dass es ein realistisches Datum gibt, zu dem Sie Ihr Ziel erreicht haben möchten. Eine Deadline schafft Verbindlichkeit und sorgt dafür, dass Sie sich einen konkreten Rahmen setzen, innerhalb dessen Sie die Kontrolle über Ihr Handeln und Tun im Auge behalten. Um Ihnen dabei zu helfen, zukünftig lösungsorientierter zu werden, hilft Ihnen unter Umständen ein Training. Dabei richten Sie Ihr Ziel auf das Finden einer Lösung. Bezogen auf unseren Marathon: »Im nächsten Herbst laufe ich den Berlin-Marathon.«

Die fünf Grundsätze der Lösungsorientierung

Grundsätze sind Prinzipien, die uns das Leben leichter machen. Sie sind eine Richtschnur, an der wir uns entlanghangeln können und die uns dabei hilft, auf Linie zu bleiben und nicht abzuweichen. Hier kommen meine bewährten fünf Grundsätze der Lösungsorientierung, die ich im Laufe meiner täglichen Arbeit mit Klienten als Leitbild und sinnvolles Werkzeug erachte. Und die Anwendung ist einfach und simpel und kann jederzeit, wie in den einzelnen Beispielen definiert, angewandt werden.

1. Trennen Sie die Lösung und das Problem

Nehmen Sie sich ein Blatt Papier und schreiben sich zu jeder der nachfolgenden Fragen Ihre Ideen, Einfälle und Möglichkeiten auf.

- Was ist das Problem?
- Wann und wo tritt es auf?
- Was wäre dafür eine Lösung?
- Wie sieht Ihr Ziel aus?
- Welche Ressourcen haben Sie, um an Ihr Ziel zu kommen?

2. Seien Sie kreativ

Bereits der Gedanke daran, dass sich mit den von Ihnen selbst gewählten lösungsorientierten Ideen Ihre persönlichen Konflikte lösen lassen, sollte Sie animieren, kreativ zu werden. Alles, was Sie sich vorstellen können, darf auch geschehen.

3. Erkennen Sie den Kreislauf der Chancen

Machen Sie sich bewusst, dass, wenn Sie sich verwandeln, sich auch gleichzeitig Ihr Umfeld und die Menschen in Ihrem Umfeld verwandeln. Ab und zu reagiert vielleicht auch ein Mensch aus Ihrem Umfeld negativ. Lassen Sie sich von dieser Haltung jedoch nicht davon abhalten weiterzumachen.

4. Behalten Sie Ihre Ressourcen im Blick

Wussten Sie, dass es eine Frage der Haltung ist, ob Sie lösungsorientiert sind oder nicht? Es ist alles eine Frage der Haltung, die Sie bewusst einnehmen können, um über die Möglichkeiten Ihrer Ressourcen nachzudenken. Ressourcen, das sind gute Gründe für eine individuelle und gewinnbringende Lebensgestaltung. Eingesetzt werden diese, um die alltäglichen und individuellen Anforderungen, die uns das Leben stellt, gut zu bewältigen, unsere Wünsche und Bedürfnisse zu formulieren, unsere Ziele zu erreichen und um gesund zu leben.

5. Change it

If you can change it, just do it. Wenn Sie es ändern können, dann ändern Sie es. Es reichen schon die kleinen Steps, denn oft sind es genau die, die einen großen Veränderungsschritt nach sich ziehen können. Eine 180-Grad-Wendung sollten Sie so oder so nicht ansteuern, denn die ist sinnfrei.

Sollten Sie sich dennoch, trotz der vielen Möglichkeiten, dafür entscheiden, in der Suppe der Probleme zu schwimmen, dann ist das auch okay. Eine Entscheidung ist eine Entscheidung, so viel vorweg. Vielleicht hilft es Ihnen ja, dass Sie die Probleme fokussieren. Machen Sie alle Ihre Probleme sichtbar. Dazu ist es hilfreich, jedes Problem wie einen Besuch liebevoll zu begrüßen, am besten schon an der Eingangstür Ihrer Wohnung, spätestens allerdings dann, sobald ein Problem in Ihr Leben schreitet. Wichtig ist, dass Sie jedes der Probleme auf alle Fälle herzlich willkommen heißen und ihm einen Platz in Ihrem Zuhause anbieten. Vielleicht nicht Ihren Lieblingsplatz auf dem Sofa, jedoch aber gleich daneben. Wenn möglich machen Sie ein Bild, eine Lichtbildaufnahme oder sogar ein Polaroid von all Ihren liebevollen Problembesuchern, wie sie gerade auf Ihrem Sofa sitzen. Heften Sie diese zauberhaften Aufnahmen in einen wundervollen Bilderrahmen, den Sie speziell nur für diese Problemfälle ausgesucht haben. Platzieren Sie Ihre Bilder sichtbar wie eine Ahnengalerie auf Ihrem Sekretär, auf Ihrer Wohnzimmeranrichte oder unter Umständen sogar auf dem Kamin. Auf alle Fälle so, dass Sie Ihre Probleme gut im Blick haben – und umgekehrt. Gerne dürfen Sie Ihre Probleme auch sichtbar auf Ihre Couch setzen, möglicherweise so wie früher Ihre Kuscheltiere auf Ihrem Bettchen in Ihrem Kinderzimmer. Falls Sie sich für diese Methode entscheiden, suchen Sie sich bitte für jedes Problem das entsprechende Kuscheltier aus. Bestenfalls geben Sie jedem Ihrer Problemtiere auch noch einen persönlichen Namen. So können Sie dann mit ihnen diskutieren, fernsehen, über andere Probleme sprechen – vielleicht auch über PAL? Alles, was Ihnen und Ihren Problemen guttut, dürfen Sie tun, denn Sie haben sich ja für das Behalten Ihrer Probleme entschieden, und zudem sind Sie auch nicht mehr allein, denn Ihre Probleme sind stets bei Ihnen.

Vielleicht haben Sie ja schon jetzt die Idee, mit Ihren Problemen eine Gruppendiskussion zu machen? Ja, auch das bietet sich an. Sie lieben es geradezu, miteinander über Probleme zu diskutieren. Übrigens auch in Ihrem Bett machen sich Ihre Probleme gut. Zudem geben sie im Winter eine angenehme Wärme ab und halten Sie kuschelig warm. Ist das nicht eine wundervolle Vorstellung, damit umzugehen?

Fast hätte ich es vergessen: Ihre Probleme haben sogar richtig Lust, mit Ihnen in den Urlaub zu fahren. Ein weiterer Vorteil: Sie mischen sich nicht in die Wahl Ihres Urlaubsortes ein. Allein, dass sie alle mitfahren dürfen, reicht Ihren Problemen. Allerdings sollte genügend Platz im Auto vorhanden sein, denn eingepresst zu sein, lieben Ihre Probleme nicht.

Natürlich ist es für Sie zu jeder Zeit möglich, doch noch die Lösungsorientierung zu wählen. Sie fragen sich, was Sie dafür benötigen? Am Anfang steht die bewusste Haltung, dass Sie raus möchten aus den Problemen. Welche Schritte danach folgen, das haben Sie ja schon gelesen. Und nun viel Spaß beim Finden Ihrer sehr persönlichen Lösungen.

Übung 1: Die Problempäckchen

Zu Weihnachten, zu Geburtstagen, zum Hochzeitstag, zur Verlobung oder dann, wenn wir anderen Menschen eine Freude machen wollen, packen wir ihnen ein Geschenk ein. Das können Sie auch mit Ihren Problemen machen. Machen Sie sich doch selbst eine Freude und packen Ihre Probleme einfach ein. Am besten stecken Sie jedes Problem in ein separates Päckchen. Beschriften Sie es bitte gut, sodass Sie von außen auch erkennen können, was in Ihrem Päckchen steckt. Dann stellen Sie sich für einen kurzen Moment vor, Sie könnten von außen nicht erkennen, was in Ihrem wundervoll verpackten Päckchen steckt. Sie müssten es wieder öffnen und Ihr Problem würde Ihnen erneut vor die Füße fallen. Undenkbar! Das Beschriften Ihrer Päckchen hilft Ihnen dabei zu erkennen, in welchem Päckchen welches Problem steckt. Zudem können Sie so jederzeit selbst entscheiden, ob Sie es öffnen möchten oder besser zulassen, da sie gerade sowieso keine Zeit dafür haben.

Also, frisch ans Werk. So geht's: Packen Sie Ihre Päckchen. Mit oder ohne Geschenkpapier, eingewickelt in Tageszeitungen, mit Schleifenband, bunt oder einfarbig. Alles ist erlaubt. Anschließend geht es ans Beschriften. Dann suchen Sie sich einen Platz, an dem Sie Ihre Päckchen stapeln können. Und falls Sie Lust darauf haben, dass Ihre Probleme für immer verschwinden, verschenken

Sie diese doch beim nächsten Schrottwichteln. Mit nichts können Sie anderen Menschen mehr Freude bereiten als mit Problemen von anderen Leuten. Versuchen Sie es ruhig einmal. Ich garantiere Ihnen einen unwiederbringlichen Spaß. Zumal beim Schrottwichteln Sie zwar wissen, wer der Empfänger Ihres Geschenks ist. Der Empfänger jedoch weiß nichts vom Absender. Wundervoll, nicht wahr? Allerdings sollten Sie die Schrottwichtelrunde im Folgejahr vielleicht meiden. Ihr Gegenüber könnte nämlich auf die Idee kommen, das Schrottwichtelgeschenk im darauffolgenden Jahr wieder in die Lostrommel zu werfen. Und unter Umständen trifft es Sie. Um diesen Fall zu vermeiden, gibt es ja immer noch die Möglichkeit, Ihre Päckchen zu verbrennen, denn benötigen werden Sie Ihre Probleme sicherlich nicht mehr, oder?

Übung 2: Das Glas voller Lösungen

Dass es gesund ist, lösungsorientiert durchs Leben zu gehen, wissen Sie ja bereits. Dennoch können auch den gesündesten Menschen an der einen oder anderen Stelle die Lösungen ausgehen. Doch es gibt etwas, das Ihnen helfen kann, wenn Ihnen die Geistesblitze ausgegangen sind oder Sie keine Ideen haben, Ihr Problem in den Griff zu bekommen. Nämlich das Glas voller Lösungsimpulse. Es ist ein Glas voller Impulse, in dem Sie Ihre gesammelten lösungsorientierten Möglichkeiten aufbewahren können.

Und so funktioniert es: Zuerst besorgen Sie sich ein wiederverschließbares Glas, zum Beispiel eines mit einem Schraubdeckel, damit Sie es zu jeder Zeit öffnen und wieder schließen können. Beschriften Sie es liebevoll. Sie können es auch bekleben. Wie auch immer Sie das Glas gestalten, es ist Ihr Lösungsideenglas und darf nach Ihren Vorstellungen arrangiert werden.

Nun benötigen Sie eine Menge Zettel. Ob farblos oder bunt, auch hier sind Ihrer Kreativität keine Grenzen gesetzt. Auf jeden Zettel kommt gut lesbar eine Lösungsidee. Nun falten Sie alle Zettel und legen sie in Ihr Lösungsglas. Je mehr Lösungsideen Sie in Ihrem Glas verwalten, desto besser.

Machen Sie sich keine Sorgen, wenn Sie zu Beginn nicht so viele Lösungen parat haben, die Sie in Ihr Glas legen können. Ich garantiere Ihnen, mit zunehmender Zeit wird sich Ihr Glas randvoll füllen. Wichtig für Ihr Glas voller Lösungen ist, dass Sie die Ideen so formulieren, dass sie für viele Probleme einen Impuls bieten. Schreiben Sie außerdem so genau wie möglich Ihre Impulse auf jedes Blatt Papier. Hier ein paar Beispiele, wie Lösungsimpulse aussehen könnten:

- Ich halte für einen kurzen Moment inne und denke darüber nach, ob ich mich in das Problem hineinsteigern möchte.
- Ich stelle mir die Frage, was an diesem Problem sinnvoll ist.
- Ich frage mich: Welche Anforderung stellt dieses Problem an mich?
- Ich beschäftige mich mit der Frage: Was an diesem Problem macht mein Leben besser?

Von nun an haben Sie die Möglichkeit, dann, wenn Sie gerade keine Idee haben, wie Sie mit einem Problem umgehen könnten, in Ihr Lösungsglas zu greifen. Vergessen Sie nicht, dass Sie immer genügend Schreibmaterial in Ihrer Nähe haben. Denn sobald Sie eine neue Lösungsidee haben, wäre es doch schade, wenn Sie Ihre genialen Gedanken nicht für Ihr Lösungsglas aufschreiben könnten.

Übung 3: Der Perspektivwechsel

Wenn etwas gut gelingt, dann kommen wir nicht auf die Idee, etwas in unserem Leben zu verändern. Doch für diejenigen, die gerade eine Lösung für Ihr Problem suchen, kommt hier eine weitere Übungseinheit.

Ist Ihnen schon einmal aufgefallen, dass Fliegen, sobald diese in einem Raum sind, meist den Weg ins Freie nicht mehr finden. Stattdessen fliegen sie immer wieder gegen das Fenster, und es gelingt ihnen nur selten, den Weg nach draußen von allein zu finden. Wieso ist das so? Sie nutzen ihren Instinkt, ihre antrainierten Mechanismen, und fliegen ins Helle. Dass diese Automatismen erfolglos sind, verstehen Fliegen nicht und bleiben aus diesem Grund im Problem. Sie können die Lösung nicht erkennen und werden mit jedem Versuch nervöser und hastiger.

So geht es auch uns Menschen häufig, wenn wir ganz nah dran sind an einem Problem. Denn nicht nur das Problem selbst ist ein Problem, sondern auch die dazugehörigen Gefühle spielen häufig eine Rolle beim Finden einer adäquaten Lösung. Wir laufen dann auch sprichwörtlich vor die Wand oder in die Scheibe.

Treten Sie stattdessen einen Schritt zurück und betrachten Sie Ihr Problem aus einem anderen Blickwinkel. Gehen Sie bewusst einen Schritt nach hinten, rechts oder links. Denn manchmal löst allein ein Schritt, den Sie physisch machen, eine Bewegung im Gehirn aus und gibt Ihnen dadurch die Möglichkeit, buchstäblich aus dem Problem herauszutreten, um sachlich nach einer Lösung zu suchen. Ein Perspektivwechsel kann viel bewirken, nämlich dann, wenn Sie auf Distanz zu Ihrem Problem gehen.

Geht es um das Lösen von Problemen, können Sie lösungsorientiert oder problemorientiert agieren. Der Unterschied ist sehr einfach. Problemorientiert agieren bedeutet: Sie suchen nach der

Ursache, analysieren diese und verschenken eine Menge Zeit für die Recherche. Erst wenn alle Details der Ursache gefunden sind, geht es an die Lösung. Lösungsorientiert agieren bedeutet: Hier geht es ganz klar um das Ziel, das Sie erreichen wollen, und das steht auch im Mittelpunkt. Die Konzentration richtet sich auf das Finden und die Ausführung einer Lösung.

Was ist dafür notwendig? Das Vertrauen, dass die Lösungsfindung mit einer positiven Haltung gelingt, und der Glaube an sich selbst, dass Sie es auch tun werden. Das sind die wichtigen Faktoren für ein gutes Gelingen beim Finden einer Lösung. Bedenken Sie dabei bitte stets: Sie selbst sind es, der die Situation zum Problem macht.

Wussten Sie, dass jeder Veränderung eine bewusste Entscheidung vorausgeht? Das ist ein Commitment, eine Entscheidung für ein Ziel, das Sie erreichen möchten. Vielleicht denken Sie jetzt: »Soll ich denn alles hinter mir lassen und verändern?« Nein, genau das sollen Sie auf keinen Fall. Sie werfen ja auch kein Gerät weg, nur weil es alt ist, obwohl es noch funktioniert. Sie sollen das Rad nicht neu erfinden. Sie sollen vielmehr Ihre Ressourcen nutzen und sich dieser bewusst werden. Versuchen Sie, sich an Situationen zu erinnern, in denen Ihnen in der Vergangenheit eine Lösung gut gelungen ist. Der Erfolg kommt mit dem Tun – auch in Ihrer aktuellen Situation. Der beste Lösungsansatz nützt Ihnen nichts, wenn Sie sich nicht bewegen möchten. Also, ran an den Speck und bewegen. Ob es Ihnen gelingt, für Ihr Problem eine Lösung zu finden, das erfahren Sie erst, wenn Sie es getan haben. Sollten Sie sich dafür entscheiden, eher den Weg der Problemorientierung zu gehen, ist das auch okay. Egal, welchen Weg Sie für sich gehen, er beginnt damit, dass Sie starten.

Mein Lösungslearning: Dinge annehmen, die sich nicht ändern lassen

Von meinem amerikanischen Onkel hatte ich ja bereits in Kapitel 2 berichtet. Genau dieser Onkel hatte mich und meine Schulfreundin eingeladen, für die Zeit der Sommerferien nach Amerika zu kommen. Was für eine Aufregung – New York! 14 Jahr', schwarzes Haar, ab geht's nach New York! Hätte ein Songtext sein können – meiner! Sie erwartete mich, diese wundervolle Metropole mit Galerien, Museen, Theatern, Konzerträumen, Parkanlagen, dem Empire State Building usw. Sehenswürdigkeiten über Sehenswürdigkeiten, Restaurant an Restaurant, Kunst und Kultur im Einklang und jede Menge Shopping-Möglichkeiten. New York ist ein wahres Shopping-Eldorado für zwei junge pubertierende Mädchen. Zudem gibt es eine wundervolle Oase mitten in der Stadt, den Central Park, auch die grüne Lunge der New Yorker genannt. Dieser Park ist zusätzlich ein beliebter Ort für Dreharbeiten. Meine Freundin und ich hatten totale Lust, Komparsen in einem Film zu sein, der zu der Zeit, in der wir in New York waren, mitten im Central Park gedreht wurde.

Dann wollten wir noch das pulsierende Leben auf dem Times Square erleben. 7th Avenue, Broadway, bunte Farben, riesengroße Werbebanner, schrill und grell mit der Hoffnung, vielleicht eine/einen der berühmten Schauspieler oder Schauspielerinnen zu treffen. Ein weiteres Highlight für uns sollte der Besuch des Rockefeller Center werden. Von der berühmten Aussichtsplattform in die Ferne schauen zu können und die New Yorker Sehenswürdigkeiten von oben zu betrachten – das alles waren wundervolle Gedankenspiele in unseren Köpfen.

Wussten Sie, dass die Brooklyn Bridge als Kulisse für den Film *Sex and the City* gedient hat? Zu der Zeit, als ich nach New York reisen wollte, gab es diese Serie noch gar nicht, doch der Reiz dieser ältesten Hängebrücke der Vereinigten Staaten, die gleichzeitig ein Wahrzeichen von New York war, hatte es uns trotzdem angetan. Zumal diese wundervolle Brücke die Stadtteile New York und Brooklyn über den East River verbindet. Vom Wahrzeichen der Stadt, der Freiheitsstatue, wollten wir uns natürlich auch einen Eindruck verschaffen. Diese zauberhafte Frau, die Auswanderer damals herzlich willkommen hieß, und Liberty Island, wo Einwanderer nach Ihrer Ankunft registriert wurden, wollten wir selbstverständlich nicht verpassen. Zumal mein Onkel damals in den 1920er-Jahren diese Prozedur selbst durchlebt hatte. Denn er war Einwanderer in Amerika, da zu dieser Zeit in Deutschland für Menschen mit seiner Berufserfahrung kein Bedarf war.

Er war von Beruf Metzger und machte sich auf, in der weiten Welt sein Handwerk ausüben zu dürfen. Der Bruder meiner Großmutter, der sich auf seine Abenteuerreise machte, um in der großen weiten Welt das Glück zu finden. Übrigens hat das geklappt, er hatte sein Glück gefunden.

Alle Vorbereitungen waren getroffen, die Flüge gebucht, mit jedem Tag, den die Sommerferien näher rückten, wurde die Aufregung größer. Und dann kam er, der Tag, an dem mein komplettes Leben auf den Kopf gestellt wurde. Aus und vorbei war die Reise nach Amerika, es würde zu keinem einzigen der zauberhaften Momente in Manhattan kommen. Der Traum von der großen weiten Welt war zu Ende.

Dafür ging es erneut ins Krankenhaus. Ich kam für diese erste Operation gerade noch rechtzeitig auf den Operationstisch, so die damaligen Chirurgen. Tage zuvor hatte ich mich unwohl gefühlt. Ich vermutete, dass das die Symptome waren, die mir zeigen wollten, dass es sich um das Gefühl der Vorfreude handelte. Das äußert sich bei manchen Menschen schon mal in Übelkeit, Völlegefühl und

Bauchschmerzen. Doch weit gefehlt, es war ein Blinddarm, kurz vor dem Durchbruch. Am Anfang waren die Aussichten auf einen wenigstens kurzen Aufenthalt noch vorhanden. Ich wollte nur schnell genesen und dann ab nach New York. Doch diese Hoffnung löste sich sehr schnell auf und Hoffnungslosigkeit machte sich breit.

Nach der ersten Operation meinte mein Darm nämlich, mir erneut einen Strich durch die Rechnung machen zu müssen. Nun gab es keine Hoffnung mehr, dass die Reise nach New York stattfinden könnte. Ein Problem jagte das nächste. Nach Operation zwei folgte auch Operation drei. Und den Rest der Sommerferien verbrachte ich dann in der horizontalen Liegeposition des Krankenhausbettes. Meine sommerliche Krankengeschichte in wenigen Worten zusammengefasst: Nach der ersten Operation kam der erste Darmverschluss, danach sofort der zweite lebensbedrohliche Darmverschluss sowie die Entnahme von 80 Zentimetern Darm. Im Normalfall hätte sich mein Körper schnell erholt, doch durch die mehrfachen Eingriffe war er ein wenig geschwächt. Die Rekonvaleszenz, die die Krankheitsphase zwischen abklingenden Symptomen und vollständiger Genesung beschreibt, war dann doch noch etwas länger.

Jedoch war diese Zeit eine sehr wertvolle Zeit für mich. Ich hätte mich dafür entscheiden können, das Opfer dieser Situation zu sein, doch das war nicht meine Art der Lösung. Meine Entscheidung war, dass mein Fokus jetzt mir galt. Meine Gefühle waren ein Mischmasch aus Traurigkeit, Wut, Irritation, Freudlosigkeit. Im krassen Gegensatz dazu standen die Gefühle von Freude, Begeisterung und Glück, am Leben zu sein. Können Sie sich vorstellen, was das für ein Sammelsurium von Emotionen war, die ich einordnen durfte? Jede Menge Arbeit war das. Und dabei auch noch die unaufhörliche Phase, dass ich mich um mich und meine Genesung kümmern durfte.

Dies war meine persönliche nächste Lernphase in Richtung Resilienz. Ich war übrigens bis heute nicht in New York. Gleichzeitig bin ich auch weit entfernt davon, die Zeit von damals, als ich meine Sommerzeit im Krankenhaus verbringen durfte, zu bereuen. Doch dazu später mehr.

Mein Tipp für mehr Resilienz in Ihrem Leben: Lassen Sie los!

Alles im Leben hat einen Sinn, dass es so ist, wie es ist. »Der liebe Gott lädt dir immer nur so viel auf, wie du selbst tragen kannst.« Diesen Satz hat vor vielen Jahren meine Großtante Anna zu mir gesagt. Anna war Diakonisse im Bethesda-Krankenhaus und mit dem lieben Gott verheiratet. Na, die musste es ja wissen, dachte ich damals, denn sie hatte ja einen direkten Draht zu ihrem Ehemann. In manchen Situationen ist der Satz, dass alles im Leben einen Sinn hat, nur schwer vorstellbar. Doch es ist so, es gibt ihn, den Grund. Ab und zu erfahren wir, weshalb es so ist, und an anderer Stelle nicht. Und trotzdem gibt es einen Grund dafür. Glauben Sie mir das.

Als ich damals im Krankenhaus lag, obwohl ich doch eigentlich in New York sein wollte, dachte ich natürlich zunächst, das sei eine aussichtslose Situation, aus der ich nie wieder herauskommen würde. Es schien, als hätte sich die ganze Welt gegen mich verbündet. Heute weiß ich, dass damals alles einen Sinn hatte.

Stellen Sie sich bitte nur für einen kurzen Moment vor, dass ich in Amerika gewesen wäre. Der Blinddarm kurz vor dem Durchbruch hätte mich dort ereilt. Meine Eltern hätten nicht die Möglichkeit gehabt, schnell und unverzüglich zu reagieren. Die weiteren Operationen wären dann auch in Amerika durchgeführt worden und das Ganze ohne Unterstützung von Eltern, Freunden etc. Hinzu wären die zeitliche Verschiebung und die sprachlichen Hürden gekommen. Sie wissen doch, ein gesprochenes Wort selbst zu hören, ist grundsätzlich besser, als der Überbringer von schlechten Nachrichten zu sein. In der Haut meines Onkels hätte ich dann also auch nicht stecken wollen. Wie gut, dass es folglich in meiner Heimat passiert ist, meine Eltern die Möglichkeiten hatten, schnell zu reagieren, und die ärztliche Versorgung ebenfalls von hier aus möglich war. Puh, noch mal gut gegangen.

Zweifelsohne ist das Schicksal ab und an ein Ar...loch. Mit den Zweiflern hatte ich ja nun schon einen großen Erfahrungsschatz sammeln können. Doch ich habe mich bewusst für das Leben entschieden. Aus diesem Grund habe ich mich gegen die Opferhaltung und für das Leben entschieden. Die Übung lautete: »Lass los und werde glücklich.« Nebenbei bemerkt: Wer loslassen kann, bemerkt, dass er plötzlich zwei freie Hände hat. Und was könnten Sie mit diesen beiden freien Händen Besseres tun, als ihr eigenes Leben herzlich willkommen zu heißen?

Apropos loslassen: Wussten Sie, dass Bäume ihre reifen Früchte erst loslassen, wenn sie tatsächlich reif sind? Das bedeutet, dass Obst erst dann zu Boden fällt, wenn es vollends reif ist, und nicht dann, wenn wir Menschen denken, dass wir es pflücken müssten. Ist das nicht eine wundervolle Vorstellung, dass alles im Leben einen Sinn hat und wir erst dann etwas loslassen können, wenn es vollendet ist? Lebensbrüche gehören zum Leben dazu und sie sind wichtig. Nur wenn wir den Schmerz annehmen können, können wir uns weiterentwickeln. Was mich die Zeit im Krankenhaus gelehrt hat? Sei dankbar und wertschätzend für jede Minute, die das Leben dir schenkt und die du mit anderen Menschen erleben darfst. Und: Geh achtsam mit deinen Zeitressourcen um.

Säule 4: Opferrolle

Sie sind kein Opfer!

Willst du der Gestalter deines eigenen Lebens sein,
musst du deine Opferrolle verlassen.

Sabine Lahme

Können Sie sich noch daran erinnern, wie es war, als zum ersten Mal in Ihrem Leben einer Ihrer Lieben verstorben ist? Haben Sie sich auch schon einmal mit der Frage beschäftigt, weshalb Abschiednehmen so schwierig ist? Dass Krisen und Schicksalsschläge im Leben auftreten, ist unvermeidbar und damit kaum änderbar. Was jedoch jeder Mensch lernen kann, ist der Umgang mit ebendiesen Schicksalsschlägen. Denn die Gedanken und der Blick auf die Situation sind veränderlich. Während wir uns beim Entstehen neuen Lebens schon in Gedanken auf den neuen Erdenbürger freuen, werden die meisten Menschen mit ihren Urängsten konfrontiert, sobald der Tod in unser Leben tritt.

In der Psychologie, Neurobiologie und Psychiatrie ist es bekannt, dass der Prozess des Abschiednehmens sich zeitweilig sehr schmerzhaft anfühlt. Dahinter steckt, dass jeder Mensch schon von Kind an Bindung als einen wichtigen Bestandteil seines Lebens ansieht und sich auch daran festklammert. Denn zu Beginn des Lebens ist Bindung das Wertvollste, was jeder Mensch hat. Die Fingerchen greifen nach der Mutter oder dem Vater, die Augen suchen nach den Bezugspersonen – und die Eltern sind dann da. Das schafft Bindung. Abschied nehmen und loslassen ist dagegen eine Lernerfahrung, die wir nicht trainiert haben.

Loszulassen, sich zu verabschieden, das sind unkalkulierbare Situationen. Da jeder Mensch ein großes Bedürfnis nach Sicherheit hat, sind Prozesse, in denen der Zustand unsicher ist, meist mit Beklemmung und Angst – Urangst – besetzt. Kinder suchen in solchen Fällen nach Schutz, einer körperlichen Umarmung oder nach dem Blickkontakt zu ihren Bezugspersonen. Sind Angst und Beklemmung erst aktiv, suchen auch Erwachsene nach mehr Bindung, Geborgenheit und Schutz. Bei Erwachsenen sind die Reaktionen also oft nicht anders; sie sind lediglich nicht mehr so offensichtlich. Ist Angst im Spiel, ist es umso wichtiger, ein gutes und funktionierendes Beziehungssystem im Hintergrund zu haben. Das heißt, wenn wir auf dem Sprung zu etwas Neuem sind, brauchen wir erst recht das Gefühl, verbunden zu sein.

Haben Sie sich schon einmal mit der Frage beschäftigt, aus welchem Grund wir große »Abschiedspartys« feiern, bevor es in den Bund der Ehe geht? Die meisten Junggesellen- und Junggesellinnenabschiede werden mit einem großen Ritual gefeiert: Verkleidung, Bauchladen und eine große Feier, um der Welt noch einmal zu zeigen, dass es der letzte Tag in Freiheit ist. Alles Quatsch? Vielleicht! Eventuell ist das jedoch genau die Art von Bindung, die vonnöten ist, um sich von Freunden, Bekannten und der gesamten Familienbande unterstützt zu fühlen, während sich Wandel bemerkbar macht. Das schafft Sicherheit und sorgt parallel im Gehirn dafür, dass alles beim Alten bleibt. Tatsächlich ist es so, dass 80 Prozent der Menschen einen extremen Wunsch nach Routine und Ritualen haben und diese Sehnsucht schon bei der Geburt in die Wiege gelegt bekommen. Wir nennen das auch Routineprozesse. Doch kommt der Tod oder ein anderer extremer Schicksalsschlag um die Ecke und erschreckt uns, ist sie plötzlich vorbei, die vermeintliche Sicherheit, und wir werden zum Opfer der Situation.

Weshalb ist das so? Warum können wir mit dem Loslassen und Abschiednehmen, ob von Freunden, dem Job, dem Partner, einem geliebten Menschen oder dem treuen Tier, so schlecht umgehen? Was brauchen Sie, um solche Dinge zu verarbeiten, und weshalb geht jeder Mensch mit Trauer anders um? Macht der Tod etwas mit den Menschen? Falls ja, was ist der Grund? Mit diesen Fragen habe ich mich im Rahmen des Themas Opferrolle beschäftigt.

Prinzipiell sind wir Menschen gewöhnt, dass alles in geordneten Bahnen läuft. Viele halten an Gewohnheiten und oft auch an Beziehungen fest, gleichwohl es mehr schädlich als wundervoll ist. In den Loslassprozess wagen wir uns äußerst ungern. Dieser sorgt meist für Unsicherheit, Ablehnung, für ein neues ungewohntes Terrain, und ab und an ist das Loslassen auch mit Angst besetzt, das haben Sie ja bereits gelesen. Vielleicht hat auch Ihnen schon einmal jemand den Rat gegeben: »Du musst nur loslassen, dann …« oder: »Dann lass das doch endlich los!«

Loslassen bedeutet im ersten Schritt, das Geschehene anzunehmen. Raus aus der Opferrolle und rein in die Gestalterrolle des Lebens. Wenn Sie bereit sind, das, was geschehen ist, anzunehmen, ist es im zweiten Schritt auch möglich, loszulassen und Abschied zu nehmen. Wie ich es bereits in Kapitel 1 ausführlich beschrieben habe, meint Annehmen nicht, dass Sie die Situation als gut oder schlecht bewerten sollen. Es sagt vielmehr aus: Es ist passiert, und Sie können das Geschehene nicht mehr verändern. Ergo können Sie auch nicht zurückweisen, was bereits geschehen ist. Nur wenn Sie bereit sind zu akzeptieren, dass es so ist, wie es ist, können Sie Abschied nehmen und lernen loszulassen.

Abschied zu nehmen bedeutet, Mut zu haben und die Trauer sowie das Nichtwahrhabenwollen zu akzeptieren. Damit ist nicht gemeint, dass man den Umstand ignorieren soll. Stattdessen dient das Akzeptieren dazu, sich von einer Last zu befreien, um seine vernachlässigten Bedürfnisse endlich wieder voll und ganz ausleben zu können.

Wussten Sie, dass sich Menschen erst dann auf den Wandel in ihrem Leben einlassen, wenn der Leidensdruck unermesslich ist? Viele kämpfen bis zur Unendlichkeit mit den Ängsten, manchmal sogar mit den Gefühlen der Wertlosigkeit und anderen Unsicherheiten. Dazu an dieser Stelle etwas Wissenswertes, das Ihnen vielleicht eine kleine Erleichterung gibt. Im Gehirn wird bei existenziellen Veränderungen wie dem Tod, dem Verlust des Arbeitsplatzes oder in Trennungsprozessen dasselbe Areal angesteuert wie bei körperlichem Schmerz. Der ausgeschüttete Botenstoff wird von Forschern Substanz P genannt. P steht für das englische Wort »pain«, also Schmerz. Aus diesem Grund fühlt sich der Tod genauso schmerzhaft an wie ein Beinbruch.

Verlieren wir einen geliebten Menschen, ganz gleich, ob durch Tod oder Trennung, bricht für viele von uns eine Welt zusammen, durch ein unvorhersehbares und folgenschweres Ereignis ändern sich plötzlich die Lebensumstände drastisch. Alles steht Kopf und von jetzt auf gleich ist alles anders als zuvor. Wenn sich Menschen in der Trauerphase befinden, ist es ihnen wichtig, gehört zu werden. Sie wollen reden und benötigen vor allem eines nicht: Phrasen wie »Das geht vorbei«, »Das wird schon« oder »Die Zeit heilt alle Wunden«. Natürlich gibt es auch Menschen, die genau das Gegenteil von reden für sich beanspruchen, nämlich zu schweigen. Sie möchten in Ruhe gelassen werden, um schweigend zu trauern.

Trauer kann uns wie gesagt mächtig in Angst versetzen. In manchen Fällen werden Trauernde also zum Opfer der Situation und versuchen die Zustände zu vermeiden, in die sie diese Rolle zwängt. Doch genau das ist nicht möglich: den Situationen zu entfliehen. Gerüche, Geräusche, Erinnerungen, sogar ab und zu das Gefühl, den Verstorbenen in der Nähe zu haben, sind ganz normale Empfindungen, die zum Trauerprozess dazugehören . Erlauben Sie sich diese Eindrücke, denn sie sind ein Teil Ihrer Trauerarbeit und ein Zeichen der Liebe zu diesem Menschen. Bedauern ist gesund und macht Sie zum Gestalter der Situation, denn verharren Sie in der Opferrolle, könnten Sie daran zerbrechen.

Wussten Sie, dass Sigmund Freud, der Begründer der Psychoanalyse und beachtenswertester Denker des 20. Jahrhunderts, selbst mit dem frühen Tod seiner Tochter konfrontiert wurde? Seine Tochter Sophie, geboren am 12. April 1893, verstarb 1920 mit noch nicht mal 27 Jahren. Nahezu zehn Jahre später schrieb Freud an einen Freund: »Man weiß, dass die akute Trauer nach einem solchen Verlust ablaufen wird, aber man wird ungetröstet bleiben, nie einen Ersatz finden. Alles, was an die Stelle rückt, und wenn es sie auch ganz ausfüllen sollte, bleibt doch etwas anderes. Und eigentlich ist es recht so. Es ist die einzige Art, die Liebe fortzusetzen, die man ja nicht aufgeben will.«[10]

Ich würde mir wünschen, dass jeder Trauernde seinen Weg in seinem Tempo gehen darf und dass er diesen Pfad Schritt für Schritt geht, mit und ohne Unterstützung. Wie Sie zum Gestalter Ihres Lebens werden und die Opferrolle verlassen können, das lesen Sie jetzt.

Welche Rolle Vorbilder in unserem Leben spielen

Idole kennen die meisten Menschen aus ihrer Jugend. Die Helden aus Film, Comic und Märchen waren die Vorbilder und Idole unserer Kindertage. Jeder von uns kennt sie, Idole wie Porter Ricks, Pippi Langstrumpf, Superman oder Wickie. Wir fieberten, bebten und weinten mit ihnen und vor allem: Wir fanden sie toll! Jede ihrer Geschichten blieb in unseren Köpfen hängen, mehr als alles andere.

So ist das auch mit den Idolen, wenn wir älter sind. Beschäftigen wir uns daher kurz mit der Frage, was genau Idole sind. Vorbilder oder Idole sind reale oder fiktive Menschen mit gewissen Merkmalen, Eigenschaften oder besonderen Fähigkeiten. Wir versuchen, diese Attribute zu kopieren, so wie einst, als wir noch kleine Kinder waren. Damals haben für die meisten lange Zeit die Eltern oder Erziehungsberechtigte diese Vorbildfunktion eingenommen. Unsere Eltern waren unsere Vorreiter als Helden, haben uns Halt und Orientierung gegeben und uns einen Weg aufgezeigt. Parallel dazu haben sie uns gezeigt, was es bedeutet, ideenreich zu sein, und waren gleichzeitig ein positives Beispiel für Visionen.

Ich habe mich vor einiger Zeit mit der Frage beschäftigt, ob wir von unseren Vorbildern oder Idolen etwas lernen können. Dabei bin ich zu dem Entschluss gekommen, dass wir von unseren Idolen sehr viel lernen, solange wir nicht vergessen, dass jedes Idol fehlbar und nicht perfekt oder fehlerfrei ist. Vielleicht hilft es Ihnen ja, sich bewusst zu machen, dass jedes Vorbild in seinem eigenen Universum lebt und nichts mit Ihrem Leben zu tun hat. Das bedeutet, dass Sie in Ihrer Realität bleiben sollten und nicht im Wolkenkuckucksheim.

Vorbilder müssen übrigens nicht zwingend berühmt oder prominent sein. Ein Vorbild kann auch ein Kollege, eine Kollegin, der Chef, die Vorgesetzte, ein Mentor, die Großmutter, eine Tante oder ein Onkel, ein Geschwisterkind oder die Eltern sein. Es kann jemand sein, die oder der besonders kreativ ist, ideenreich, analytisch, etwas Besonderes an sich hat, leistet oder kann. Vorbilder, von denen Sie partizipieren möchten, sind Menschen, die sich ihren Erfolg mit viel Disziplin und Mut erarbeitet haben und denen das Glück nicht einfach so in den Schoß gefallen ist. Das sind Menschen mit Schwächen, ein wenig unperfekt und mit kleinen Macken.

In einem Experiment wurde Studenten vor einem Test gesagt, dass sie zu den Toptalenten einer speziellen Fachrichtung gehören. Das Resultat: Die Ergebnisse waren deutlich besser als bei den Studenten, denen vorher gesagt wurde, dass ihre Talente nicht ausreichen würden. Sie sehen: Die innere Einstellung begünstigt also die eigene Leistung in beide Richtungen. Während eine Opferhaltung bremst, kann eine Vorbildhaltung beflügeln. Doch zunächst zurück zur Opferrolle und weshalb sie so bequem ist. Vielleicht fühlen Sie sich in diversen Situationen auch ab und zu »diesen Umständen« ausgeliefert, stehen ihnen geradezu ohnmächtig gegenüber? Oder vielleicht haben Sie hin und wieder das Gefühl, dass die Umstände Sie ohnmächtig machen?

Die Opferrolle und die Ohnmacht

Opfer der Situation zu sein, macht etwas mit uns. Machen Sie sich bitte bewusst, dass dies Zustände sind, die jeder Mensch kennt, weil wir alle im Alltag damit konfrontiert werden, Opfer der Situation zu sein. Denn es sind nicht (nur) die Umweltkatastrophen oder die Kriege, die Macht über uns bekommen und uns in unserem Leben ohnmächtig machen. Für Ohnmacht sorgen vielmehr die Themen, die unsere tägliche Sicherheit in Unruhe versetzen. Die Jobsuche ist gerade sehr schwierig, die täglichen Lebenshaltungskosten steigen, das Benzin ist extrem teuer. Das in Verbindung mit all den täglichen Horrornachrichten aus den Medien macht ohnmächtig und ängstlich. Da gerät schnell in Vergessenheit, dass jeder von uns in gesicherten Verhältnissen leben könnte, wenn nicht …, ja, wenn uns nicht etwas ohnmächtig machen würde.

Ohnmacht begegnet jedem von uns schon sehr früh, zum Beispiel dann, wenn wir als Kinder nicht das bekommen, was wir uns wünschen. Nicht die Schokolade und nicht das Spielzeug zu bekommen, kann für Kinder schon das Gefühl von Machtlosigkeit und Angst auslösen. Die Schokolade nicht zu bekommen, ist zwar nicht lebensbedrohlich, dennoch kann das Gefühl identisch sein. Später fallen wir in Ohnmacht, weil wir der mehrfachen Absage bei der Jobsuche ebenfalls ausgeliefert sind.

Ohnmacht begleitet uns also das ganze Leben. Ob wir ihr jedoch erlauben, dass sie etwas mit uns macht, ist eine Entscheidung, die *wir* treffen und nicht die Ohnmacht. Treffen wir die Entscheidung, dass sie keine Macht über uns bekommt, dann leben wir frei und können bewusste Entscheidungen treffen. Wussten Sie, dass Ohnmacht kein eindeutiges Gesicht hat, so wie Furcht, Freude oder Trauer? Wissenswert ist, dass der Begriff ursprünglich aus der Medizin kommt, um den vorübergehenden Verlust des Bewusstseins zu beschreiben. Den Einzug in die Psychologie hielt die Ohnmacht erst viel später.

Die Opferrolle ist eine der beliebtesten Rollen, die wir Menschen annehmen, um keine Verantwortung für unser Handeln und Tun zu übernehmen. Haben wir erst einmal gelernt, dass wir die Kontrolle über unser Handeln und Tun verlieren können, macht sich sehr schnell Hilflosigkeit breit, und der Gedankenteufelskreis beginnt, seine Energien zu entfalten. Zuerst sind da die negativen Erfahrungen, die wir in den unterschiedlichsten Situationen machen. Danach scheitern die ersten Versuche, etwas zu verändern, sodass diese Erfahrung die negativen Gedanken verstärkt. Anschließend wiederholen sich die negativen Erfahrungen, und dadurch werden die vorhergehenden Situationen noch kraftvoller verstärkt. Das erste Mal entsteht nun das Gefühl der Paralyse und Ohnmacht. Jede weitere ähnliche Situation verstärkt nun die Situationen zuvor. Das bedeutet: Änderungsversuche scheitern weiter, negative Erfahrungen nehmen zu und das Gefühl, dass die Situation noch kontrollierbar wäre, endet in der kompletten Ohnmacht, die jetzt zum Chef der Ereignisse wird. Der Teufelskreis ist in voller Fahrt. Wie auf dem Jahrmarkt in der Geisterbahn nimmt nun der Horror in unserem Leben seinen Lauf. Bei der Jahrmarktattraktion wissen wir auch nicht, was als Nächstes passiert, außer, dass uns schon bei der reinen Vorstellung, was nach der nächsten Kurve auf uns zukommen könnte, ein Schauder über den Rücken läuft. In unserem Leben setzt jetzt die Tatenlosigkeit ein, und jede Gelegenheit, bei der sich die Situation verändern könnte, bleibt unversucht.

Exkurs: Was sind eigentlich Rollen?

Bevor ich Ihnen weitere Einblicke in die Opferrolle gebe, möchte ich Ihnen grundsätzlich etwas über Rollen erzählen. Menschen schlüpfen in ihrem Leben in verschiedene Bestimmungen – ähnlich wie ein Schauspieler, der für einen gewissen Zeitraum in eine bestimmte Figur steigt. Die diversen Rollen, die jeder Mensch einnehmen kann, entstehen in den unterschiedlichsten Situationen und können sogar innerhalb einer Situation wechseln. Rollen beziehen sich auf Positionen, denn diese sind zuerst da und aus diesen bildet sich dann die entsprechende Rolle. Diese verschiedenen Rollen können…

- von der Natur gegeben,
- erlernt oder
- dem Status entsprungen sein.

Bei der von der Natur gegebenen Rolle handelt es sich um die Rolle als Wesen. Dazu ein Beispiel: Jeder Mensch kommt zur Welt und wird nach seinem Geschlecht als männlich oder weiblich eingeordnet. Schon bei der Einordnung entsteht die erste Rolle, denn jetzt sind wir Mädchen oder Junge, und dieser Rolle entsprechend werden die meisten Säuglinge auch großgezogen. Weiterhin gehören mit in die von der Natur vorgegebene Rolle die Kultur, in die wir geboren werden, das Alter sowie die Hautfarbe.

Schauen wir uns die erlernte Rolle an, sind damit die erlernten Muster gemeint, die wir uns bereits frühkindlich antrainiert haben, um in eine bestimmte Position zu kommen oder das zu erhalten, was uns wichtig erscheint. Ein Beispiel dazu: Lernen Kinder in bestimmten Situationen, dass jetzt gerade kein guter Zeitpunkt ist zu stören oder dass es nicht erwünscht ist, gestört zu werden, kann sich dadurch ein Muster entwickeln, das diesem Kind aufzeigt, dass es sich grundsätzlich erst um die Bedürfnisse des anderen kümmern muss, bevor die eigenen Bedürfnisse in den Vordergrund kommen dürfen. Klären Erwachsene ihre Kinder auf, aus welchem Grund es jetzt gerade unpassend ist zu stören, dann verstehen Kinder das, fühlen sich wahrgenommen und zweifeln nicht an sich. Fehlt diese Information, dann werden sie unter Umständen zum Opfer der Situation und schlüpfen entsprechend in diese Rolle, also in die Opferrolle.

Beim Status handelt es sich um zugewiesene Merkmale. Entweder sind wir arm oder reich, gebildet oder ungebildet, qualifiziert oder unqualifiziert usw.

Ursprünglich kommt die Definition des Wortes »Rolle« aus der Theatersprache und drückt das Hineinschlüpfen in diese aus. Es gibt eine Vielzahl unterschiedlichster Figuren, also Rollen, in die wir Menschen hineinschlüpfen, um die Aufmerksamkeit in unserem eigenen Schauspielhaus auf uns zu ziehen. Und jede Rolle ist verbunden mit einem gewissen Anspruch, verursacht Stress und macht uns auch ein wenig Druck, da jede Rolle optimal besetzt sein möchte. Zu jeder Rolle, die wir einnehmen, gehört wie im Theater ein Manuskript, dass wir auswendig können sollten. Übrigens erzeugen Ihre Rollen nicht nur bei Ihnen Stress und Druck und erwarten ein gewisses Maß an Perfektion, auch ihr Gegenüber steckt in diesem Dilemma.

Sehen wir uns dazu ein Beispiel aus dem Leben an. Denn auch hier sind es Rollenbilder, die bespielt werden und zu einem Rollenkonflikt miteinander oder innerlich führen können. Bestimmt erinnern Sie sich noch an die Geschichte des Mitarbeiters, der jeden Tag zu spät zur Frühbesprechung in den Betrieb kommt (falls nicht, können Sie sie auf Seite 89f. noch einmal nachlesen). Schauen wir uns nun seine Rollen einmal genauer an. Er ist:

- Mitarbeiter
- Kollege
- Freund
- Mann
- Opfer
- Stressliebhaber
- Zweifler

Eventuell ist er noch:

- Sohn
- Ehemann oder Partner
- Vater
- Onkel
- Fußballkumpel
- usw.

Nicht in jede seiner Rollen schlüpft der Mitarbeiter während seiner Tätigkeit in der Elektrofirma. Klingelt jedoch sein Mobiltelefon und seine Mutter ruft an, dann ist er in der Rolle des Sohnes.

Die Anziehungskraft der Opferrolle

Beobachten Sie sich einmal selbst, welches Rollenkostüm Sie anziehen, wenn Ihr Telefon klingelt und Ihre Partnerin, die Kinder oder Ihr Freund oder die Freundin am anderen Ende ist. Vielleicht haben Sie ja Lust bekommen, Ihre einzelnen Rollen zu dokumentieren, denn oft sind uns diese unterschiedlichen Facetten gar nicht bewusst. Unter Umständen ist es hilfreich, diese auf einem Blatt Papier festzuhalten und gegebenenfalls zu skizzieren. Dieses Vorgehen schärft Ihre Wahrnehmung auf sich selbst und erleichtert es Ihnen, sich darüber klar zu werden, welche Rolle gerade das Sagen hat und welche nicht.

Ab und zu werden wir jedoch auch zum Opfer einer Situation, in der wir uns von jetzt auf gleich befinden. Das kann zum Beispiel dann passieren, wenn Ihr Boss unfreundlich zu Ihnen ist, Ihr Kollege unfair mit Ihnen umgeht, Ihr Partner seine Aussagen nicht einhält oder Sie sich bei einem Missgeschick ertappt fühlen. Auf der einen Seite sind die »Bösen« und auf der anderen Seite die »Schwachen« – wie im Krimi, nur dass es sich hier um das wahre Leben handelt. Keiner möchte gerne Täter sein, in die Opferrolle schlüpfen wir dagegen allzu gerne, jedoch meist unbewusst.

Vielleicht fragen Sie sich, wann solche Muster auftreten. In unserem Leben begegnen uns täglich Situationen, in denen wir gefordert sind. Ob das nun der Tod eines geliebten Menschen, der Verlust des Arbeitsplatzes, eine Erkrankung mit ungewissem Ausgang, die Trennung vom Partner oder das Entdecken einer Affäre des Partners ist, jede dieser Situationen macht uns unsicher, machtlos und lässt uns manchmal erstarren. Die meisten Menschen ärgern sich, werden wütend über die Lage, in die sie gebracht werden und die sie nicht verursacht haben, werden böse und verbittert. Der Leidensdruck wird von Tag zu Tag größer und ein Ende ist meist nicht in

Sicht. Herzlich willkommen in der Opferrolle! Sie haben sich quasi kopfüber in das Fass voller Leidtun begeben, in das Tal der Schuldzuweisungen und in die Suhlkuhle des Jammerns.

Bedenken Sie: Für die Opferrolle gibt es einen ganz einfachen Grund. Wer in die Opferrolle schlüpft, möchte gerne bemitleidet werden, übernimmt keine Verantwortung für das Geschehene und entzieht sich regelrecht dieser Verantwortung. Menschen, die im Opfermodus leben, möchten sich nicht der Angst stellen. Sie haben Angst vor einem Wandel oder davor, die eigene Verantwortung für das Handeln und Tun zu übernehmen, und damit auch davor, die Konsequenzen ihrer Entscheidungen zu übernehmen. Für das Jammern und Leiden bekommt der Leidende Aufmerksamkeit, für den Wandel (in der Regel) nicht. Da liegt es doch nahe, lieber in der Opferrolle zu bleiben, auch wenn die Situation durch die Aufmerksamkeit von anderen nicht schmerzfreier wird. Denn hinter vielen Opferrollen liegt meist ein sehr schmerzhafter Prozess, den viele nicht gelernt haben zu durchschreiten. Natürlich ist es leichter, den Verursacher der Situation nicht bei sich zu suchen. Es ist viel einfacher, anderen die Schuld zu geben und für den eigenen Leidensdruck dazu noch Aufmerksamkeit zu bekommen.

Doch Schmerz ist auch dazu da, uns zu zeigen, dass es nach Wandel geradezu schreit. Schmerzen sind unausweichlich – Leiden dagegen ist eine freiwillige Entscheidung, wussten Sie das? Das ist ein wichtiges Detail, denn eine Entscheidung ist die Wahlmöglichkeit, die wir Menschen haben. Entscheidungen bestehen aus mindestens zwei unterschiedlichen und durchführbaren Alternativen. Sie haben also grundsätzlich die Wahl, wofür Sie sich entscheiden. Stellen Sie sich daher immer mal wieder die Frage: Möchten Sie weiter in der Opferrolle leben oder zum Gestalter des Lebens werden? Was auf alle Fälle hilfreich ist, wenn Sie vermeintlich in Ihrer Opferrolle stecken, ist, diese genauestens zu analysieren. Wenn Sie dabei feststellen, dass Sie diese Rolle wiederholt einsetzen, dann spätestens ist es wichtig, genau hinzusehen, in welchen Situationen diese Rolle Sie in Beschlag nimmt.

Die meisten Menschen wissen nicht, weshalb sie Opfer einer Situation sind und was der Grund ist, weshalb sie eine Rolle spielen. Doch kein Mensch wird als Opfer geboren. Nach dem Opfer-Gestalter-Modell nach Stephen R. Covey[11] wird zwischen dem Betroffenen- und dem Einflussbereich unterschieden. Der Betroffenenbereich beschreibt alle Lagen, die eine direkte Auswirkung auf unser Leben haben. Jedoch können wir diese nicht beeinflussen, da wir nicht die Möglichkeiten dazu haben. Dazu gehört zum Beispiel das Wetter oder die Umrechnung einer Währung beim Auslandsaufenthalt. Die allermeisten Situationen beinhalten jedoch einen gewissen Spielraum zum eigenmächtigen Handeln, den Einflussbereich. Um bei den genannten Beispielen zu bleiben: Es liegt in unserem Ermessen, welche Kleidung wir bei welchem Wetter anziehen und ob wir die Umrechnungskurse beobachten, um unser Geld für unseren Auslandsaufenthalt eventuell zu einem günstigeren Kurs zu tauschen. Befinden sich Menschen in der Opferrolle, so tendieren sie dazu, diesen Bereich, den sie selbst beeinflussen können, zu unterschätzen. Sie machen sich von Situationen abhängig und werden so zum Opfer dieser. Covey bezeichnet Menschen, die die eigenen Möglichkeiten des Handelns erkennen, als Gestalter des eigenen Lebens.

Vier Wege aus der Opferrolle

Wie können Sie aus der Opferrolle aussteigen und Gestalter des eigenen Lebens werden? Menschen, die zum Schöpfer ihres eigenen

Lebens werden, streben nach innerem Frieden. Sie haben gelernt, sich der Challenge zu stellen, wenn ihnen das Leben eine schickt. Stellen sie dabei fest, dass es keine Lösung gibt und die Anstrengung zu hoch wird, lösen sie sich davon. Gemäß dem Motto: Wenn das Problem nicht zu lösen ist, dann löse dich vom Problem. Das bedeutet, eine Menge Eigenverantwortung zu übernehmen, die Verantwortung nicht mehr beim Gegenüber zu suchen, keine Ausreden mehr zu benutzen und Vorwürfe und Beschuldigungen zu vermeiden.

Love it, change it or leave it. Sie selbst entscheiden, ob Sie es zulassen, Opfer zu bleiben, oder ob Sie diese Rolle verlassen. Das klingt hart, doch es ist die Wahrheit, denn Sie entscheiden selbst, ob Sie sich ärgern über eine Person oder eine Situation, die Sie nicht verändern können. Im schlimmsten Fall gehen Sie sogar fahrlässig mit Ihrer Gesundheit um. Diese sollte es Ihnen wert sein, Verantwortung zu übernehmen.

Ich möchte Ihnen vier Schritte in Form von Selbstcoaching-Fragen vorstellen, um aus der Opferrolle auszusteigen.

Schritt 1: Istsituation analysieren

- Was macht mich seit Langem unzufrieden?
- Worüber beklage ich mich mehrfach bei anderen Menschen?
- Was wird passieren, wenn ich nichts unternehme?
- Was würde mir stattdessen guttun?

Schritt 2: Lösungen suchen

- Welche Möglichkeiten habe ich, um etwas zu verändern?
- Wer ist meine Ansprechperson, mit der ich darüber reden möchte?
- Wer könnte mich auf dem Weg dabei unterstützen?

Schritt 3: Handlungsoptionen abwägen

- Was sind meine ersten Schritte?
- Was motiviert mich dabei?
- Wer kann mich aufbauen, wenn ich demotiviert bin?
- Was könnte schwierig werden und wie kann ich mich darauf vorbereiten?

Schritt 4: Plan B

- Was ist mein Plan B, wenn mein Vorhaben missglückt?
- Welche Wahlmöglichkeiten gibt es noch?

Wie Sie bereits wissen, gehört Nichtstun im Systemischen Coaching zu den Lösungsmethoden. Manchmal ist es tatsächlich sinnvoll, die Dinge abzuwarten und nichts zu tun. Nichtstun ist jedoch eine Entscheidung, die Sie bewusst treffen. Mitunter kann diese Entscheidung bewirken, dass Sie dann in Ihrer Opferrolle stecken bleiben. Noch einmal: Schmerz lässt sich nicht vermeiden; Leiden jedoch ist eine freiwillige Entscheidung.

Wecken Sie Ihre Gestalterrolle auf, damit Sie eine lebensbejahende Haltung einnehmen können, in der Sie Ihr eigener Star sind. Falls Sie jetzt einwenden möchten »Ja, aber …«, halten Sie einen Moment inne. Vielleicht kennen Sie den einen oder anderen »Ja, aber«-Menschen. Falls ja, denken Sie doch bei der Lektüre des folgenden Abschnitts an ihn.

Die Herausforderung der »Ja, aber«-Einstellung

»Ja, aber«-Menschen sind nicht gerade einfach, sondern erfahrungsgemäß sehr anstrengend. Sie gehören zu der Kategorie von Zeitgenossen, die für vieles eine Ausrede parat haben und diese lautet: »Ja, aber …«

»Ja, aber«-Menschen tun sich schwer damit, Verantwortung für sich, ihr Handeln und ihr Tun zu übernehmen. Sie sind pure Opfer, gefangen in ihren eigenen Situationen. Das Durchsetzungsvermögen dieser Menschen ist auch eher gering. Das wiederum führt dazu, dass diese Menschen versuchen, durch ihren Perfektionismus ihren empfundenen vermeintlichen Minderwert zu kompensieren. »Ja, aber«-Menschen sind Experten in der Ablehnung von Veränderungsprozessen und empfinden Wandel meist als lästig und unnötig. Sie nehmen damit die typische Opferhaltung ein. Was sie oft am allermeisten scheuen, ist, aus der »Hängematte ihrer Komfortzone« aussteigen zu müssen. Für Beziehungen, ob privat oder im Arbeitsumfeld, ist dies geradezu eine Herausforderung. Doch was steckt dahinter?

»Ja, aber«-Menschen …

- haben nicht gelernt, dass der Prozess, sich zu verändern, etwas Positives ist;
- haben Angst, Fehler zu machen oder zu versagen;
- sind Perfektionisten und vermeiden es daher, Fehler zu machen;
- scheuen die Übernahme der Verantwortung für sich, ihr Handeln und Tun;
- fühlen sich als das Opfer der Situation und sehen keinen Ausweg.

»Ja, aber«-Menschen suchen sich meist einen Partner oder Kollegen mit einem sehr hohen Anteil an sozialem Engagement. Diese Partner oder Kollegen neigen dazu, helfen zu wollen. Sie versuchen, Lösungen zu finden, und können es nicht verstehen, dass der »Ja, aber«-Mensch sich schwertut mit Veränderung. Sozial engagierte

Menschen sind kreativ und versuchen, aktiv Impulse zu setzen. Schwierig wird es, wenn das Gegenüber fast alle diese Angebote blockiert. Das ist für Beziehungen wenig aufbauend. Ein »Ja, aber«-Mensch möchte wahrscheinlich keine Lösung. Diese Menschen haben das Talent, generell einen Grund zu finden, um nichts zu verändern und in der Opferrolle zu verharren.

Kennen Sie auch so einen »Ja, aber«-Menschen? Vielleicht haben auch Sie schon versucht, ihm Lösungsangebote zu unterbreiten, und wurden am Ende recht frustriert zurückgelassen. Diese Arbeit raubt tatsächlich unendlich viel Energie. Sie ärgern sich, dass Ihr Gegenüber Ihre Lösungsansätze nicht annimmt, und am Ende des Tages sind Sie auch noch emotional erschöpft.

Falls Sie sich hin und wieder in der Rolle des Engagierten wiederfinden, um dem »Ja, aber«-Menschen helfen zu wollen: Schluss damit. Haben Sie eine Chance, diese Rolle zu verlassen? Ja, diese Chance gibt es. Als Erstes unterbrechen Sie das emotionale Spiel. Sagen Sie zu Ihrem Gegenüber: »›Ja, aber‹ hat jetzt Pause!« Grenzen Sie sich ab und bleiben Sie dabei trotzdem freundlich. Machen Sie nicht ständig Angebote. Versuchen Sie, Ihr Gegenüber auch nicht von den positiven Seiten des Lebens zu begeistern, denn es wird dies nicht annehmen können.

Wie schon erwähnt, möchten diese Menschen keine Lösungen. Sie werden bemerken, dass »Ja, aber«-Menschen genügend Alibis finden, um nicht in einen Veränderungsprozess zu gehen. Akzeptieren Sie das. Verändern Sie Ihren Fokus, und lenken Sie Ihre Aufmerksamkeit auf die Menschen, die gerne und dankbar einen Lösungsansatz von Ihnen annehmen und mit denen sie konstruktiv diskutieren können. Vermeiden Sie es weiterhin, in die Verantwortung für den »Ja, aber«-Menschen zu gehen, denn Sie sind weder seine Mutter noch sein Vater. Auch »Ja, aber«-Menschen sind erwachsen. Wenn Sie weiterhin Verantwortung für diese Menschen übernehmen, verstärken Sie nur den Drang nach noch mehr Vermeidung. Geben Sie »Ja, aber«-Menschen ein klares und offenes Feedback und vermeiden Sie unnötige Diskussionen. Und wenn Sie nun noch ein paar Übungseinheiten für das Verlassen der Opferrolle benötigen, hier kommen sie.

Übung 1: Die richtigen Fragen – der SOS-Koffer

Lassen Sie sich bitte bei dieser Übung nicht von den vielen Fragen verunsichern, denn diese sind ein wichtiger Bestandteil dieser Übung, um Ihnen die Möglichkeit zu geben, sich intensiv mit der Opferrolle zu beschäftigen. Meist sind wir uns nicht bewusst, weshalb wir jetzt gerade in dieser Rolle stecken. Ein sehr hilfreiches Werkzeug in Ihrem Notfall-Koffer sind ab jetzt Ihre Fragen. Denn mit ihnen wird es Ihnen gelingen, Schritt für Schritt herauszufinden, was die Gründe dafür sind, dass Sie in der Opferrolle stecken. Eines ist wichtig: Nehmen Sie sich genügend Zeit dafür und bleiben Sie bitte neugierig auf das Ergebnis.

Setzen Sie sich hin und gehen Sie nun Schritt für Schritt durch die Übung. Als Allererstes nehmen Sie die Situation so an, wie sie ist. Dann analysieren Sie die Situation – jedoch ohne sie zu bewerten. Der nächste Schritt heißt »Aufwand versus Gewinn«. Welchen Aufwand betreiben Sie und was ist Ihr Nutzen, Ihr Gewinn? Nun sehen Sie sich die positiven Dinge an, die trotz der schwierigen Situation in Ihrem Leben sind. Und als letzter Schritt: Seien Sie dankbar.

Beschäftigen Sie sich bitte zunächst mit folgenden drei Fragen. Am besten notieren Sie Ihre Antworten auf einem Blatt Papier oder in Ihrem Notizbuch:

- Wenn Sie sich nur auf die Dinge konzentrieren, die in Ihrem Leben positiv sind: Welche Dinge wären das?

- Was in Ihrem Leben wäre anders, wenn Sie glücklich wären und es Ihnen gut ginge?
- Was würde sich in Ihrem Alltag verändern, wenn Sie Verantwortung für Ihr Leben übernähmen?

Und nun stellen Sie sich die nachfolgenden Fragen.

Was ist die Lösung, um aus der Opferrolle auszusteigen? Der erste Schritt, um aus der Opferrolle auszusteigen, ist die Akzeptanz, dass Sie in dieser Rolle sind. Stellen Sie sich dazu die folgenden Fragen:

- Können Sie die Situation annehmen?
- Was gewinnen Sie, wenn Sie das, was Sie nicht ändern können, annehmen?

Denken Sie daran: Annehmen ist nicht gleichbedeutend mit resignieren. Es bedeutet vielmehr, etwas zu wandeln. Stellen Sie sich zu diesem Prozess die folgenden Fragen:

- Können Sie die Situation ändern?
- Wer kann Sie dabei unterstützen, um aus dieser Lage herauszukommen?
- Was können Sie verändern und was ist nicht veränderbar?

Übung 2: Vom Opfer zum Superstar

Manchen Menschen fehlt es an Mut, um den Weg aus der Opferrolle zu finden. Genau dann ist es hilfreich, sich mit den nachfolgenden Fragen zu beschäftigen. Nehmen Sie sich ein großes Blatt

Papier und einen Stift und schreiben Sie sich zuerst zu Frage 1 die Antworten auf. Dann beschäftigen Sie sich mit Frage 2. Nehmen Sie sich bitte genügend Zeit, um die einzelnen Fragen ganz ausführlich und in Ruhe zu beantworten. Erst wenn beide Fragen beantwortet sind, befassen Sie sich mit Frage 3.

- Frage 1: Was sind die Gründe dafür, dass ich das Opfer der Situation bin, in der ich mich gerade befinde?
- Frage 2: Was gefällt mir an der Opferkuhle ganz besonders und weshalb bleibe ich darin liegen?
- Frage 3: Was benötige ich, um aus der Grube auszusteigen?

Sobald alle Möglichkeiten auf Ihrem Blatt Papier stehen, priorisieren Sie Ihre Antworten. Die ersten drei Prioritäten schreiben Sie bitte auf ein separates Blatt Papier. Nun befassen Sie sich mit Ihrer ersten Priorität.

- Was können Sie tun, um diese Eigenschaften zukünftig zu leben?
- Wer könnte Sie dabei unterstützen?
- Gibt es etwas, was Ihnen das Üben mit Ihren neuen Chancen leichter machen würde?

Schreiben Sie für jede Eigenschaft so genau wie möglich auf, welche Schritte Sie gehen möchten, um Ihr Ziel zu erreichen. Sollte es Ihnen nicht sofort gelingen, aus der Opferkuhle auszusteigen, ist das kein Beinbruch. Wiederholen Sie die Übung so oft, wie Sie es für nötig empfinden. Ab und zu braucht das Gehirn die Wiederholung der Wiederholung, bis es verstanden hat, dass die alten Verhaltensweisen nicht mehr gewünscht sind. Versuchen Sie es, ich bin mir ganz sicher, dass Sie das schaffen werden. Viel Erfolg und gutes Gelingen auf dem Weg vom Opfer zum Superstar.

Übung 3: Raus aus der Opferrolle

Loslassen leicht gemacht. Love it, change it or leave it, so lautet die Parole der Gestalter des eigenen Lebens. Die dazugehörige Übung geht so: Sie beschäftigen sich nun mit den nachfolgenden Fragen. Wie in den Übungen zuvor ist es auch bei dieser Übung ratsam, Papier und Stift zur Hand zu haben.

Den Anfang macht die Situationsbeschreibung:

- Was ist die aktuelle Situation?
- Was wird vermutlich passieren, wenn ich nichts an der Situation ändern werde?

Den nächsten Schritt machen Sie in Richtung Lösungsmöglichkeiten:

- Welche Möglichkeiten besitze ich, um etwas zu verändern?
- Wer kann mich dabei unterstützen?
- Wer könnte mir ein zusätzlicher Ratgeber sein?

Jetzt folgen Ihre ersten Meilensteine:

- Was motiviert mich auf meinem Weg?
- Wer hilft mir, wenn ich demotiviert bin?
- Was könnte sich mir in den Weg stellen und wie kann ich mich davor schützen?

Und der letzte Step ist Ihr Plan B:

- Was ist mein Plan B?
- Wer unterstützt mich, wenn mein Vorhaben misslingt?

Und wenn alle Stricke reißen, dann hilft Ihnen vielleicht der Satz: »Wenn du das Problem nicht lösen kannst, dann löse dich vom Problem.«

Mein Opfer-Learning: Ein guter Mentor bleibt dies auch noch nach seinem Tod

Ich bin am Rande der Schwäbischen Alb groß geworden. Meine Eltern haben damals ein Unternehmen geführt, und wie das in den Jahren der Babyboomer üblich war, gab es auch bei uns Großeltern, die uns unterstützt haben und bei denen ich als Kind viel untergebracht war. Am liebsten war ich im Haus bei meinen Großeltern Emilie und Ernst.

Emilie war die Mutter meiner Mutter, Hausfrau und Unterstützerin, wenn im Unternehmen meiner Eltern Not war – und davon gab es jede Menge. Mein Großvater Ernst war ihr zweiter Ehemann, Fahrer im Steinbruch und der Held meiner Kindertage. Meine Großeltern lebten in ihrem selbst erbauten Häuschen, mit kleinem Garten zur Selbstversorgung mit Gemüse und Obst. Es gab einen Hühnerstall mit Hahn und Hennen und ab und zu wurde sogar ein Schwein gemästet. Meine Großeltern machten mit mir oft Touren und Ausflüge. Wir fuhren dann mit dem kleinen Auto, einem Goggomobil. Mit zur Partie gehörte noch der Hund meiner Großeltern, ein kleiner schwarz-brauner Rehpinscher namens Silke.

Wenn das Wetter schön war, dann fuhren wir mit dem Goggomobil in den Schwarzwald zu den Schwestern meines Großvaters. Mein Großvater war sehr stolz auf seine Heimat, den Schwarzwald. Er hat mir viele Geschichten von früher erzählt und meine Leidenschaft für diese wundervolle Landschaft geprägt. Jetzt sollten Sie wissen, dass eine Goggomobil-Limousine eine Höchstgeschwindigkeit von 80 Kilometern pro Stunde hatte und somit nicht sehr autobahntauglich war, sodass wir über die Landstraßen in den Schwarzwald gezockelt sind. Im Kofferraum befanden sich meist klimpernde Flaschen voller Apfelsaft, den mein Großvater dann seinen Schwestern brachte. Im Schwarzwald gab es nämlich in den 1960er-Jahren keine Äpfel (Spaß beiseite).

Auf dem Weg in den nördlichen Schwarzwald fuhren wir durch den Ort Waldenbuch. Wer Schokolade liebt, weiß, dass dort eine quadratisch-sportive Schokolade produziert wird – heute noch fast so wie früher, nur dass sich die Gebäude ein wenig verändert haben. Immer wenn wir uns auf dem Rückweg befanden, durfte ich mir an der Pforte des Unternehmens ein Zellophan-Tütchen Bruchschokolade für eine Deutsche Mark kaufen. Für mich als Kind war das eine Riesentüte voller Köstlichkeiten. Mein Großvater kommentierte das dann mit den Worten: »Des derfsch aber net deim Vadder saga, dass i dir des erlaubt han.« Diese Schwarzwald-Erinnerung, gepaart mit den wundervollen Erzählungen meines Großvaters und den Erinnerungsstücken von ihm, die bis heute in meinem Besitz sind, ist Nostalgie pur.

Was mich bis heute auch in schwierigen Situationen trägt, sind die Worte meines Großvaters. Dieser 1901 geborene, stattliche »Held meiner Kindheitstage« hat mich gelehrt: »Mache nur das, was du machen willst. Das, was du nicht willst, davon lässt du die Finger.« Das Traurige bei all den wundervollen und großartigen Ereignissen ist, dass mein Großvater verstarb, als ich 15 Jahre alt war. Das war eine sehr anstrengende Zeit, denn ich hatte erneut das Gefühl, allein gelassen worden zu sein. Mein Held war gestorben. Zum damaligen Zeitpunkt waren das fast zu viele Emotionen für mich. Die Gefühle einzuordnen, war nicht immer so leicht, doch dank meiner Prägung aus der Kindheit konnte ich perspektivisch gut mit ihnen umgehen.

Das Gute bei all der Trauer um meinen verstorbenen Großvater ist, dass er immer der Held meiner Kindheitstage geblieben ist. Wenn es heute Situationen gibt, in denen es mir schlecht geht oder ich keine Lösung für meine Konflikte finde, dient er mir noch immer als mein Mentor. Ich versuche, mir dann vorzustellen, dass er auf dem Beifahrersitz meines Autos mitfährt, mir zuhört, wenn ich ihm erzähle, wofür ich jetzt gerade eine Lösung benötige. Manchmal setze ich mich auch mit ihm in den Garten, so wie ich es früher wirklich bei meinen Großeltern tat. Dort saß ich auch zusammen mit meinem Großvater auf der Bank. Wenn ich ihm damals von meinen Konflikten erzählte, hörte er mir ganz ruhig zu, spendete mir Trost und Zuspruch und lehrte mich, dass es für alles im Leben eine Lösung gibt.

Das Kuriose ist: Erfahrungsgemäß finde ich tatsächlich eine Lösung, wenn ich mir vorstelle, dass ich wie früher mit meinem Großvater über mein Problem spreche. Dafür bin ich meinem Großvater unendlich dankbar.

Mein Tipp für mehr Resilienz in Ihrem Leben: Öffnen Sie Ihr Herz!

Menschen kommen und gehen in unserem Leben, und manchmal ist es äußerst schmerzhaft, wenn sie uns für immer verlassen. Trauer ist etwas, womit sich die meisten Menschen nicht beschäftigen möchten, denn der Tod ängstigt sie. Das Herz fühlt sich an, als ob es brechen würde, als ob ein Tsunami über es hinwegfegen würde.

Im Umgang mit der Trauer ist es hilfreich, sich mit dem Menschen und dem zu beschäftigen, was es an Gemeinsamkeiten gab, die der Verstorbene und Sie gepflegt haben. Manche Hinterbliebenen haben eine Schatzkiste, in der sie alles aufbewahren, was an den Verstorbenen erinnert. Andere bewahren Kleidungsstücke auf, die vakuumiert werden, um den Geruch an den Toten nicht zu vergessen. Und dann gibt es wiederum Trauernde, die Rituale schaffen, um dem Toten nahe zu sein und um sich an die verstorbene Person zu erinnern. Rituale können zu außerordentlich starken Gefühlen führen, da die Verbindung, die jeder mit einem verstorbenen Menschen hat, Spuren in uns hinterlässt, an die wir uns nur allzu gerne erinnern. Und genau diese Gefühle und Erinnerungen können schmerzhaft und quälend sein. Beim einen ist es das Sitzen auf der Bank im Garten oder ein Spaziergang im Wald, das an den Toten erinnert. Beim anderen ist es ein besonderes Musikstück oder ein Kinofilm. Jeder dieser Momente gibt uns die Möglichkeit, wieder in der alten Emotion von früher zu schwelgen.

Grundsätzlich ist es jedoch auch wichtig, dass sowohl positive als auch negative Emotionen da sein dürfen. Manche Trauernde schieben die negativen Gefühle zu Beginn der Trauerphase weg. Das ist okay, es handelt sich dabei um eine Schutzfunktion Ihres Gehirns – ganz zu Beginn der Trauer, wenn die Nachricht vom Tod die Hinterbliebenen ereilt und die Fassungslosigkeit einsetzt. Das nennt sich auch Schockzustand oder Ohnmacht. Man will den Zustand nicht wahrhaben und deshalb ignoriert das Gehirn erst einmal diesen unfassbaren Schmerz. Machen Sie sich bitte bewusst, dass das Wegschieben von negativen Gefühlen nicht auf Dauer funktioniert, denn je länger Sie diese wegschieben, desto größer werden sie. Und auch Sie kommen keinen Millimeter in Ihrem Leben weiter.

Trauernde Menschen möchten das Problem, dass sie in Trauer sind, lösen. Denn im Normalfall sind wir Menschen es gewohnt, dass wir alle Probleme lösen möchten. Das ist ein Relikt unserer Evolution: Wenn ein Problem auftritt, suchen wir eine Lösung dafür. Zum Beispiel wollten wir uns schneller fortbewegen, also wurde das Automobil erfunden. Problem gelöst.

Diese Mentalität, so auch das Problem Trauer zu lösen, ist bei der Trauerarbeit leider komplett sinnfrei. Trauer ist kein Problem. Trauer ist ein Zustand, der durchlebt werden möchte. Trauer begleitet die Hinterbliebenen, jeden Tag und jede Person auf ihrem eigenen Weg. Und auf dem Weg, den jeder Trauernde geht, verändert sich von Tag zu Tag die Angst, ob der Schmerz nie wieder vergehen wird, vor allem dann, wenn wir uns unserer Angst stellen. Jeder trauert anders und jeder macht das auf seine Art und Weise.

Wenn Sie etwas ändern wollen in Ihrem Leben, sollten Sie Ihr Schicksal in die eigene Hand nehmen. Übernehmen Sie Verantwortung, machen Sie Ihr Herz auf, unterstützen Sie sich und andere Menschen im Umgang mit Trauer, Tod und dem Abschiednehmen. Meist bedarf es dafür nicht vieler Worte, sondern Empathie, Wärme und Herzlichkeit. Leben Sie jeden Tag so, als wäre heute der letzte Tag Ihres Lebens.

Fast hätte ich es vergessen: Auch ich durfte meine Trauerreise schließlich antreten, denn es gab leider keine Alternative für mich. Was ich dabei gelernt habe:

- Loslassen bedeutet, Neues in das Leben kommen zu lassen.
- Loslassen ist Freiheit, Frieden und Ruhe.
- Loslassen ist ein Prozess, den jeder in seinem Tempo gehen darf.

Und nun geht es weiter mit der Übernahme der Verantwortung für Ihr Leben.

Säule 5: Verantwortung

Sie allein sind verantwortlich für Ihr Leben

Das Leben ist kein Lutscher,
jedoch zart wie Schokolade.
Sabine Lahme

Können Sie sich noch daran erinnern, wie sich Ihre erste große Liebe angefühlt hat? Nein, nicht das Verliebtsein, sondern Ihre erste große Liebe. Auch für die Liebe zu unseren Partnern übernehmen wir Verantwortung. Nicht für unser Gegenüber, sondern für uns und für die Liebe zu uns. Denn nur, wenn wir uns auch selbst lieben, dann können wir auch lieben und Liebe zulassen.

Viele Menschen stellen sich im Laufe ihres Lebens die Fragen: »Was ist die große Liebe? Was passiert, wenn sie an mir vorbeigeht, ich sie verpasse oder die große Liebe nie den Weg zu mir findet?« Auch ich habe mir im zarten Alter von 17 Jahren diese Fragen gestellt. Heute weiß ich: Es gibt sie. Allen Pessimisten, Pessimistinnen und einsamen Single-Herzen sei gesagt: Es gibt keinen Grund, die große Liebe anzuzweifeln, denn im Laufe unseres Lebens begegnen wir ihr mehrfach. Das mag sich für die Menschen, die sich gerade in einer Trennungssituation befinden und große Trennungsschmerzen haben, undenkbar anfühlen, doch es ist die Wahrheit.

Studien von Sozialpsychologen wie der US-Anthropologin Dr. Helen Fisher haben gezeigt, dass wir im Leben dreimal dieser »großen Liebe« begegnen – wobei jede dieser Lieben einen eigenen Sinn hat.[12] Hier würde das Sprichwort passen: Aller guten Dinge sind drei. Das bedeutet nicht, dass wir dreimal die große Liebe durchleben, sondern, dass es drei Formen der großen Liebe gibt. Aber erst einmal der Reihe nach. Welche drei Arten der großen Liebe gibt es und was für Aufgaben bringen diese mit sich?

Den Beginn macht die erste große Liebe. Sie ist geprägt vom ersten Kuss, der ersten Liebesnacht, dem ersten Urlaub als Liebespaar und vielen anderen ersten Malen. Rosarot und himmelblau, Schmetterlinge im Bauch und ohne den anderen nicht sein können beschreibt die erste große Liebe wohl am besten. Alles erleben wir zum ersten Mal. Meine erste große Liebe hieß Michael. Ich dachte, er sei der Mann meines Lebens. Obwohl mir meine Eltern rieten, mich nicht so sehr auf diese Liebe zu konzentrieren, war sie für mich einzigartig, und ich hoffte, sie würde niemals vorbeigehen. Ich traf für mich eine Entscheidung und übernahm die Verantwortung für mich und meine Liebe. Doch sie ging vorüber. So oder so ähnlich ist es bestimmt schon vielen Liebenden ergangen. Was ist die Lernerfahrung der ersten großen Liebe? Wir lernen,

- den Glauben an die große Liebe nicht zu verlieren;
- dass eine Trennung schmerzhaft ist;
- dass Schwärmerei okay ist, doch ein Partner auf Augenhöhe dauerhaft für uns besser ist.

Später kommt mit riesigen Schritten die zweite große Liebe. Zwischenzeitlich haben wir gelernt, dass ein Gegenüber nicht perfekt ist. Es hat Macken, Marotten und auch Ticks und dieses Mal halten wir uns in der Partnerschaft nicht zurück. Wir streiten mehr, die Gefühle fahren mit uns Schlitten und die Aussöhnungen sind aufregend. Doch gleichzeitig ist die zweite große Liebe auch gekennzeichnet von der Verantwortung für ein hohes Maß an Durchhaltevermögen, bis hin zur mehrfachen Wiederbelebung der Beziehung, auch On/Off genannt. Was ist die Lernerfahrung der zweiten großen Liebe? Wir lernen,

- einen endgültigen Strich unter die Beziehung zu ziehen, kostet unsagbar viel Kraft;
- was wir in einer Beziehung möchten und was nicht;
- welche Rollen wir in einer Beziehung haben;
- welche Dinge wir benötigen, um in unserer Beziehung glücklich zu sein.

Und dann darf sie kommen, die dritte große Liebe. Oftmals kommt sie zu einem Zeitpunkt, an dem wir nicht mehr damit rechnen. Diese Liebe ist so einfach und unkompliziert wie keine davor. Zwischenzeitlich sind wir in der Liebe gewachsen, übernehmen Verantwortung für unser Handeln und Tun und tragen auch das Risiko. Wir dürfen nun so sein, wie wir sind, ohne uns zu verstellen. Und was ist die Lernerfahrung der dritten großen Liebe? Wir lernen,

- dass Liebe wundervoll ist, egal, wie alt wir sind;
- dass wir uns erlauben dürfen, die Liebe zu genießen, ohne viel dazutun zu müssen.

Falls Sie sich gerade die Frage stellen, was das Verliebtsein ist, gebe ich Ihnen folgend einen kurzen Einblick in die Phase der Verliebtheit. So wie jeder Mensch in seiner Entwicklung Phasen durchläuft, verhält es sich auch in Beziehungen. Beziehungen haben Phasen, jedoch sind sie in jeder Beziehung unterschiedlich und selten deckungsgleich. Selbst die erste Phase, die Phase des Verliebtseins, ist nicht vergleichbar. Manche Beziehungen sind hitzig, andere ruhig, einige heiß und andere wiederum eher kühl. Je unterschiedlicher die Persönlichkeit eines jeden Menschen ist, desto abwechslungsreicher sind auch die Phasen einer Beziehung.

Der Anfang, also die Verliebtheit, beginnt mit einem Hormonchaos, das uns unsere Sinne vernebelt. Der Körper wird geflutet mit einem Cocktail diverser Hormone und Endorphine. Einzigartig, faszinierend, wundervoll, wunderhübsch und zauberhaft, so beschreiben wir die Welt, in der wir uns plötzlich befinden, wenn die Hormone verrücktspielen. Dieser neurobiologische Albtraum ist jedoch für die Menschen, die verliebt sind, im positiven Sinne ein zauberhafter Zustand. Nicht jedoch für die Umgebung, denn die empfindet verliebte Menschen ab und zu als eine Zumutung, was den Hormonen geschuldet ist. Wie lange dieser Zustand anhält, ist nicht klar definierbar. Was jedoch an dieser Situation klar ist: Für diese Hormone tragen Sie keine Verantwortung, denn das ist ein neurobiologischer Zustand, den Sie nicht zu verantworten haben. Jedenfalls geht der Hormoncocktail irgendwann einmal zu Ende, dann ist es aus mit dem Verliebtsein, und das Ganze geht optimalerweise über in die Phase der Liebe. Mitunter ist sie plötzlich da, die tiefe Verbundenheit, die gegenseitige Unterstützung und das unumstößliche Gefühl von tiefer Zuneigung, die Liebe. Übrigens: Ich habe meine dritte große Liebe gefunden.

Wie bitte? Ich soll verantwortlich sein?

Gerade in schwierigen Zeiten, wie während der Corona-Pandemie oder auch in persönlichen Krisenzeiten, die jeden von uns treffen können, ist die Übernahme von Verantwortung für unser Handeln und Tun umso wichtiger. Wer die Verantwortung für sich übernimmt, trägt die Konsequenzen für sein Handeln und Tun und zeigt dadurch ein erwachsenes Verhalten. Verantwortung übernehmen heißt:

- eigenständig Entscheidungen zu treffen,
- das Leben selbst in die Hand zu nehmen,
- nicht äußeren Einflüssen die Verantwortung zu übertragen,
- nach keinem Schuldigen zu suchen.

Verantwortung tragen können Kinder schon sehr früh. Mit dem sechsten Lebensjahr verspürt ein Kind, dass es ein eigenständiges Individuum ist. Das Bewusstsein macht sich auf den Weg und das Ich wünscht sich altersgerecht, Verantwortung übernehmen zu dürfen. So zum Beispiel möchten Kinder gerne im Alltag Verantwortung tragen, etwa für das Entsorgen von Müll, das Tischdecken oder andere kleine Tätigkeiten.

In anderen Bereichen wird Verantwortung von den Kindern nicht immer kommentarlos übernommen. Oft kommentieren Kinder logische Konsequenzen ihres Handelns mit provokativen und verbalaggressiven Äußerungen. Um die eigenen Grenzen zu testen, sind diese Vorgehensweisen für die Entwicklungsphasen von Kindern wichtig. Sie sorgen dafür, dass Kinder lernen, dass sie Verantwortung für Ihr Handeln und Tun tragen müssen – auch für Provokationen. Sie lernen, dass es okay ist, wenn sie nicht immer alles so machen, wie von den Eltern gewünscht, dass jedoch alles im Leben Konsequenzen hat. Lernen Kinder in dieser Lebensphase nicht, dass Verantwortung eine dauerhafte Haltung ist, wird es ihnen mit zunehmendem Alter immer schwerer fallen, Eigenverantwortung zu tragen.

Übrigens verstehen Kinder ab dieser Entwicklungsphase noch mehr. Sie entwickeln sich motorisch weiter, verstehen Zusammenhänge besser und fragen nun intensiver nach. Missverständnisse versuchen Kinder nun zu klären, ob direkt oder über Umwege. Das sind die ersten Schritte, kommunikativ in die Eigenverantwortung zu gehen. Ebenso sind nun Rituale wie das Begrüßen oder Verabschieden verantwortungsbewusste Bräuche.

Verantwortung beschreibt also die freiwillige Haftbarkeit für das eigene Handeln und Tun. Verantwortung meint auch, dass mit unserem Handeln und Tun ein Risiko verbunden ist, das es zu tragen gilt. Menschen, die Verantwortung übernehmen, haben gelernt, selbstbestimmt ihr Leben zu gestalten. Sie kennen die Risiken und wagen sich ins Abenteuer des Lebens.

Viele Menschen streben danach, autonom Entscheidungen zu treffen. Sollen sie es dann jedoch tatsächlich tun, rückt dieser Wunsch oft in weite Ferne, und die Realität zeigt sich von einer anderen Seite. Schweißausbrüche, Herzrasen oder Ablehnung werden in den Vordergrund geschoben, um nicht entscheiden zu müssen. Manchmal wird dann auch geschwiegen, nach dem Motto, wer sich äußert, muss auch die Entscheidung treffen und die Verantwortung übernehmen.

Es liegt in Ihrer Hand

Verantwortung zu übernehmen, ist ein Persönlichkeitsmerkmal. Der Ursprung liegt, wie Sie sich an dieser Stelle vielleicht denken können, in der Kindheit. Damals, als wir geboren wurden, waren wir nicht selbst in der Lage, für uns zu sorgen. Unsere Eltern haben entschieden, was für uns gut ist, was wir essen, welche Kleidungsstücke wir tragen und so weiter. Für die Erfüllung unserer Bedürfnisse waren unsere Erziehungsberechtigten verantwortlich – und für alles andere auch, gemäß dem Satz: »Eltern haften für Ihre Kinder.«

Heute, im Erwachsenenalter, glauben wir ab und an, dass nach wie vor jemand diese Verantwortung für uns übernimmt. Vor allem dann, wenn es im Leben gerade mal wieder nicht so läuft, wie wir es uns vorstellen. Dann geben wir unsere Verantwortung gerne ab und machen jemand anderen für die Situation verantwortlich:

- Der Nachbar ist schuld, dass wir uns mit Erkältungsviren angesteckt haben.
- Die Eltern sind verantwortlich dafür, dass wir den falschen Beruf ergriffen haben.
- Unser Partner ist verpflichtet, uns glücklich zu machen.
- Die Süßwarenhersteller sind verantwortlich dafür, dass wir Übergewicht haben usw.

Das Ergebnis ist, dass die Opferrolle erneut in den Vordergrund tritt. Die Frage ist: Möchten wir das? Bringt uns das auch nur einen Schritt weiter? Die Antwort ist Nein, das wird uns nicht vorwärtsbringen und der Gestalter des eigenen Lebens werden wir dadurch auch nicht. Wir bleiben außerdem in unseren Kinderschuhen stecken und verhalten uns wie ein Kleinkind. Zudem geben wir unsere Verantwortung ab und lassen dadurch andere mächtig werden. Gewiss, es gibt Dinge, auf die haben wir Menschen keinen Einfluss, zum Beispiel auf eine Erkrankung oder auf Katastrophen. Was wir jedoch daraus machen und wie wir damit umgehen, das liegt in unserer eigenen Verantwortung.

Machen Sie sich bewusst: Jeder Mensch hat es selbst in der Hand. Haben Sie bitte den Po in der Hose, tragen Sie die Konsequenzen, stehen Sie zu Ihren Entscheidungen und vor allem vermeiden Sie, dass andere für Ihre Entscheidungen schuldhaft gemacht werden. Alles im Leben kostet einen Preis, das haben Sie bereits gelernt. Nun lernen Sie, Verantwortung zu übernehmen. Das bedeutet, dass Sie sich nun darüber klar werden, was eine bestimmte Entscheidung Sie kostet und ob der Preis, den Sie dafür bezahlen, für Sie kalkulierbar ist.

Selbstverantwortung lautet das Motto. Unter Selbstverantwortung, oft umgangssprachlich Eigenverantwortung genannt, wird die Fähigkeit und vor allem die Bereitwilligkeit beschrieben, bewusst Verantwortung für das eigene Leben zu übernehmen und gleichzeitig mit aller Entschlossenheit die Konsequenzen zu tragen. Das bedeutet, wir gehen nicht nur für unser eigenes *Handeln* in die Verantwortung, sondern auch für alle Fehler, Unterlassungen sowie für unsere Tatenlosigkeit. Wussten Sie, dass Verantwortung zu übernehmen, ein wesentlicher Schlüssel zum Glück ist, der perspektivisch sogar zum Erfolg im Umgang mit sich selbst und anderen führt?

Selbstverantwortung übernehmen, aber wie?

Noch einmal: Selbstverantwortung bedeutet, die Verantwortung vollumfänglich zu übernehmen und nicht mehr von sich zu weisen. Es bedeutet, für das Handeln und Tun – oder eben für das eigene Nichthandeln und Nichttun – geradezustehen. Selbstverantwortung bedeutet:

- dafür gerade zu stehen, welche Nahrungsmittel Sie zu sich nehmen,
- die Verantwortung für Ihre emotionale und mentale Gesundheit zu übernehmen,
- zu wissen, was Ihnen guttut, und für Ihre Bedürfnisse einzustehen,
- in Balance mit sich zu sein, sowohl privat als auch im Beruf, und
- ein Bewusstsein für Ihre Gefühlswelt zu entwickeln.

Den meisten Menschen fällt es enorm schwer, in die Eigenverantwortung zu gehen. Oft werden Ausreden gesucht und Umstände gefunden, weshalb es gerade jetzt nicht sinnvoll ist, Verantwortung zu übernehmen. Wenn diese Methoden nicht greifen, wird nach dem Schuldprinzip argumentiert. Hier ein paar Beispiele, wie Schuldformulierungen aussehen können:

- Ich kann ja nichts dafür.
- Ich hatte von Anfang an keine andere Möglichkeit.
- So habe ich das nicht verstanden.
- Das haben Sie so nicht zu mir gesagt.

Ist Ihnen bewusst, dass andere Menschen nicht für Ihre Gefühle verantwortlich sind? Dazu ein Beispiel aus dem Berufsalltag: Sie bitten Ihren Kollegen, für Sie ein Exposé zu vervollständigen, das am nächsten Tag an Ihren Vorgesetzten gehen soll. Ihr Kollege erledigt diese Schreibarbeit, sodass Sie diese am nächsten Tag weiterleiten können, was Sie auch tun. Unmittelbar danach bekommen Sie von Ihrer Chefin eine unangenehme Nachricht zurück, in der sie Sie unfreundlich darauf hinweist, dass sie mit der Qualität Ihrer Arbeit unzufrieden ist. Sie ärgern sich über die Art und Weise Ihrer Chefin und sind zudem sauer auf Ihren Kollegen, dass er seine Arbeit nicht ordentlich gemacht hat. Menschen mit Selbstverantwortung machen sich bewusst, dass sie ärgerlich und sauer sind: ärgerlich und sauer über sich selbst jedoch und nicht über den Kollegen und die Chefin. Menschen mit Selbstverantwortung wissen, dass es sich bei diesen Gefühlen um die eigene Bedürfniswelt handelt. In der Reflexion haben sie

- nicht exakt darüber gesprochen, wie Ihr Kollege die Arbeit für Sie machen soll.

- Ihre Eigenverantwortung nicht übernommen, indem Sie das Dokument nochmals überprüft hätten.
- die Chefin nicht in Kenntnis gesetzt, dass es sich um eine Gemeinschaftsarbeit von Ihrem Kollegen und Ihnen handelt.

Die Kritik der Chefin war berechtigt, denn sie wusste nichts von Ihrem Gemeinschaftsprojekt. In solchen Situationen helfen auch die Fragen: Welche Verantwortung trage ich dafür? Kann ich in solchen Situationen ab jetzt anders reagieren? Was lerne ich aus dieser Sache? Was jetzt unter Umständen hilft, ist, dass Sie sich Ihre Schwäche erlauben. Niemand ist perfekt. Auch Sie nicht. Und das ist gut so. Erlauben Sie sich das. Auch Sie haben Schwächen und machen Fehler. Übernehmen Sie Verantwortung auch speziell für Ihre Schwächen, denn Sie gehören schließlich auch zu Ihnen. Wer Verantwortung für seine Schwächen übernimmt, der hat Größe.

Um nochmals auf Ihren Kollegen zurückzukommen: Es ist wenig hilfreich, wenn Sie Ihren Kollegen für die Kritik Ihrer Chefin verantwortlich machen und ihm aus diesem Grund auch nicht mehr helfen. Sein Verhalten resultierte nicht aus böser Absicht. Er hat das gemacht, worum Sie ihn gebeten haben – auf seine eigene Art und unter Zuhilfenahme seiner eigenen Fähigkeiten. Sie sind nur für Ihr Handeln und Tun verantwortlich und auch dafür, wie Sie sich Ihrem Gegenüber verhalten. Für alles andere tragen Sie keine Verantwortung.

Selbstverantwortung sollte in der Natur von jedem Menschen verankert sein. Leider spielt auch bei der Übernahme der Verantwortung die Erziehung, die jeder Mensch genießt, eine große Rolle, wie wir in den folgenden Abschnitten sehen werden. Setzen wir die Verantwortung dafür einmal in direkte Verbindung zu anderen Dispositionen.

Verantwortung und Schuld

Normalerweise entsteht Schuld dann, wenn moralische, juristische oder soziale Grenzen überschritten werden. Dazu ein Beispiel: Sie stoßen beim Parken mit Ihrem Auto gegen ein Fahrzeug, das neben Ihnen steht. Dabei entsteht ein Schaden, den Sie aufgrund einer Unachtsamkeit verursacht haben. Übernehmen Sie jetzt Verantwortung und rufen die Polizei, die den Schaden aufnimmt und den Fahrzeughalter ermittelt, dann sind Sie im juristischen Sinne schuldfrei. Verlassen Sie den Parkplatz, ohne den Schaden zu melden, begehen Sie im juristischen Sinne eine Straftat, nämlich Fahrerflucht, und sind schuldhaft. Das gilt auch, wenn Sie geliehenes Geld nicht zurückgeben, gegen die Straßenverkehrsordnung verstoßen oder sich sittenwidrig verhalten. So weit, so gut.

Das Gefühl, schuld an einer Situation zu sein, entwickeln Kinder schon sehr früh. Oft glauben Kleinkinder, dass sie verantwortlich sind, wenn es dem Gegenüber schlecht geht, oder dass sie dafür geradestehen müssen, wenn ihre Eltern Nein zu einer bestimmten Situation sagen. Erklären Eltern die Bedeutung ihres Neins, verstehen Kinder das. Andernfalls verwechseln sie die Situation mit sich selbst und fühlen sich verantwortlich und schuldig. So entstehen falsche Schuldgefühle, die sich im weiteren Verlauf der Entwicklungsphasen von Kindern verstärken.

Leider sind Kinder für die Übernahme von Schuld sehr empfänglich. Meist sorgt unsere Sprache zusätzlich dafür, dass wir diese Gefühle untermauern. Das passiert nicht absichtlich, denn auch Sprache ist etwas, das von Generation zu Generation weitergegeben wird – genau wie die Übernahme von Schuld.

Erinnern Sie sich noch daran, was Ihnen aufgetragen wurde, nachdem Sie etwas getan hatten, was nicht im Sinne Ihrer Eltern war? Mussten Sie dann auch den Satz sagen: »Ich möchte mich dafür entschuldigen«? Falls ja, können Sie sich noch daran erinnern, wie Sie sich dabei gefühlt haben? Wenn Sie sich heute entschuldigen, dann impliziert das Ihrem Gehirn, dass Sie Schuld haben. Heute wissen Sie, dass »schuld zu sein« einer Straftat gleichkommt. Für Ihr Gehirn bedeutet das, dass Sie sich im negativen Sinne verantwortlich fühlen und etwas tun müssen, um ihr Gegenüber zu beruhigen.

Schuld entsteht durch ein Urteil, nämlich dann, wenn wir uns verurteilt fühlen oder selbst verurteilen. Achten Sie auf Ihre Sprache. Wie Sie mit sich selbst und mit anderen reden und welche Formulierungen Sie benutzen, hat große Auswirkungen auf Ihr eigenes und das (Schuld-)Empfinden von anderen.

Verantwortung und Sprache

Apropos Sprache: Sprache verrät übrigens, ob Sie Verantwortung übernehmen oder eben nicht. Sprechen Sie in der Ich-Form, dann sprechen Sie über sich und formulieren Ihre Gedanken und Gefühle aus einer verantwortungsbewussten Haltung. Formulieren Sie in der man-Form, dann sprechen Sie weder über sich noch von sich, sondern bleiben in der Verallgemeinerung. Zudem bauen Sie zu sich selbst Distanz auf und sind auch nicht authentisch. Ich gebe Ihnen dazu ein wundervolles Beispiel: In Diskussionssendungen werden Gesprächspartner oft gefragt, wie Sie zu einem bestimmten Thema stehen oder welche Meinung sie dazu haben. Hören Sie bei der nächsten Sendung, die Sie verfolgen, einmal genau hin. Es ist phänomenal, geradezu beeindruckend, mit welcher Vehemenz viele dieser Gesprächsteilnehmenden in ihrer Verallgemeinerung bleiben und nicht über ihre persönliche Meinung sprechen.

Machen Sie das bitte nicht. Sprechen Sie über Ihre Meinung und definieren Sie Ihre Verantwortung, indem Sie in der Ich-Form reden.

Verantwortung und Egoismus

Vielleicht denken Sie jetzt, in der Ich-Form zu sprechen sei egoistisch. Dann kann ich darauf nur antworten: Ja, das ist es, nämlich gesund egoistisch. Der gesunde Egoismus besagt: Sei dir selbst dein bester Freund. Denn wenn Sie nicht der wichtigste Mensch in Ihrem Leben sind, wer denn dann? Menschen mit einem gesunden Egoismus nehmen ihre Bedürfnisse wahr und vor allem ernst. Sie kümmern sich um sich.

Falls Sie zu den Menschen gehören, die es genießen, von anderen gebraucht zu werden, und denen es wichtig ist, Verantwortung für andere Menschen zu übernehmen, so stellen Sie sich einmal die Frage, ob das auch gesund ist, ständig für andere da zu sein und das eigene Wohlbefinden hintanzustellen. Was würde passieren, wenn Sie sich mehr um sich kümmern würden? Welchen Mehrwert hätten Sie, wenn es in Ihrem Leben einen gesunden Egoismus gäbe? Eins kann ich Ihnen versichern: Sie wären sicher mehr mit sich selbst im Reinen. Worauf warten Sie also noch? Der Tag, an dem Sie für sich einstehen, kommt nicht einfach und klopft an Ihre Tür. Sie müssen etwas dafür tun.

Menschen, die ein großes Selbstwertgefühl, gepaart mit viel Selbstvertrauen, haben, haben auch einen gesunden Egoismus. Diese Menschen wissen, dass es keinen Sinn hat, sich für andere aufzuopfern. Es nützt nichts, nach getaner Arbeit für andere erschöpft und kraftlos auf dem Sofa zusammenzusacken und keine Energie mehr für sich selbst zu besitzen. Das kann zu körperlichen und seelischen Erkrankungen führen und damit ist weder Ihnen noch Ihren Mitmenschen geholfen. Zumal diese Form der Selbstaufgabe normalerweise von niemandem gedankt wird.

Wer jedoch in Balance mit sich und seinen Mitmenschen ist, übernimmt Verantwortung: für sich, für seine Psyche, den Körper und dann auch für die Menschen seines Umfelds. Vielleicht hilft Ihnen das Wissen, dass Sie für einen anderen erwachsenen Menschen keinerlei Verantwortung tragen. Eigenverantwortung tragen Sie nur für sich ganz allein. Genau so wie es auch Ihr Gegenüber tun sollte.

Doch warum genau tut gesunder Egoismus so gut und warum profitieren auch andere davon? Sie kennen bestimmt den Satz: Nur in einem gesunden und fitten Körper wohnt auch ein gesunder und fitter Geist. Genau das ist der Schlüssel zu Ihrem Erfolg, eigenverantwortlich mit sich umzugehen: den Fokus auf sich zu richten und dadurch mehr Zufriedenheit und Zuversicht in Ihr Leben zu lassen. Nur so ist es Ihnen möglich, andere Menschen zu unterstützen, ihnen Hilfe anzubieten und mit ihnen gemeinsam nach Lösungskonzepten zu suchen.

Vielleicht motiviert Sie das, in Balance zu kommen und gesund und fürsorglich mit sich umzugehen. An manchen Tagen ist es selbstverständlich nicht so einfach, sich den täglichen Herausforderungen zu stellen und dann auch noch Verantwortung für alles zu übernehmen. Da kommen selbst erfahrene Menschen, die sich viel mit Selbstreflexion und Persönlichkeitsentwicklung beschäftigen, an ihre Grenzen. Ab und zu ist es total hilfreich, auch mal einen Tag einzulegen, an dem Sie sich in Ihre Hängematte legen und nichts tun. Schließlich sind wir alle Menschen und keine Roboter. Sagen Sie sich öfter mal: »Heute mache ich mir keine Gedanken, heute gönne ich mir einen Entspannungstag.« Und dann ist es auch okay, den Kopf auszuschalten. Denn auch das ist ein Teil der Verantwortung, Ihrer Verantwortung.

Übrigens können Sie ein freies und verantwortungsbewusstes Leben nur führen, wenn Sie die Entscheidungen in Ihrem Leben selbst treffen. Und genau diese Entscheidung treffen Sie, wenn Sie sich erlauben, nichts zu tun. Aber bitte grenzen Sie das Nichtstun ein, sodass Sie nicht in der Eintönigkeit verharren.

Es ist überdies kein Fehler, Pausenzeiten mit sich zu vereinbaren und sich eine Auszeit zu gönnen. Pausen können ein Teil einer Vereinbarung sein, die Sie mit sich selbst treffen können. Lassen Sie sich das bitte von niemand anderem einreden. Wer auf sich achtet und regelmäßig Pausen einlegt, übernimmt Verantwortung für sich. Frei zu sein in allen Entscheidungen und ein selbstbestimmtes Leben zu führen, bedeutet dabei auch, zu den Fehlern zu stehen, die Sie machen.

Das bringt uns zum nächsten Punkt: Nobody is perfect! Wie häufig wenden Sie diese Aussage bei sich selbst an? Oder haben Sie diesen Satz nur für andere Menschen reserviert? Erlauben Sie sich Ihre Schwächen? Können Sie sich gut Fehler eingestehen? Oder gehören Sie zu den Menschen, die nach einem Verursacher Ausschau halten?

Fehler sind dazu da, dass wir Menschen daraus lernen. Lernerfahrungen dienen unserem Wachstum. Ob Sie sich weiterentwickeln möchten oder nicht, ist tatsächlich auch eine Entscheidung, die Sie treffen. Was wäre, wenn Sie beim nächsten Missgeschick professionell mit dem Malheur umgehen würden und es aktiv ansprechen? Was wäre, wenn Sie souverän mit Fehlern, Krisen oder einem »Schlamassel« umgehen? Denn dann machen Sie nicht nur einen riesengroßen Schritt nach vorn in Ihrer persönlichen Entwicklung, sondern Sie können auch etwas am Fehler selbst ändern. Wer offen über die Dinge spricht, nimmt dem Unglück die Kraft und geht in Bewegung. Sie machen sich also auf den Weg in die Zukunft und vermeiden es, in der Katastrophe zu verweilen.

Lassen Sie es bitte nicht zu, dass andere Menschen Ihnen bei Ihren eigenen Entscheidungen ins Wort fallen. Richten Sie Ihren Fokus auf sich und nicht darauf, was ein anderer Mensch Ihnen rät oder in einer bestimmten Situation von Ihnen erwarten würde. Die Erwartungen von anderen Leuten können Sie in der Regel so oder so nicht erfüllen. Es ist noch viel schwieriger, diese zu erraten. Zumal jede Erwartung, die nicht klar kommuniziert wird, in einer Enttäuschung landet.

Verantwortung und Erwartung

Damit sind wir direkt bei der nächsten Disposition angekommen. Kennen Sie die Bedeutung des Wortes Erwartung? Haben Sie sich schon einmal gefragt, was das Wort ausdrückt? Erwartung ist der Zustand des Wartens. Sie warten auf etwas, sind gespannt. Doch worauf warten Sie? Und wissen Sie, worauf Ihr Gegenüber wartet? Wenn Sie nicht nachfragen, wird Ihr Gegenüber unter Umständen nicht sagen, worauf es ihm ankommt, und Sie tappen weiterhin im Dunkeln, auf der Suche nach dem Licht. Die Situation wird sich nur klären, wenn Sie Ihr Gegenüber fragen, wie die Erwartung an Sie ist.

Das Gleiche gilt für Ihre eigenen Erwartungen, und zwar sowohl für die, die Sie an andere Personen haben, als auch für die, die Sie an sich selbst haben. Sie haben doch bestimmt die eine oder andere Erwartung an sich selbst, oder? Haben Sie das mit sich auch so kommuniziert? Sind Sie sich darüber im Klaren, dass Sie so, wie Sie mit anderen Menschen umgehen, auch mit sich selbst umgehen sollten? Seien Sie auch zu sich selbst freundlich, kommunizieren Sie respektvoll, argumentieren Sie achtsam und seien Sie wertschätzend. Jedes dieser Attribute beginnt bei uns selbst und endet beim Gegenüber. Nur wer wertschätzend mit sich selbst ist, kann das auch mit anderen Menschen sein. Das ist ebenfalls ein Teil der Verantwortung, den wir tragen.

Mir fällt an dieser Stelle eine alte »Weisheit« ein: Was Hänschen nicht lernt, lernt Hans nimmermehr. Sie kennen diese Aussage sicherlich auch. Aber im Grunde ist diese Aussage falsch, denn wir können unser ganzes Leben daran arbeiten, Verantwortung für uns zu übernehmen. Ist Ihnen bewusst, dass das Gehirn bis ins hohe Alter veränderungsbereit ist? Sie müssen nicht das Fehlverhalten Ihrer Eltern weitertragen, sondern Sie dürfen aussteigen aus dem Dilemma.

Verantwortung und Veränderung

Sicher ist Ihnen der Begriff Changemanagement oder Veränderungsprozess geläufig. Ein Change, also eine Veränderung, sind ebenfalls Phasen, in denen wir alle Verantwortung übernehmen dürfen. Den meisten Menschen ist das Wort Changemanagement aus dem Business bekannt. Hier wird es oft nur im Rahmen von Umstrukturierungen einzelner Organisationen verwendet. Beim Changemanagement geht es um bereichsübergreifende, inhaltliche und meist entscheidende Veränderungen, die ganze Abteilungen, Organisationen oder Bereiche in Bewegung setzt. Daran angeknüpft sind Mitarbeiter, die meist seit vielen Jahren in den Positionen sind und keine Lust auf den nächsten Change, den erneuten Wandel ihres Unternehmens, haben. Ablehnung, Frust, Stress und Hilflosigkeit sind oft die Resultate, wenn die Mitarbeiter nicht mit auf den Weg genommen werden.

So wie es im Berufsleben Veränderungsprozesse gibt, gibt es diese auch in unserem Leben. Das ganze Leben ist ein einziger Wandel und jeder sollte auch dafür Verantwortung tragen. Ist Ihnen bekannt, dass das einzige Beständige im Leben der ständige Wandel ist? Zuerst lernten Sie zu stehen, dann zu gehen, dann zu sprechen und so weiter. Ihr ganzes Leben ist eine einzige Lernkurve und jeder dieser Veränderungsprozesse geht mit viel Eigenverantwortung einher.

Wie Sie dem ständigen Wandel in Ihrem Leben souverän begegnen können, zeige ich Ihnen anhand eines Modells aus dem Changemanagement. Dort wird es das Haus der Veränderungen genannt, das sieben Schritte oder besser gesagt Zimmer beinhaltet. Damit Sie zukünftig mehr Verantwortung für sich und die Veränderungen in Ihrem Leben übernehmen können, stelle ich Ihnen die einzelnen Zimmer im Folgenden vor. Das Haus der Veränderungen wird Ihnen dabei helfen zu erkennen, wo Sie gerade feststecken und vor allem was Sie jetzt tun können, um wieder in Bewegung zu kommen.

1. Das Zimmer der Selbstzufriedenheit

Das erste Zimmer in Ihrem Haus der Veränderungen ist der Raum der Selbstzufriedenheit. Egal, was in Ihrem Leben passiert, meist möchten Sie nicht aus der Hängematte der Selbstzufriedenheit aussteigen. Alles läuft gut, Sie fühlen sich wohl und kein Wässerchen kann Ihre Selbstzufriedenheit trüben. Sie haben sich sprichwörtlich eingegroovt. Steht dann eine Veränderung an, heißt es: raus aus Ihrer Hängematte. Meist werden Sie dabei recht unsanft hinausgeworfen. Bestenfalls steigen Sie jedoch selbst aus, etwa im Rahmen einer Persönlichkeitsentwicklung, weil Sie spüren, dass es für Sie Zeit ist, etwas zu verändern. Für die Menschen in Ihrem Umfeld ist das oft befremdlich. Sprechen Sie über das, was Sie gerade bewegt, und nehmen Sie Ihr Gegenüber bitte mit auf Ihre Reise.

2. Das Zimmer der Ablehnung

Weiter geht es im zweiten Zimmer. Das ist der Raum der Ablehnung. Gleichzeitig ist es das Zimmer, das Sie genießen sollten. Sie sind aus Ihrer Hängematte der Selbstzufriedenheit ausgestiegen oder rausgefallen, und das war das direkte Zeichen, dass sich jetzt etwas in Ihrem Leben verändert. Ablehnung ist an diesem Punkt wichtig, denn natürlich schwingen auch Trauer, Wut oder Irritation mit, schließlich beginnt nun ein neues Kapitel in Ihrem Leben und das alte möchte betrauert werden. Weinen Sie der alten Situation ruhig ein wenig nach, versuchen Sie jedoch bitte nicht allzu lange stehen zu bleiben. Wie im Raum zuvor ist es auch hier wichtig, kommunikativ die Menschen in Ihrem Umfeld mitzunehmen.

3. Das Zimmer der Verwirrung

Das dritte Zimmer ist der Raum der Verwirrung. Wenn Sie es bis in diesen Bereich Ihres Hauses geschafft haben, konnten Sie bereits vieles hinter sich lassen. Das eine oder andere sprichwörtliche Licht geht Ihnen schon auf. Sie haben Verständnis für Ihre neue Situation und können auch besser damit umgehen. Die Fragezeichen in Ihrem Kopf sind jedoch nach wie vor vorhanden und auch Teil des Abschnitts, in dem Sie sich jetzt gerade befinden. Ich beglückwünsche Sie, denn jetzt ist es nicht mehr weit bis zum Ziel.

Bevor ich es vergesse: Wer verwirrt ist, befindet sich auf dem Weg, sich zu erneuern. Bitte gehen Sie jetzt nicht zurück, denn Sie sind nur einen Wimpernschlag entfernt von Ihrem Ziel. Doch zuerst gilt es die Verwirrung noch ein wenig auszuhalten.

4. Das Zimmer der Erneuerung

Wenn Ihnen genügend Lichter aufgegangen sind und Sie bereit sind, den nächsten Schritt zu machen, geht es weiter in den Raum der Erneuerung. Nun haben Sie es endlich verdient, dass Sie mächtig stolz auf sich sind. Sie haben Ihr Ziel erreicht. Das Neue hat begonnen, und das Alte ist nicht vergessen, sondern gut verarbeitet. Sie haben Verantwortung übernommen für jeden Ihrer Schritte. Bleiben Sie dran und akzeptieren Sie die Veränderung in Ihrem Leben.

Die nachfolgenden Räume gehören ebenfalls zum Veränderungsprozess. Diese Zimmer sind negativ behaftet und stehen für Stillstand. Wichtig ist, dass Sie diese Orte kennen und von ihnen wissen, vor allem dann, wenn Sie selbst versehentlich in einen dieser Räume geraten sollten.

5. Der Kerker der Ablehnung

Weiter geht es in den Kerker der Ablehnung. Dort verweilen die Menschen, die felsenfest davon ausgehen, dass Veränderungen keinen Sinn haben und dass alles gut ist, wie es war. Diese Menschen lehnen jegliche Verantwortung für Ihr Handeln und Tun ab.

6. Der Kerker der Paralyse

In diesen Raum gesellen sich gerne Menschen mit Angst und solche, die ohnmächtig in der Situation sind. Diese Menschen sind bewegungsunfähig, wirken geradezu wie gelähmt und kommen mit einer Veränderung nicht zurecht. Gleichzeitig übernehmen sie keinerlei Verantwortung und werden zum Opfer der Angst und der eigenen Ohnmacht.

Und zum Schluss gibt es noch den ultimativen Ausgang.

7. Der Ausgang

Der steht für die Menschen, die permanent in die falsche Richtung rennen. Leider wird dabei übersehen, dass dieser Weg ins Nirgendwo führt. Vor einer Situation wegzulaufen ist leider keine gute Lösung und helfen wird es Ihnen auch nicht. Denn am Ende bleibt das Problem das Problem und wegrennen ist zwecklos.

Wenn Sie sich gerade Verantwortungsschritten gegenübersehen, prüfen Sie doch einmal, in welchem Zimmer Sie gerade stecken und was die nächsten Schritte sind. Oft helfen uns solche Bilder dabei, eine Situation besser nachvollziehen zu können. Zudem ist auch das ein Teil der Verantwortung: sich zu erlauben, Dinge zu erfassen und zu hinterfragen, sowie Leidenschaft für Verantwortlichkeiten zu übernehmen.

Verantwortung und Leidenschaft

Leidenschaft ist die Lust auf mehr. Mehr Verantwortung, mehr Eigeninitiative. Leidenschaft ist diese große Freude, der ausgeprägte Genuss, Passion für etwas zu haben und sich etwas zu erschaffen, dessen man sich mit Hingabe widmet. Am Anfang, wenn es in die Übernahme der Verantwortung geht, ist alles berauschend, geradezu bezaubernd. Die Lust und die Leidenschaft sind groß und das Verlangen nach der Veränderung ist riesig. Mit ein paar Fehlversuchen nimmt diese Begeisterung oft schnell ab und die Lust auf einen neuen Versuch kann schwinden. Nun ist es hilfreich, nicht den Ausgang (siehe Schaubild) zu nehmen, sondern gerade jetzt verantwortungsbewusst zu sein und den Neustart zu wählen: raus aus dem Dilemma und rein in die Verantwortung.

Verantwortung in der Natur

Sogar im Tierreich ist das Tragen von Verantwortung ein Thema, etwa bei den Berggorillas. Diese leben in sozialen Gruppen, die aus mehreren Weibchen und einem starken Männchen bestehen, das das Rudel anführt. Die Weibchen teilen sich die Fürsorge für die Kleinkinder, spielen mit ihnen, kuscheln und liebkosen sie – ein Paradebeispiel für die Übernahme von Verantwortung. Und noch eine Situation ist bemerkenswert, weil es einen intuitiven verantwortungsvollen Umgang mit der eigenen Spezies zeigt: Ein Teil der Weibchen und alle männlichen Nachkommen einer Population verlassen die Gruppe, um Inzucht zu umgehen. Der männliche Anführer einer Gruppe, der Silberrücken, übernimmt Verantwortung für die Mitglieder seiner Gruppe und ist dort Konfliktmediator, verantwortlich für die Gemeinschaft und sorgt für Sicherheit und das Wohlergehen innerhalb der Gruppe. Zudem ist er verantwortlich für die Orte, an denen sich die Gruppe aufhält, und entscheidet auch, ob die Gruppe sich weiterbewegt.

Wenn Sie jetzt Lust bekommen haben, verantwortungsbewusst mit Ihrem Leben umzugehen, kann ich Sie nur dazu ermutigen, es Tag für Tag zu tun. Und mit einem kleinen Augenzwinkern empfehle ich Ihnen: Werden Sie gesund egoistisch. Um es Ihnen ein wenig leichter zu machen, kommen nun ein paar Übungseinheiten. Überlegen Sie für sich, welche Übung zu welcher Situation für Sie am besten passt. Ob 90-Grad-Winkel, ein Wäschekorb voller Verantwortung oder der gesunde Egoismus – jede Übung steht für sich. Selbstverständlich können Sie auch alle drei Übungen hintereinander machen. Viel Erfolg damit.

Übung 1: Der 90-Grad-Winkel

Diese Übungseinheit hilft Ihnen dabei, zukünftig einen kühlen Kopf zu bewahren und Verantwortung übernehmen zu können. Dass unser Gehirn eine wichtige Funktion hat, ist den meisten Menschen bekannt. Ummantelt ist das Gehirn vom Liquor, umgangssprachlich Gehirnwasser, Hirnwasser oder Nervenwasser, und den Schädelknochen. Zusammen mit Muskeln, Blutgefäßen, Sehnen und Nerven wird damit unser Kopf gebildet. Die Art, wie wir unseren Kopf halten, sagt körpersprachlich auch etwas über die Stellung unseres Hauptes aus. Nicht selten senken Menschen den Kopf, wenn sie traurig sind. Bei Unsicherheit schauen viele von uns nicht nur nach unten, sondern zusätzlich weg. Wir lassen bekanntermaßen den Kopf hängen. Halten Sie Ihren Kopf hoch, das vermittelt Souveränität und suggeriert ein großes Selbstbewusstsein, Optimismus und Mut. Zwar könnte diese Haltung auch mit Dominanz oder Überlegenheit beschrieben werden, doch in diesem Fall geht es darum, die 90-Grad-Winkel-Übung als eine positive Pose zu nutzen.

Es passiert noch mehr, wenn Sie Ihren Kopf im 90-Grad-Winkel, also den Kopf hoch halten. Die Atmung wird frei. Das bedeutet, dass Sie ganz tief in den Bauch einatmen können und nicht wie bei gesenktem Kopf kurzatmig werden. Das wiederum macht die Stimme stark und Ihre Kommunikation wird deutlich. Zudem ist Ihr Blick gerade, das heißt, Sie schauen Ihr Gegenüber an und nehmen Ihren Gesprächspartner wahr. Das gibt Ihnen das Gefühl, transparent und klar in Ihren Formulierungen zu sein. Ihr Gesprächspartner wird Ihnen das honorieren, denn Klarheit schafft Sicherheit und Vertrauen. Das bedeutet, Ihr Gesprächspartner wird sich im Gespräch mit Ihnen wohl und sicher fühlen.

Zur Veranschaulichung vielleicht das gegenteilige Bild, das bei Traurigkeit einsetzt: Da wir in diesem Zustand wie gesagt unseren Blick senken, leidet auch die Atmung darunter. Die Folge: Die Sprache wird leise, und bei gesenktem Blick können Sie Ihren Gesprächspartner auch nicht wahrnehmen, da Sie eher auf den Boden schauen.

Also: Augen gerade, Kopf hoch, tief in den Bauch atmen, Ihr Gegenüber ansehen und klare Aussprache. Versuchen Sie diese Übung zunächst beim Gespräch mit der anstrengenden Nachbarin, dem unfreundlichen Verkäufer oder der vorwurfsvollen Freundin zu trainieren. Den Kopf hochzuhalten liefert Ihnen dann ein wundervolles Nebenergebnis: Sie sind auf Augenhöhe mit Ihrem Gegenüber, bleiben im Blickkontakt und Ihre Atmung ist gut. Das Wundervolle an dieser Übung ist, dass sich durch den geraden Blick zusätzlich auch die Wirbelsäule aufrichtet. Sie machen buchstäblich den Rücken gerade. Wenn Sie jetzt auch noch in Ihrer Aussprache klar sind, spricht nichts mehr dagegen, dass Sie die komplette Verantwortung für Ihr Handeln und Tun übernehmen können.

Übung 2: Ein Wäschekorb voller Verantwortungen

Hier kommt eine praktische Anleitung für einen Korb voll frischer Verantwortung. Die Wahl des richtigen Verantwortungsgefühls ist für unerfahrene Beginner in puncto Resilienz nicht immer einfach. Welche Verantwortung möchten Sie tragen? Gibt es Schritte, die Sie in Richtung Verantwortung machen möchten? Wofür tragen Sie schon jetzt Selbstverantwortung? Welche Verantwortlichkeiten in Ihrem Leben möchten ein wenig aufgebügelt werden? Das sind wichtige Fragen, die Sie sich auf Ihrem Weg zu mehr Resilienz in Ihrem Leben stellen dürfen. Doch bevor Sie den Weg in Ihre Verantwortung gehen, machen Sie es sich bitte erst einmal leicht.

Nehmen wir dazu die Metapher des Wäschewaschens. Wie waschen Sie eigentlich Wäsche? Stopfen Sie wahllos sämtliche schmutzige Kleidung in die Waschmaschine, geben irgendein Waschmittel dazu, stellen die Temperatur auf 90 Grad Celsius und ab geht die Post? Nein, wahrscheinlich nicht. Ich gehe davon aus, dass Sie Ihre Kleidungsstücke sortieren. Etwa nach Bunt-, Fein-, Koch-, Seiden- und Wollwäsche. Möglicherweise sortieren Sie auch einige Wäschestücke aus, die nicht in die Waschmaschine dürfen und außer Haus gereinigt werden sollten.

Nun stellen Sie sich vor, die Übernahme von Verantwortung in Ihrem Leben könnten Sie auf die gleiche Weise angehen. Das sähe dann folgendermaßen aus: Zunächst sortieren und priorisieren Sie die Dinge, die Sie belasten und für die Sie von nun an Verantwortung übernehmen möchten. Machen Sie es sich anfangs nicht so schwer. Versuchen Sie es zunächst mit ein paar leichten Dingen, damit sich der Erfolg auch rasch einstellen kann. Zum Beispiel mit dem Wort »Nein«: »Ich sage zu meinem Kollegen ab jetzt bewusst Nein, wenn mein Schreibtisch schon überquillt vor Arbeit.« Oder:

»Ich sage nicht zu allen Projekten sofort Ja, sondern lasse mir ein wenig Zeit zum Überlegen. Erst danach sage ich, dass ich das Projekt jetzt gerade nicht annehmen kann.« Um nochmals die Analogie zum Wäschewaschen zu ziehen: Beladen Sie Ihre Waschmaschine nicht so voll und achten Sie auf Ihre besonders empfindlichen Wäschestücke. In Ihrem Leben gibt es Themen, die sind empfindsam, und andere Angelegenheiten wiederum sind einfach zu übernehmen.

Alles, was Ihnen gut gelingt, können Sie sofort wiederholen. Vor allem jedoch sollten Sie stolz auf sich sein, wenn Sie in Situationen, in denen es Ihnen bislang noch nicht gelungen ist, Verantwortung zu tragen, nun erstmalig erfolgreich waren. Vielleicht schreiben Sie sich alle Situationen auf, die Ihnen gut gelungen sind.

Wie bei Ihrer eigenen Wäsche könnten sich in Ihrem Leben übrigens auch Wäschestücke befinden, die auswärts gereinigt werden sollten. Machen Sie sich bewusst, dass es dafür professionelle Dienstleister gibt, die so etwas können. Im realen Leben sind das Therapeuten, Coaches oder Psychologen, die Ihnen gerne dabei helfen, Ihre ungelösten Konfliktsituationen mit Ihnen gemeinsam zu betrachten.

Übung 3: Der gesunde Egoismus

Diese Übung können Sie sowohl allein machen als auch mit einer zweiten Person. Besorgen Sie sich eine Menge Papier, Postkarten, Zeitungsausschnitte, verschiedene Stifte (bunt oder uni), Dekorationsartikel und alles, was Ihnen einfällt, um ein Bild von Ihrem neuen gesunden Egoismus zu gestalten. Nehmen Sie sich genügend Zeit, und versuchen Sie, diese Übung Schritt für Schritt und vor allem mit viel Ruhe zu machen.

Schritt 1: Lernen Sie sich kennen

Nehmen Sie sich ein Blatt Papier für jede der folgenden Fragen, und bringen Sie, ohne groß darüber nachzudenken, all Ihre Gedanken und Gefühle in Bezug auf die Frage auf das Papier:

Was an mir liebe ich besonders?
(Diese Frage spricht die Selbstliebe an, die Sie sich selbst gegenüber empfinden.)

In welchem Bereich meines Lebens möchte ich ab jetzt achtsamer sein?
(Hier geht es um die Achtsamkeit, die Sie ab heute in Ihr Leben integrieren.)

Wann sage ich zukünftig Nein?
(Das können kleine alltägliche Situationen sein, in denen Sie das Neinsagen lernen.)

Worauf bin ich stolz?
(Stellen Sie sich vor, Sie dürfen über den roten Teppich einer großen Gala gehen. Weshalb wurden Sie eingeladen? Genau das schreiben Sie auf.)

Worin bin ich einzigartig?
(Hier sind Ihre besonderen Eigenschaften gemeint, die nur Sie besitzen.)

Wer kann mich unterstützen, damit sich meine Wünsche erfüllen?
(Schreiben Sie die Personen auf, von denen Sie wissen, dass Sie sie unterstützen werden.)

Beantworten Sie die Fragen so exakt und genau wie möglich. Je mehr Sie über sich schreiben, desto mehr können Sie auch von sich erzählen.

Schritt 2: Erstellen Sie eine Collage über sich
Gestalten Sie aus den Antworten auf die oben angegebenen Fragen eine Collage, ein Poster oder ein Bild aus Ihren Bastelutensilien. Alles, was Ihnen dazu einfällt, ist erlaubt, denn es ist Ihr Bild. Kreieren Sie ein bezauberndes Bild Ihres gesunden Egoismus. Je bunter und je vielfältiger es ist, desto besser.

Ich wünsche Ihnen ganz viel Spaß bei der Gestaltung Ihres gesunden Egoismus.

Mein Verantwortungslearning: Ich habe es selbst in der Hand, wie ich mit einer Situation umgehe

Im Alter von 28 Jahren war ich seit Längerem mit Unterleibsgeschichten konfrontiert. Viele Frauen kennen das; für mich war es damals ungewöhnlich, zumal ich seit meinen mehrfachen Krankenhausaufenthalten als Kind und Jugendliche sehr achtsam mit mir und meinem Körper war. Es war mir ein wichtiges Anliegen, die Ursache zu finden. Es folgten eine Menge Untersuchungen sowie eine Zeit des Wartens auf eine endgültige Diagnose. Zuerst konnte der Arzt sich keinen Reim auf mein Krankheitsbild machen. So vereinbarten wir, dass ich bei der geringsten Verschlechterung meines Zustands sofort wiederkommen sollte. Und leider verging keine Woche, mein Zustand wurde täglich schlechter, sodass ich stationär in der Klinik aufgenommen werden musste. Nach einer Notoperation wachte ich auf und war froh, endlich schmerzfrei zu sein. Leider war mein neuer Zustand nicht von langer Dauer. Genau genommen dauerte er gerade mal neun Tage und dann kam die nächste Notoperation.

Die Operation war äußerst problematisch und auch sie war nicht der letzte operative Eingriff. Den Berichten konnte ich später entnehmen, dass es sich um viele Stunden im OP-Saal handelte. Unmittelbar nach diesem Eingriff versetzten mich die Ärzte in ein künstliches Koma. Danach folgte ein Luftröhrenschnitt, um das Infektionsrisiko meiner Lunge und der Atemwege zu minimieren. Es folgten 25 Operationen in 30 Tagen. Dann kam es zu Leberversagen, Nierenversagen und zum guten Schluss auch noch zu einer Sepsis. Bei einer Sepsis handelt es sich um einen lebensbedrohlichen Zustand, der eintritt, wenn die körperliche Abwehr gegen eine Infektion kämpft. Da die Keime in meinem Körper sich nicht mehr neutralisieren ließen, hatten sie den gesamten Körper in Beschlag genommen. In kürzester Zeit wurde aus einem relativ einfachen Eingriff eine lebensbedrohliche Situation. Als ich ins künstliche Koma versetzt wurde, befanden wir uns kurz vor dem Osterfest. Aufgeweckt aus diesem medizinischen Schlaf wurde ich, als schon der Sommer in voller Blüte stand.

Mein altes Leben war vorbei und mein neues Leben hatte noch nicht richtig begonnen. Ich durfte vieles wieder neu erlernen, unter anderem auch das Gehen. Denn durch einen Eingriff, genannt Hämofiltration, wurde mein Nerv verletzt, der zuständig für den rechten Beinheber ist. Diese Maßnahme war lebensnotwendig, da eine Dialyse aufgrund meines Gesundheitszustands nicht machbar war.

Nach vielen Wochen auf der Intensivstation kam die Rückverlegung auf die Normalstation. Nun folgten Rehabilitationsmaßnahmen und eine Menge Physiotherapie, um dann viele weitere Monate später mit einem Gewicht von 45 Kilogramm die Klinik verlassen zu dürfen. In dem Entlassungsbericht stand Folgendes: »Sabine selbst und ihre engsten Angehörigen sind über das schwere Krankheitsbild informiert, das sie wider ersten Erwartungen überlebt hat.« Mit diesem Wissen machte ich mich auf meinen neuen Weg.

Jede Nachsorge wurde zur Zitterpartie. Und dann kam der Tag, an dem sich mein Leben erneut ändern sollte.

Nur vier Monate nach meiner Entlassung aus dem Krankenhaus wurde ich erneut stationär aufgenommen. Ich kam erneut auf die Intensivstation und wurde nochmals operiert. Ein paar Wochen später durfte ich dann endlich mein neues Leben beginnen. Zwar ein wenig anders als ursprünglich gedacht, doch ich konnte starten.

Was mich geprägt hat in dieser Zeit? Es war der Gedanke: Was auch immer passiert, es geht weiter. Hinzufallen ist zwar schmerzhaft, jedoch nicht schlimm. Liegen zu bleiben war keine Lösung für mich. Alles im Leben geschieht, weil es einen Sinn hat. Auch ich war böse auf die Situationen und noch mehr darauf, in welche Lage mich mein Gesundheitszustand gebracht hatte. Was mir geholfen hat? Ich habe mir vertraut, dass es von Tag zu Tag besser wird. Ja, ich war auch wütend, weil nicht immer alles so lief, wie ich es mir gewünscht hatte. Doch auch das waren Lernerfahrungen, die ich machen durfte. Ruhig und konzentriert geht's garantiert, war meine Devise, wenn es mir mal wieder nicht schnell genug gehen konnte.

Und das Schöne daran ist, dass es ganz viele kleine Lösungsimpulse geworden sind, die mir heute helfen, wenn wieder einmal eine Lernaufgabe vor meiner Tür steht. Und glauben Sie mir bitte eines: Ab und zu steht da eine Aufgabe und wartet darauf, dass ich die Tür öffne, um sie zu begrüßen.

Mein Tipp für mehr Resilienz in Ihrem Leben: Vergeben Sie!

Egal, in welcher Beziehung Menschen zueinander stehen – kränken sie sich, mit Worten oder Taten, fällt der Akt des Vergebens oft äußerst schwer. Die Handlung zu verzeihen, die Kränkung hinter sich zu lassen und zu vergeben, ist meist schwerer, als sich zu ärgern oder in den Groll zu gehen. Schließlich soll doch der Verursacher der eigenen Schmerzen dieselben Qualen durchleben wie man selbst.

Wenn Menschen in der Lage sind, zu vergeben und zu verzeihen, hat das Auswirkungen auf unsere Körperfunktionen. Menschen, die vergeben können, haben einen niedrigeren Blutdruck, leben stressfreier, sind glücklicher und regen sich viel weniger auf. Die Worte »Ich vergebe« oder »Ich verzeihe dir« haben zudem eine heilsame Wirkung auf den gesamten Organismus. Jedoch ist es in der Theorie weitaus einfacher, nachsichtig und sanftmütig zu sein, als in der Praxis. Die Praxis des Vergebens braucht vor allem drei wichtige Faktoren: Verständnis, Empathie und Zeit.

Weshalb fällt es uns schwer zu vergeben? Vergebung bedeutet, das Geschehene (den Betrug, die Affäre, den Verrat oder die verbalen Attacken) im ersten Schritt zu akzeptieren. Akzeptanz wiederum heißt, die Kränkung, das Verhalten des Gegenübers sowie den eigenen Mangel nicht zu ignorieren, sondern geduldig anzunehmen. Vielen Menschen fällt dies schwer. Sie sind es gewohnt, sich eher zu ärgern und dem Groll zu folgen, bevor sie klar bei sich hinschauen. Doch genau dann ist es Zeit, sich mit den eigenen Bedürfnissen, Wünschen und der Gewohnheit im Umgang mit Kränkungen zu beschäftigen. Die Verursacher wiederum neigen dazu, sich zu schämen, und trauen sich dadurch nicht, ihr Gegenüber um Verzeihung zu bitten oder die Tat zu bedauern. Der Akt des Bedauerns wäre für die meisten Kränkungen jedoch ein heilsamer Prozess und würde das Verzeihen erleichtern.

Verzeihen schreibt nicht vor, dass wir vergessen, und es heißt das Geschehnis auf keinen Fall gut. Verzeihen bedeutet zu akzeptieren, dass es jetzt so ist, wie es ist. Deshalb ist die Akzeptanz der erste Schlüssel im Ritual des Vergebens. Je nach Schwere einer Entgleisung ist das Ritual, zu vergeben, leichter oder schwerer. Zudem kommt die Persönlichkeit des Betroffenen hinzu. Je empathischer und friedfertiger die Betroffenen selbst sind, desto eher verzeihen sie auch. Menschen mit einer eher instabilen Persönlichkeit dagegen sind weitaus weniger in der Lage, zu verzeihen.

Das konnte sogar in einem Versuch nachgewiesen werden[13]: Mittels einer Magnetresonanztomografie (MRT) können die Gehirnareale durchleuchtet werden, die für das Mitgefühl verantwortlich sind. Um diese Areale ansteuern zu können, wurde den Studienteilnehmenden vorab eine Story erzählt: »In einem kritischen und unberechtigten Feedback Ihres Vorgesetzten wurde über die Möglichkeit einer Kündigung Ihres Arbeitsplatzes gesprochen. Stellen Sie sich bitte vor, dass Ihr Vorgesetzter unter hoher Anspannung steht und Sie selbst einen Eigenanteil am Geschehnis haben.« Dabei wurde eine MRT-Aufnahme des Gehirns gemacht, um die Areale genauer unter die Lupe zu nehmen. Das Ergebnis: Können Menschen sich in andere hineinversetzen, so werden drei Hirnareale aktiv – der präfrontale Kortex im Stirnhirn, der untere Scheitellappen sowie der Precuneus (oberer Scheitellappen). Werden diese Areale aktiviert, so können Menschen negative Vorfälle neu beurteilen und ins Gute verwandeln. Ob jedoch auch schwerwiegende Verbrechen verziehen werden können, ist umstritten. Dazu gibt es verschiedene Meinungen.

Ziel des Vergebens ist, Ärger, Groll und Missverständnis in ein Verständnis umzuwandeln, um in der Zukunft das Geschehene zur Ruhe kommen zu lassen. Gestalten Sie Ihr Leben sinnvoll, achten Sie auf Ihre Bedürfnisse und erhalten Sie sich Ihre Werte.

Säule 6: Netzwerkorientierung

Ein Netzwerk ist mehr als Gold wert

Ein Freund ist ein Freund
und gehört ein Leben lang zu dir.
Sabine Lahme

Können Sie sich noch daran erinnern, wie Ihre ersten Freundschaften entstanden sind? Freundschaft – das ist Liebe, Verbundenheit und Vertrauen. Freundschaften sind einer Liebesbeziehung gar nicht so unähnlich: hitzig, extrem, voller Emotionen, vertraut, langlebig und von tiefer Verbundenheit. Eine Freundschaft ist wichtig, denn mit einem Freund oder einer Freundin tauschen wir uns über unsere tiefen Wünsche, unsere Sehnsüchte und über Themen aus, die nicht für die Ohren unseres Partners gedacht sind. Doch wie entsteht Freundschaft? Was ist Freundschaft? Wie wichtig ist eine Freundschaft? Und welches Motto gilt hier eher: Gleich und Gleich gesellt sich gern oder Gegensätze ziehen sich an? Was ist für eine Freundschaft wichtiger?

Für eine Freundschaft ist eine gegenseitige wertschätzende und wohlwollende Haltung nötig. Das bedeutet nicht, dass Freunde grundsätzlich gleicher Meinung sein, denselben politischen Gedanken tragen oder kulinarisch gleichschwingen müssen. Freundschaft ist das Glück, jemanden an der Seite zu wissen, der, egal, was auch immer im Leben passiert, für einen da ist; ohne Wenn und Aber und ohne lange darüber nachzudenken.

Freundschaften entstehen bereits sehr früh, meist schon mit den ersten Begegnungen auf dem Kinderspielplatz, allerspätestens in der Kita. Dort gibt es Kumpels, die mit uns kommunizieren. Sie können manchmal so ganz anders sein als wir, was für Eltern oft unverständlich ist. Doch bei diesen frühkindlichen Freundschaften gibt es kein Gefühl von richtig und falsch, sondern nur pures Spiel, Spaß, Lachen, Bewegung und Freude. Mit ihren Altersgenossen tauschen sich Kinder auf Ebenen aus, die ganz anders sind als die von Erwachsenen. Im Alter von drei Jahren sind Freunde für Kinder noch Spielkameraden, in der Schule werden aus Kumpels »best friends«. Daraus können mitunter Freundschaften erwachsen, die es bis ins Erwachsenenalter schaffen. In der Pubertät verändern sich Freundschaften unter Umständen. War es zuvor noch egal, welche Werte vorhanden sind, ist es in dieser Zeit äußerst wichtig, gleiche Wertvorstellungen zu besitzen.

Wer sozial leben möchte, benötigt starke Freundschaften und ein Elternhaus, das Freundschaften vorlebt. Eltern sind die besten Lehrmeister für gut gelingende Freundschaften. Experten sind der Meinung, dass Eltern nicht die Freunde für ihre Kinder aussuchen sollten. Wenn Eltern sich gut mit anderen Elternpaaren verstehen, mag es naheliegend erscheinen, dass sich die Kinder auch anfreunden. Wir sollten jedoch unsere Kinder selbst entscheiden lassen, ob sie sich mit den Kindern unserer Freunde anfreunden. Meist sind solche aufgezwungenen Freundschaften ohnehin nicht von langer Dauer. Zudem besteht die Gefahr, dass unsere Erwachsenenfreundschaft durch einen unlösbaren Konflikt der Kinder kaputtgehen könnte. Anders herum könnte, was noch schwieriger wäre, ein unlösbarer Erwachsenenkonflikt die Freundschaft der Kinder gefährden – ein nicht zu unterschätzendes Argument, weshalb wir uns nicht für die Freundschaften unserer Kinder verantwortlich machen sollten.

Freundschaften sind sehr häufig mehr als nur schiere Verbindungen. Freunde sind Menschen, die dann da sind, wenn sie mitten in der Nacht gerufen werden. Bei Freunden dürfen wir sein, wie wir sind. Frech und wild, wundervoll bis zauberhaft, anstrengend bis großzügig. Freunde sind auch für uns da, wenn wir grandiose Dinge erleben. Wir teilen mit ihnen genauso die Geschenke des Lebens wie unsere großen Probleme, die Erfolge ebenso wie die Niederlagen. Und wenn unsere Freunde mit uns auf Augenhöhe sind, geben sie uns auch wertvolle Hinweise, wenn wichtige Entscheidungen anstehen.

Ob Freunde um die Ecke wohnen oder Kilometer entfernt sind, einer Freundschaft tut das keinen Abbruch. Wenn Freunde sich nach langer Zeit wiedersehen, ist es so, als ob sie sich gestern erst voneinander verabschiedet hätten. Sogar Kontinente hindern Freunde nicht daran, in Kontakt zu bleiben. Manche Freunde sind ein Leben lang Wegbegleiter, andere wiederum begleiten eine Weile und verschwinden manchmal plötzlich wie Geister. Klassenkameraden, Studienkollegen, Arbeitskollegen und sogar die Sportkameraden gehören zu den Begleitern auf unseren Wegen dazu. Alle sind Teil unserer Freundschaften, die wir pflegen und die einen Teil unseres Weges mit uns mitgehen.

Manches Poesiealbum ist ein Zeitzeuge der Vergangenheit, manche Briefe erinnern an wundervolle Momente, und sogar das eine oder andere Foto liefert den Hinweis auf eine ehemalige Freundschaft. Geschenke verblassen mit der Zeit und Erinnerungsfotos vergilben. Doch jedes Stück erinnert an einen Augenblick eines freundschaftlichen Austauschs, an eine in Gedanken lebendig gebliebene Zeit, vor allem, wenn eine Freundschaft zu Ende gegangen ist.

Ja, Freundschaften können auch zu Ende gehen, laufen sprichwörtlich ins Leere. Die Treffen werden weniger, die Gespräche anstrengender, geradezu uninteressant. Oft verändert sich das Leben auch ganz rasant, sodass der andere nicht mehr mitgehen möchte, und dann ist die Freundschaft auch zu Ende, ohne dass ein böser Grund dahintersteckte. Heute, in der Schnelllebigkeit der Zeit, passiert es, dass Freunde plötzlich einfach weg sind. Sie erinnern dann an Gespenster, sind nicht mehr sichtbar. In der Sprache von heute wird dies Ghosting genannt. Beim Ghosting wird ein Trend beschrieben, der besagt, dass ohne jegliche Vorankündigung ein vollständiger Kommunikations- und Kontaktabbruch vorgenommen wird. Gefühlt ist es so, als ob es nie eine Freundschaft gegeben und sich das Gegenüber komplett in Luft aufgelöst hätte. Einfach verschwunden, auf nimmer wiedersehen, aus den Augen, aus dem Sinn. Plötzlich wird man auf allen sozialen Kanälen gelöscht oder blockiert, sodass man nicht mehr weiß, ob es sich um einen wahren Freund oder doch um ein Gespenst gehandelt hat, daher der Name Ghosting.

Wer sich jedoch das Glück einer guten Freundschaft erhalten möchte, sollte ein wenig in diese investieren.

- Sind Ihre Freunde auch Ihre Ratgeber?
- Vertrauen Sie Ihren Freunden Wichtiges an?
- Sprechen Sie mit Ihren Freunden auch über die wundervollen Momente Ihres Lebens?
- Sind Ihre Gesprächspartner sensibel und aufgeschlossen?

Dann herzlichen Glückwunsch Ihren Freunden, dass sie so einen wertvollen Menschen wie Sie in ihrem Leben haben, und die besten Wünsche an Sie, dass Sie so tolle Freunde haben.

Ich habe auch einen solchen wertvollen Menschen an meiner Seite, meine »Frau Freundin«. Gemeinsam sind wir schon jeden Weg gegangen: jeden Wanderpfad, über Stock und Stein, durch den Regen (übrigens vorbei an der Glasmännle-Hütte auf dem Weg ins Tal) und durch hohen Schnee. Die Sonnenpfade jedoch können wir gemeinsam am allerbesten genießen. Frau Freundin, danke, dass es dich gibt.

Was Sie aktiv dafür tun können, um Ihr Netzwerk zu pflegen, erfahren Sie jetzt.

Kurz erklärt: das Netzwerk und seine Funktion

Heutzutage ist es schwierig, Menschen im wahren Leben kennen zu lernen. Wer sich heute ein Netzwerk von Menschen aufbauen möchte, die da sind, wenn die Not am Größten ist, sollte nicht auf die sozialen Medien vertrauen. Dort werden die Beobachter Follower genannt. Dieser Begriff beschreibt die Leser, die einen anderen Kanal in einem Social-Network-Portal abonniert haben. Den Ursprung machte der Twitter-Dienst mit den Tweets, denen jeder mit einem Klick folgen konnte. Andere Medien benutzen den Begriff Freund und Freundesliste. Auch hier sind diese Freunde lediglich Beobachter und ab und zu Kundschafter, die erkunden, was gerade geschieht.

Folgen oder beobachten Menschen Sie in Ihren sozialen Medien, sind das nicht Ihre Freunde, es sind Zuschauer wie im Theater, und diese verfolgen, wie Sie auf der Bühne Ihres Lebens spielen. Diese Zuschauer haben kein Interesse daran, für Sie da zu sein, wenn es gerade schwierig ist in Ihrem Leben. Vielmehr treibt sie die pure Neugier und Lust an, einen Einblick in Ihr Leben zu bekommen.

Manchen Menschen fehlt die Vorstellung, wie ein Netzwerk aussehen sollte, wen sie sich in ihr Netzwerk wünschen und was die Funktion ihres Netzwerks sein soll. Falls Sie ebenfalls dazugehören, möchte ich Ihnen ein paar Orientierungspunkte geben: Ein Netzwerk können Sie sich vorstellen wie ein Netz, das eine Spinne gesponnen hat. Manche Netzwerke sind stabil und sicher, einfach und fein, andere sind zäh und wieder andere sind sehr elastisch. Was alle Netzwerke vereint, ist, dass die Menschen, die sich in der

Gemeinschaft des Netzwerks befinden, da sind, wenn Hilfe vonnöten ist. Das können Freunde sein, Kollegen, Menschen mit gleicher Ideologie, die nicht nur in schlechten Zeiten da sind, sondern auch wenn es darum geht, gemeinsam Spaß zu haben. Dann werden Netzwerkpartys gefeiert, man trifft sich, redet miteinander und ist lustig. Netzwerke leben vom Austausch, von der Kommunikation miteinander, dem Respekt, der Wertschätzung und der Anerkennung jedes Einzelnen in der Gesamtheit der Netzwerkgruppe.

Zum Netz der Menschen, mit denen Sie sich austauschen, müssen nicht zwingend Familienangehörige oder Freunde aus dem wahren Freundeskreis gehören. Aber natürlich dürfen sie sehr gerne Bestandteile im Netzwerk sein. In manchen Situationen sind Familienangehörige und Freunde jedoch nicht die beste Anlaufstelle, etwa wenn es um Themen geht, die belastend sind oder sogar zu einer Überforderung führen könnten. Denn für schlaflose Nächte, unaufhörliche Gedankenkreisel, Sorgenfalten oder Magengeschwüre möchten wir nicht der Verursacher bei unseren Familienangehörigen oder Freunden sein.

Bei Krisen und anderen Katastrophen greifen die meisten Menschen daher auf die hilfreichen Angebote, Tipps, Gespräche sowie Impulse ihres Netzwerks zurück. Im Netzwerk ist es oft einfacher und leichter, über die eigene Krise zu sprechen. Besonders schätzen Menschen im Netzwerk die Verschwiegenheit genauso wie die Neutralität. Zudem nehmen Menschen in Krisenzeiten Tipps von Fremden – sofern diese benötigt werden – viel leichter an als von den Personen, die ihnen nahestehen. Das hat zum einen etwas damit zu tun, dass wir auf gar keinen Fall Freunde oder Familienangehörige kränken möchten, wenn wir einen Tipp zwar annehmen, jedoch nicht umsetzen. Zum anderen hat es damit zu tun, dass Familienangehörige und Freunde uns viel zu nahestehen und in der Reflexion der Situation beeinflussbar sein könnten. Je eher sich Menschen in

Krisen ihrem Netzwerk anvertrauen, desto schneller werden sich die Konflikte lösen.

Über Konflikte zu reden, ist übrigens eine Vorgehensweise, die schon uralt ist. Früher trugen Postboten Briefe von A nach B, damit Absender und Adressat im Austausch und in Kommunikation bleiben konnten. Briefe machten eine lange Reise mit der Postkutsche, mit dem Pferd oder der Dampflokomotive. Davor wurde der Nachrichtenaustausch durch einen Boten, einen sogenannten Kurier, gemacht, der bei Überbringung einer schlechten Nachricht sogar geköpft werden konnte. Die Weitergabe von Nachrichten wurde vor den sozialen Medien Mundpropaganda genannt. Heute sind es Speaker, die oft sehr persönliche Storys erzählen und Menschen dazu inspirieren, sich miteinander zu unterhalten. Und siehe da, vielen Teilnehmern von Akademien oder Weiterbildungen gelingt es, sich auszutauschen. Die Gründe sind vielseitig. Zum einen handelt es sich um Menschen, die dasselbe erleben und daher verstehen, worum es geht, zum anderen sind sich die meisten Teilnehmer fremd, entsprechend niedrig ist die Hemmschwelle. Konflikte mit sich selbst zu klären, sorgt leider für ein Gedankenkarussell. Wer sich jedoch traut, mit Menschen aus seinem Netzwerk zu sprechen, wird erleben, dass es sehr häufig Parallelen gibt, dass die Person, der wir uns anvertrauen, Ähnliches erlebt hat oder dass sie zumindest wertfrei zuhören kann.

Ein Netzwerk kann für Klarheit im Kopf sorgen

Der Königsweg beim Lösen von – sowohl inneren als auch äußeren – Konflikten ist nach wie vor das Gespräch. Jeder, der schon einmal in einer schwierigen Situation war, weiß, was es bedeutet, plötzlich keinen Ausweg mehr zu finden. Das gilt vor allem für Menschen, die gelernt haben, alles mit sich selbst auszumachen. Nicht selten hat man plötzlich das Gefühl, ein Brett vor dem Kopf zu haben.

Sollten Sie sich gerade fragen, woher diese Redensart kommt, hier kommt die Erklärung. Ursprünglich stammt »ein Brett vor dem Kopf haben« aus dem bäuerlichen Bereich. Im Mittelalter war es Sitte, generell Ochsen als Zugtiere für die schwere Feldarbeit zu nutzen. Jedoch sind Ochsen aus Erfahrung eher störrisch. Zudem sind sie schreckhaft und, wenn sie sich scheuen, auch schwer zu bändigen. Deshalb versuchten die Bauern mit einem Ochsengeschirr – einer Art Brett vor dem Kopf –, den Ochsen weniger Sichtfreiheit zu lassen, und unterdrückten so den dickschädeligen Trieb dieser Tiere. Dieses Kopfgeschirr sorgte nämlich dafür, dass den Tieren die Sicht genommen wurde. Somit konnte der Bauer die Zugochsen besser führen und die schwere Feldarbeit mit diesen Tieren wurde leichter.

Heute wird diese Redewendung benutzt, wenn etwas nicht sofort verstanden wird, uns das, was wir sagen möchten, nicht einfällt oder wir den Zusammenhang nicht nachvollziehen können. Ein Brett haben wir nur dann vor dem Kopf, wenn wir in unserem Gehirn gerade nicht in das Areal kommen, in dem wir das, was wir suchen, schon einmal abgespeichert haben. Wir brauchen dann eine andere geistige Bewegung. Dazu eine kleine Übung: Um wieder kreativ zu werden, dem Gedächtnis auf die Sprünge zu helfen, ist es sinnvoll, sich zu bewegen: Stehen Sie auf. Gehen sie aus der Situation, holen Sie sich beispielsweise einen Kaffee oder einen Tee oder machen Sie das Fenster auf und lassen frische Luft in den Raum. Schon eine kurze Bewegung regt Ihr Gehirn an und die neuronalen Verbindungen in Ihrem Gehirn werden wieder aktiv. Und wenn alle Stricke reißen sollten, sprechen Sie bitte unbedingt Ihr Netzwerk an. Das hilft Ihnen vor allem dann, wenn Sie gerade mal wieder ein Brett vor dem Kopf haben, das Ihnen den klaren Blick nimmt und die Gedanken ausbremst. Probieren Sie es aus.

Was Sie in puncto Netzwerk von der Natur lernen dürfen

Nebenbei bemerkt gibt es auch in der Natur Netzwerkverbindungen. So gehen zum Beispiel viele Pilze eine Gemeinschaft mit Bäumen ein. Dieses Netzwerk wird in der Natur Symbiose genannt. Dabei profitieren beide von der wundervollen Verbindung. Mein Lieblingspilz, der Fliegenpilz, etwa kommt häufig in der Nähe von Birken und Fichten vor. Pilze haben sogenannte Rhizome, feine Pilzfäden, und können durch dieses filigrane Geflecht Bäume optimal mit Phosphor und Stickstoff versorgen. Bäume revanchieren sich dafür mit dem Tauschprodukt Zucker, denn diesen können Pilze nicht selbst herstellen, Bäume durch die Photosynthese jedoch sehr wohl. Der Austausch in diesem wundervollen Netzwerk geschieht über die Wurzelspitzen, die von den Pilzfäden umarmt werden und zudem noch in die Wurzeln hineinwachsen. Was für ein wundervolles Ritual. Die Pilze umarmen die Wurzeln der Bäume liebevoll, spenden ihnen Nährstoffe, und auf derselben Verbindung geben die Bäume Nährstoffe zurück. Return on Invest. Ich investiere etwas, gebe es ab und bekomme dafür etwas zurück, das mir hilft. Was für ein fantastisches kleines Naturwunder mit einer so großen Wirkung, dass wir Menschen uns davon eine Scheibe abschneiden dürfen: Pilze als kleine Naturnetzwerker, über das »Wood Wide Web« der Natur im Austausch mit anderen. Unter einem Hektar Waldboden können so innerhalb eines Jahres viele Kilogramm Pilznetzwerk wachsen.

So zum Beispiel dienen die Blüten von Glockenblumen Wildbienen als Schlafplätze. Die nach unten hängenden Glocken sind bei Starkregen Unterschlupf und gleichzeitig Schutzraum sowie nebenbei auch ein Schlafplatz mit einem optimalen Schutz vor Räubern. Eine weitere Schutzhöhle finden Hummeln in unbewohnten Mäuselöchern. Diese dienen den Hummeln als Nisthöhlen und bieten der Brut bestmöglichen Schutz in der Wachstumsphase.

Ob es also in Wechselwirkungen oder in Abhängigkeiten resultiert, eines haben alle Tiere und Pflanzen gemeinsam: Sie sind großartige Netzwerker. Kurzum: Das Ökosystem, zu dem sowohl Tiere als auch Pflanzen gehören, ist ein fantastisches Beispiel für ein wundervolles Netzwerk und ein ehrliches Miteinander, das penibel gepflegt wird. Ohne ein ausgewogenes Ökosystem könnten wir nicht leben, parallel dürfen wir uns alle etwas davon abschauen. Also Augen auf und Ohren gespitzt, wenn Sie durch die Natur schlendern.

So pflegen Sie Ihr Netzwerk

Während die Pflanzen und Tiere intuitiv aufrichtig handeln, ist Aufrichtigkeit in menschlichen Netzwerken oft nicht so leicht umsetzbar. Aufrichtigkeit ist die Kunst, anderen Menschen wahrhaftig und ehrlich zu begegnen. Leider ist es gerade in diesen schnelllebigen Zeiten schwierig, insbesondere weil wir häufig auf den eigenen Profit konzentriert sind. Aufrichtigkeit ist daher eine wundervolle Geste, die Gegenseite in das eigene Leben einzuladen. Zudem haben Menschen, die aufrichtig sind, eine positive Wirkung auf das gesamte Umfeld. Und noch etwas ist geradezu bezaubernd. In einem wahrhaftigen und ehrlichen Netzwerk dürfen Sie sich so verhalten, wie sie sind, ohne sich verstellen zu müssen. Netzwerke, die offen und ehrlich gelebt werden, schätzen den Wert einer zwischenmenschlichen Beziehung und gehen wertschätzend damit um. Vielleicht fragen Sie sich nun, woran Sie erkennen, dass Ihnen ein aufrichtiger und wahrhaftiger Mensch gegenübersteht? Menschen, die aufrichtig sind, halten sich an Absprachen, sie sind verbindlich.

Verbindlichkeit, das beschreibt schon das Wort, hat etwas mit Bindung zu tun. Das bedeutet, dass es eine Verbindung und somit auch gemeinsame Themen gibt, über die gesprochen werden kann. Wer eine gute Verbindung zu Menschen im Netzwerk pflegt, tauscht sich gerne aus, hilft bei Krisen, holt sich Feedback, ist ehrlich und vor allem aufrichtig. Sind Menschen aufrichtig, stehen sie zu dem, was sie sagen. Sie sind Vorbild, lassen sich nicht verformen und sind vor allem eines: geradlinig.

Aufrichtigkeit ist nicht nur eine Tugend, sondern wird auch als eine psychologische Eigenschaft beschrieben. Wahrhaftig ist laut Aristoteles der, der die Lüge ablehnt und die Wahrheit liebt. Doch ein Netzwerk zu pflegen, hat auch etwas mit der persönlichen Haltung Menschen gegenüber zu tun. Ein Netzwerk sollte kein Zwang sein, sondern vielmehr etwas, das jeder für sich entscheiden darf. Fragen Sie sich also: Möchte ich das oder möchte ich es nicht? Netzwerken sollte nicht zur Pflichtübung werden, denn so entsteht kein echtes Netzwerk.

Machen Sie sich zudem bewusst, dass nicht jedes Netzwerk ein Leben lang hält. Auch für Sie gilt: Nein zu sagen ist ein wichtiger Bestandteil, wenn es darum geht, nicht zu jedem Preis in einem Netzwerk zu bleiben. Ein Nein ist dann wichtig, wenn Sie sich ausgenutzt fühlen oder sich selbst schützen möchten. Sich von Menschen aus dem Netzwerk zu trennen oder sogar selbst das Netzwerk zu verlassen, ist oft dann vonnöten, wenn das Netzwerk keinen Mehrwert mehr bringt. Natürlich gehören dazu Mut und ein gewisses Maß an Eigenverantwortung. Auch in Netzwerken kann es Krisen geben.

Darum kommunizieren Sie bitte frühzeitig, wenn es für Sie nicht mehr tragbar ist, im Netzwerk zu bleiben, damit Sie langfristig neue Verbindungen gestalten können.

Familienmitglieder und enge Verwandte sind oft nicht hilfreich, vor allem dann, wenn der Konfliktherd auch dort zu finden ist. Dann sind Sie der Überbringer des Konfliktes und können nicht gleichzeitig Berater sein. Ein hilfreiches Netzwerk ist exakt bei diesen Konflikten Zuhörer und Berater gleichzeitig. Auch Freunde können innerfamiliäre Konflikte mit Abstand betrachten und sind qua dieser Funktion gute Ratgeber. Jedoch Achtung: Netzwerke verändern sich auch über die Jahre. Einige bleiben und gehen einen gemeinsamen Weg, andere gehen einen anderen Weg. Es kann sein, dass nicht jeder in Ihrem Freundeskreis Sie auf Dauer unterstützen oder in Krisen die Situation mit Ihnen aushalten kann. Das ist okay, lassen Sie diese Menschen los.

Wer jedoch den Weg mit Ihnen gemeinsam geht, ist ein echter Freund, nicht nur in der Not, sondern auch dann, wenn es um Spaß und Freude in Ihrem Leben geht. Schaffen Sie sich in den guten Zeiten Ihres Lebens ein stabiles und belastbares Netz von Freunden. Dieses gibt Ihnen Stabilität, sorgt für Ihre Balance, lässt Sie besser mit Konflikten umgehen und stärkt zudem Ihre persönliche Resilienz.

Es gibt sicherlich den einen oder anderen Menschen, der jetzt denkt: »Wozu benötige ich ein Netzwerk? Ich bin ein Einzelgänger.« Wie es das Wort schon beschreibt, gehen diese Menschen gerne allein ihren Weg. Für introvertierte Menschen kann ein Netzwerk daher geradezu eine Herausforderung sein. Mein Tipp: Sprechen Sie Ihre Unsicherheiten an, und versuchen Sie auch da, wo Sie Ihre Schwächen haben, so kommunikativ wie möglich zu sein. Denn Ihr Netzwerk wird Sie auffangen und garantiert eine Lösung für Sie und das Thema Ihrer Beklommenheit finden.

In einem Netzwerk gehen die Menschen die Wege gemeinsam und haben sogar gemeinsam Spaß dabei. Denn gemeinsam sind die meisten Menschen erfolgreich und nicht mehr einsam. Für Menschen, die den direkten Austausch nicht gewohnt sind, ist ein Netzwerk anfänglich vielleicht befremdlich. Doch das ist bei einem Veränderungsprozess normal und wird mit jeder Wiederholung leichter. Machen Sie sich bewusst: In Ihrem Netzwerk sind Sie nicht allein. Ihre Mitmenschen werden Sie sicherlich vollumfänglich unterstützen und Ihnen den Weg in Ihrem Netzwerk leichter machen.

Das Wichtigste in einem Netzwerk ist die Gemeinschaft. Gemeinschaften gibt es schon seit Millionen von Jahren und jede Gemeinschaft hat ihre eigene Funktion. Die Form der Zusammenschlüsse hat sich über die Jahrtausende verändert. Waren es früher die Gemeinschaften der Höhlenmenschen, die dafür sorgten, dass sowohl das Feuer am Brennen gehalten und bei Gefahr die Gruppe geschützt wurde, so sind es heute Netzwerke, in denen Menschen Gemeinsamkeiten pflegen wie das Sprechen über E-Mobilität oder soziale Medien wie Facebook, Instagram und Co. Eine Gemeinschaft lebt vom täglichen Miteinander, vom Umgang mit Konflikten und von wundervollen Momenten. Anstatt ständig zu erwarten, dass die Menschen Ihres Netzwerkes Ihnen etwas Gutes tun, sollten Sie sich also fragen: »Was kann ich für die Menschen in meinem Umfeld tun? Was benötigen die Menschen in meinem Netzwerk?« Der Bibelspruch »Geben ist seliger statt nehmen« stimmt in diesem Fall. Achten Sie nicht nur auf sich, sondern auch auf die Menschen in Ihrem Netzwerk, und vor allem sprechen Sie mit den Menschen. Fragen Sie sie, was ihnen hilft, was Sie tun können und womit Sie unterstützen können.

Übung 1: Die magischen Bausteine

Bestimmt haben Sie in einer Schublade oder in Ihrem Keller noch ein paar Bausteine aus Ihrer Kindheit. Vielleicht in den Farben Rot, Grün, Blau oder Gelb. Je bunter, desto besser. Zusätzlich benötigen Sie ein großes Blatt Papier und ein paar kleine Klebeetiketten.

Schritt 1: Positionieren Sie sich selbst in der Mitte
Auf das Blatt Papier zeichnen Sie in die Mitte einen Kreis. Nun suchen Sie aus den Bausteinen einen Stein aus, der Sie darstellt. Nehmen Sie ein Etikett, schreiben Sie Ihren Namen darauf und stellen Sie den Baustein in die Mitte des Kreises.

Schritt 2: Erstellen Sie einen Inner Circle für Ihre Freunde
Als Nächstes zeichnen Sie einen Kreis um den Kreis. Das ist Ihr Inner Circle, also der innere Kreis Ihres Freundesnetzwerks. In diesen stellen Sie alle Menschen, die Ihnen nahe sind. Für jeden Ihrer bedeutungsvollen Freunde suchen Sie sich einen Baustein aus und stellen ihn in den Kreis. Nehmen Sie sich für jeden Freund ebenfalls ein Etikett, schreiben den Namen darauf und kennzeichnen so den entsprechenden Stein.

Sollten Ihnen Menschen sehr nahe sein, dürfen diese ganz in der Nähe Ihres Kreises stehen. Personen, die nicht so eng mit Ihnen befreundet sind, stellen Sie eher an den äußeren Rand des Inner Circle. Wichtig: Den Kreis selbst können Sie jederzeit vergrößern oder verkleinern. Nehmen Sie dafür einfach ein neues Blatt Papier.

Schritt 3: Positionieren Sie Ihre entfernteren Bekannten
Nun zeichnen Sie einen dritten Kreis um den zweiten Kreis. Das ist Ihr Bekanntenkreis. In diesen Kreis dürfen alle Menschen, mit

denen Sie hin und wieder zu tun haben. Das können Kollegen, Nachbarn oder auch Eltern aus der Schule Ihrer Kinder sein. Auch hier gilt, für jeden Ihrer Bekannten suchen Sie sich einen Baustein aus, etikettieren ihn mit dem entsprechenden Namen und stellen ihn in den Kreis. Sollte Ihnen der eine oder andere Bekannte nahe sein, dann darf dieser ganz in der Nähe des zweiten Kreises stehen. Bekannte, zu denen Sie keine so enge Beziehung haben, stellen Sie eher an den äußeren Rand des Bekanntenkreises.

Schritt 4: Hinterfragen Sie Ihre Beziehungen
Wenn Sie nun von oben auf Ihr Beziehungsnetz blicken, können Sie noch die Menschen zusammenstellen, von denen Sie wissen, dass diese zusammengehören. Stellen Sie sich nun die Fragen:

- Wer gibt mir von den Menschen Energie?
- Welche der Beziehungen ist für mich wichtig?
- Wer aus meinem Netzwerk stärkt mich?

Um es nun für Sie sichtbar zu gestalten, können Sie auf das Etikett der entsprechenden Personen ein kleines Pluszeichen ergänzen.

Dieses Ritual zeigt Ihnen, wer in Ihrem Netzwerk ein wertvoller Mensch für Sie ist und welche Personen noch nicht diese Stellung in Ihrem Leben haben. Vielleicht machen Sie zum Schluss noch ein Bild von Ihrem Netzwerk und hängen es auf.

Viel Spaß bei dieser Übung.

Übung 2: Ein Nagelbild Ihres Netzwerks

Vielleicht erinnern Sie sich noch an die Nagelbilder aus dem Kunstunterricht Ihrer Schulzeit? Ein Nagelbild besteht aus einem Holzbrett, Acrylfarben, Wollfäden und, natürlich nicht zu vergessen, aus vielen kleinen Nägeln.

In Ihrem persönlichen Nagelbild, das Sie erstellen können, steht jeder Nagel für eine Person aus Ihrem Netzwerk, und die Wollfäden stellen die Verknüpfung zu Ihnen dar. Die Entfernung zu den einzelnen Personen Ihres Netzwerks werden durch die Ansicht für Sie deutlich: Manche Personen stehen Ihnen sehr nahe, andere wiederum sind weiter entfernt. Doch das Nagelbild veranschaulicht Ihnen auch, dass Sie nicht alleine sind. Durch die Positionierung der einzelnen Nägel und das Führen des Fadens entsteht daraus ein Bild.

Ein solches Nagelbild veranschaulicht auf sehr kreative Weise, welche besonderen Verbindungen Sie in Ihrem Leben haben. Am Ende der Arbeit haben Sie ein bezauberndes Bild erschaffen, und zudem können Sie Ihr Kunstwerk an einem Platz aufhängen, an dem Sie es jeden Tag betrachten können. Vielleicht haben Sie schon eine genaue Vorstellung davon, wie das Bild aussehen soll.

Sie benötigen folgende Materialien:

- Holzbrett
- Acrylfarben
- Stück Pappe
- Wolle (bunt oder einfarbig)
- Nägel
- Hammer
- Schreibgerät (Bleistift oder Buntstift)
- Beißzange (falls Sie sich mit den Nägeln vertan haben und diese wieder aus dem Brett herausziehen möchten)

Zuerst grundieren Sie Ihr Holzbrett mit der Acrylfarbe und lassen es trocknen. Wenn Sie möchten, überlegen Sie sich ein Motiv, das Sie mit den Nägeln nachbauen. Das kann ein Herz, ein Stern oder ein Ball sein. Ihrer Kreativität sind hier keinerlei Grenzen gesetzt, und je kreativer Sie sind, desto einzigartiger wird Ihr Bild. Fertigen Sie eine Schablone an und zeichnen Sie das Bild mit einem Blei- oder Buntstift auf Ihr getrocknetes Holzbrett.

Nun schlagen Sie die Nägel mit einem Hammer entlang Ihrer Zeichnung ins Brett. Achten Sie auf die Abstände, sowohl wenn Sie mit einem festen Bild arbeiten als auch wenn Sie sich für eine freie Gestaltung entscheiden.

Sobald alle Nägel eingeschlagen sind, markieren Sie sich selbst, indem Sie den Nagelkopf kennzeichnen, etwa mit Ihrer Lieblingsfarbe.

Wählen Sie Ihre Wolle aus, und beginnen Sie mit dem Anknoten des Wollfadens am ersten Nagel, also bei Ihnen. Spannen Sie nun die Wollfäden um Ihre »Freunde« und »Bekannten«. Wenn alle Nägel mit dem Faden gespannt sind, schauen Sie sich Ihr Kunstwerk aus der Entfernung an. Knoten Sie den Wollfaden erst dann am letzten Nagel an und schneiden ihn ab, wenn Sie sicher sind, dass Sie nichts mehr an Ihrem Nagelbild verändern möchten.

Jetzt ist es fertig, Ihr Nagelbild Ihres Netzwerks. Suchen Sie sich einen Platz aus, an dem Sie das Bild aufhängen möchten, und erfreuen Sie sich daran.

Ab und zu kann ein Wollfaden übrigens auch reißen, etwa wenn die Freundschaft an Halt und Zuversicht verliert. Unter Umständen ist es dann Zeit, ein neues Nagelbild zu gestalten.

Übung 3: Das Poesiealbum

Kinder der Babyboomer-Jahre und selbstverständlich auch die aus den Jahren davor kennen sie sicher noch sehr gut: die Poesiealben. Von den Schulfreunden ein Poesiealbum füllen zu lassen, galt als festes Ritual. Was heute die Medien Instagram und Co. sind, war früher unser kleines Buch der Widmungen. Und genau darum geht es in dieser Übung: um die Widmungen der Menschen, denen Sie nahestehen.

Besorgen Sie sich ein Tagebuch, ein Poesiealbum, eine Kladde oder ein Logbuch. Denken Sie bitte daran, dass dies Ihr Buch der wundervollen Widmungen ist. Schon aus diesem Grund sollten Sie sich ein ganz besonderes Büchlein kaufen. Notieren Sie auf einem separaten Zettel alle Menschen, von denen Sie sich eine Widmung – ein ganz persönliches Andenken – für Ihr Büchlein wünschen.

Verfassen Sie auf der ersten Seite ein Vorwort oder einen Spruch, der die Menschen, die eine schriftliche Erinnerung in Ihrem Büchlein hinterlassen, herzlich dazu anregt. Das kann in etwa so klingen: »Dieses Buch soll Erinnerungen sammeln, liebevolle Worte aufzeichnen und helfen, wenn die dunklen Wolken über meinem Beziehungshaus gerade das Tageslicht daran hindern, meine Räume in hellem Glanz erstrahlen zu lassen. Wenn du mir schreibst, vertreiben wir zusammen diese Wolken, und ich kann mich zusätzlich an den Aufzeichnungen erfreuen. Warum? Weil es hilfreich ist, liebevoll zurückzublicken und in Erinnerungen zu schwelgen.«

Eine kleine Abwandlung zum Poesiealbum ist das Einfügen von Fragen, wie Sie es unter Umständen aus dem sogenannten Freundebuch kennen. Überlegen Sie sich nun, welche Fragen Sie von Ihren Freunden in Ihrem Buch beantwortet haben möchten. Hier ein paar Anregungen:

- Was in unserer Freundschaft hält uns zusammen?
- Wo haben wir uns kennen gelernt und wann war das?
- Was an unserer Freundschaft ist dir besonders wichtig?
- Gibt es Wünsche, die du an unsere Freundschaft hast? Wenn ja, welche?

- Was hat uns damals verbunden und was verbindet uns heute?
- Welches Wachstum erkennst du bei mir?

Animieren Sie Ihre Freunde, Ihnen nicht nur Ihre Fragen zu beantworten, sondern auch Bilder von sich in das Büchlein zu kleben oder vielleicht eine Geschichte hineinzuschreiben, die nur sie gemeinsam erlebt haben.

Erinnerungen sind erlesene Momente, die jedem helfen, einen Blick auf ein stabiles Netzwerk zu haben.

Mein Netzwerk-Learning: Es können Wunder geschehen!

Einige Jahre nach meinem letzten Krankenhausaufenthalt waren ins Land gegangen, mir ging es gesundheitlich erstaunlich gut, als ich eines Morgens aufwachte und meine Beine nicht mehr so spürte wie an dem Abend zuvor. Zuerst dachte ich, dass mir die Beine nur eingeschlafen wären, doch der Zustand wurde nicht merklich besser. Mehrere Klinikaufenthalte, Lumbalpunktion und Röntgenuntersuchungen folgten – leider ohne eine genaue Diagnose und somit auch ohne Behandlungsmöglichkeit.

Nach vielen weiteren Untersuchungen und einer Menge behandelnder Ärzte kam Geselle Zufall erneut in mein Leben. Der Studienfreund eines meiner Ärzte war eine Koryphäe auf dem Gebiet der Neurochirurgie. Ich machte einen Termin bei ihm, er untersuchte mich und kam zu der Diagnose »Rückenmarksinfarkt«.

Bei einem Rückenmarksinfarkt treten Schmerzen, Gefühlsstörungen und Lähmungen meist plötzlich auf. Solch ein Infarkt ist grundsätzlich als Notfall einzustufen, weil ein nur sehr geringes

Zeitfenster besteht, in dem eine erfolgreiche Behandlung durchführbar ist, bevor das Rückenmark irreversibel geschädigt bleibt. Eine fast vollständige Heilung ist bei sofortiger Erkennung und gezielter Diagnose zu 70 Prozent möglich.

Leider war zum damaligen Zeitpunkt wertvolle Zeit überschritten, sodass der Rollstuhl mein Gehen übernahm und zu meinem ständigen Begleiter wurde. Und zum wiederholten Mal sollte der Zufall mir vor die Füße fallen. Durch eine Fachzeitschrift erfuhr ich von einer Behandlungsmethode: eine aufwendige Therapie, Erfolgsquote 30 Prozent. Und erneut sollte ich Glück haben. Nach langer Recherche fand ich eine Klinik mit einer jungen und engagierten Physiotherapeutin, die sich auf eine lange Reise mit mir machte.

Meine Therapieerfolge dokumentierte ich in einem Tagebuch, um alle relevanten Erfolge nachvollziehen zu können. Eine der wichtigsten Therapieeinheiten war das Muskelaufbautraining, das ich nur mit Musik ertrug. Mein Trainingspensum wurde von Tag zu Tag gesteigert, von anfänglich zehn Kilometern auf 15 Kilometer, bis ich schlussendlich täglich 40 Kilometer auf dem feststehenden Rollstuhlbike zurücklegte. Lieder der Gruppe PUR tönten nun täglich durch die heiligen Hallen der Physiotherapieabteilung. Ich beschallte den kompletten Bereich mit meinem lauten Gesang, während über die Kopfhörer des Disc-Man die Lieder in meine Ohren drangen. Ich war der Gesangsalbtraum aller Physiotherapeuten und Patienten, und sowohl das ganze Klinikum als auch jede Putzfrau hatte Kenntnis von mir.

Auf das Muskelaufbautraining folgte ein wochenlanges Training mit der Physiotherapeutin: Gehversuche am Barren, wobei meine Hände die Bewegungsmuster meiner Beine imitierten und die Physiotherapeutin in der entgegengesetzten Reihenfolge meine Beine bewegte. Nach vielen Wiederholungen und einer Menge Tränen vernahm die Therapeutin plötzlich einen Miniimpuls in meinem rechten Bein. Das war der Durchbruch in mein Leben raus aus dem Rollstuhl. Mit klitzekleinen Schritten ging es erst einmal los, es folgten gerade Fläche, dann die ersten Treppenstufen, das Gehen über Stock und Stein, durch den Park bis hin zu steilen Hängen. Der Rollstuhl verschwand im Hintergrund und die Unterarmgehstützen waren meine neuen Gehfährten, die mir Halt gaben. Es dauerte noch einige Jahre, bis ich im Jahr 2003 endlich wieder sicher auf meinen eigenen Beinen stehen und gehen konnte.

Fazit: Netzwerke haben einen ganz besonderen Zauber, und wenn Netzwerke funktionieren, dann können Wunder geschehen. Heute bin ich sehr dankbar für die Menschen, die zum richtigen Zeitpunkt in meinem Netzwerk waren, und dafür, dass sie mich unterstützt haben. Nur mit der Kraft aller Netzwerker war es möglich, dieses Wunder Wirklichkeit werden zu lassen.

Mein Tipp für mehr Resilienz in Ihrem Leben: Wertschätzen Sie Ihre Stärken

Wertschätzung ist eines der wesentlichsten Bedürfnisse von uns Menschen. Sowohl im Privatleben als auch im Job ist es wichtig, eine wertschätzende Kommunikation zu führen, um damit anzuerkennen, zu sehen oder zu hören, dass das, was Sie geleistet haben, wertgeschätzt wird.

Echte Wertschätzung kann als sehr motivierend empfunden werden. Ganz im Gegenteil zu dem gedankenlosen Umgang mit Lob und Anerkennung, den die meisten Menschen als Geringschätzung empfinden. Wertschätzung, Respekt und Achtung sind wichtige Säulen im Umgang miteinander. Diese drei Säulen symbolisieren ein respektvolles Verhalten auf Augenhöhe ohne jegliche Bewertung.

Prinzipiell charakterisiert Wertschätzung die liebevolle Akzeptanz eines anderen Menschen. Das bedeutet, dass wir einen Menschen so annehmen, wie er ist, und seine Werte akzeptieren, anerkennen und respektieren. Wertschätzung fängt somit nicht bei unserem Gegenüber an, sondern bei uns selbst.

Ein sicheres Selbstwertgefühl sowie eine gute Selbstachtung sind wichtige Grundvoraussetzungen, um einen anderen Menschen zu respektieren und ihn wertzuschätzen, so wie er ist. Viele Menschen müssen sich ihr Selbstwertgefühl hart erarbeiten. Denn wir kommen nicht mit einem guten Selbstwertgefühl auf die Welt, sondern müssen unser Selbstwertgefühl erst erlernen. Sich selbst wertzuschätzen und sich als einen wertvollen Menschen anzunehmen, ist der Einstieg, dies auch anderen Menschen gegenüber anzuwenden.

Fehlt es Menschen an einem gesunden Selbstwert, so haben sie oft das Gefühl, diesen Mangel durch Taten kompensieren zu müssen. Das heißt, sie empfinden sich nur dann als wertvoll, wenn sie beispielsweise als extrem erfolgreich angesehen werden oder Anerkennung und Lob von anderen erhalten.

Sich selbst als wertvoll zu betrachten oder sich wertzuschätzen bedeutet, sich mit all seinen Stärken und Schwächen anzuerkennen, um so auch andere Menschen wertzuschätzen. Das bedeutet, dass ein Mensch, der sich wertschätzt, auch seine Fehler akzeptiert.

Bei Menschen mit einer geringen Wertschätzung liegt der Schlüssel größtenteils in der Kindheit. Sie haben gelernt, dass sie nicht wertvoll sind. Meist mussten sie etwas tun und bekamen dafür Lob. Doch das ist nicht Wertschätzung.

Um Ihnen das Verständnis dessen leichter zu machen, was Wertschätzung bedeutet, kommt hier die Definition von Lob und Wertschätzung: Lob ist die Bestätigung »Das hast du gut gemacht«, die auf einer Tat wie zum Beispiel einer bestimmten Tätigkeit im Job beruht. Wertschätzung ist eine dauerhaft spürbare Haltung, die einen Menschen sowohl im Berufs- als auch im Privatleben in seiner Vollkommenheit anerkennt.

Um wertschätzend mit dem Gegenüber umzugehen, ist eine Kommunikation auf Augenhöhe wichtig. Umso mehr, wenn es sich um einen Austausch zwischen Liebespartnern, Chef und Angestellten, Eltern und Kindern handelt. Wertschätzung hat auch etwas mit unserer Körpersprache zu tun. Ein freundlicher Blickkontakt, ein Lächeln auf den Lippen, ein höfliches Hallo bei der Begrüßung oder ein Tschüss der Verabschiedung zeigen einem Menschen die Wertschätzung. Ein wertschätzender Umgang mit sich und anderen Menschen macht sich bezahlt, denn die Freundlichkeit und Anerkennung, mit der wir andere behandeln, wird meist zurückgegeben. Die Wertschätzung eines anderen Menschen hat also wiederum eine Rückwirkung auf die eigene Persönlichkeit – und damit auch auf den eigenen Selbstwert. Denn wer andere wertschätzt, bekommt in den meisten Fällen Wertschätzung zurück.

Säule 7: Zukunftsplanung

Von Träumen, Visionen und Zielen

Ein Weg ohne Ziel ist wie eine Leiter ohne Stufen.
Sabine Lahme

Können Sie sich noch an Ihre ersten Träume erinnern? Kinder träumen schon im Mutterleib, wie eine Studie herausgefunden hat, bei der Hirnaktivitäten im Mutterleib gemessen wurden.[14] Träume sind nach der Geburt ein Teil der Verarbeitung von Tageseindrücken; gleichzeitig sind Träume Lernphasen. Auch in der Jugend träumen Menschen sehr intensiv, zum Beispiel davon, ein großer Weltstar, ein Rockidol oder eine berühmte Künstlerin zu werden oder sehr reich zu sein. In meiner Kindheit, als gerade die erste Mondlandung im Fernsehen übertragen wurde, gab es Träume von der Reise auf den Mond als Astronautin oder wenigstens davon, mit dem grünen 3-Gang-Flory bis ans Ende der Welt zu fahren. Das grüne 3-Gang-Flory war ein Mofa mit einer Gangschaltung und gehörte in der damaligen Zeit zu den exklusivsten Mopeds unter uns Jugendlichen.

Schon in frühester Kindheit gehen Kinder auf Entdeckungsreise. Sie suchen das Abenteuer des Lebens. Sie träumen davon, wie Robinson Crusoe allein auf einer einsamen Insel zu sein oder Almsenner auf einer Berghütte, Baggerfahrer, Prinzessin, Ärztin im Entwicklungsland, Förster mit eigenem Wald oder Feuerwehrmann usw. zu werden.

Was ist aus den Träumen Ihrer Jugend geworden? Haben sich für Sie alle Ihre Träume erfüllt oder träumen Sie noch immer von dem einen oder anderen? Sind Sie heute glücklich und froh, dass sich manche Ihrer Träume nicht erfüllt haben? Gibt es Träume, die Sie noch immer haben? Falls ja, weshalb erfüllen sich diese nicht?

Normalerweise ist es ganz einfach, seine Träume zu leben, und dennoch tun es die meisten Menschen nicht. Erfahrungsgemäß haben wir einen Beruf, der unser Auskommen sichert, allerdings fehlt die Freude und Begeisterung. Der eine oder andere wünscht sich eine Traumwohnung in einer großen Metropole, die finanziellen Mittel lassen es jedoch nicht zu. Der Traummann oder die Traumfrau wartet bei vielen Menschen zu Hause, und trotzdem träumen sie davon, mehr zu besitzen, einen anderen Partner zu haben etc. Das, was viele haben, scheint nicht zu reichen. Doch es ist schwer, etwas zu ändern.

Um Träume leben zu können, braucht es viel Geduld, Ausdauer und den Glauben daran, dass es gelingt. Träume von heute auf morgen in die Tat umzusetzen, das kann niemand. Wenn das möglich wäre, würden wir Menschen das tun. Doch es wäre zu simpel und damit auch bedeutungslos. Wenn Sie Ihre Träume leben möchten, ist es wichtig, sich die folgenden Fragen zu stellen:

- Wie stelle ich mir in meinen Träumen mein Leben vor?
- Welche Punkte in meinen Träumen sind mir wichtig?
- Was benötige ich, um mir das zu erfüllen?
- Wer könnte mir dabei behilflich sein?
- Wenn ich meine Träume nicht lebe, was passiert dann?

Es ist wichtig, die eigenen Träume zu leben, denn Sie haben Ihr Leben selbst in der Hand. Und wenn Sie etwas träumen können, dann können Sie es auch tun. Wir dürfen seit Langem selbst festlegen, wie wir leben, was wir beruflich machen und mit wem wir in einer Beziehung zusammen sind. Dennoch führen viele Menschen ein

Leben mit angezogener Handbremse. Dabei haben wir nur dieses eine Leben. Ich habe Ihnen drei Tipps zusammengestellt, die Ihnen dabei helfen können, Ihre Träume zu leben.

Tipp 1: Machen Sie nur das, was Sie wirklich wollen

Wie Sie wissen, hat mein Großvater schon zu mir als kleines Kind gesagt: »Mache nur das, was du machen willst. Das, was du nicht willst, davon lässt du die Finger.« So mache ich das schon seit vielen Jahren, fahre damit gut und bin sehr glücklich. Sein Leben nach dieser Devise auszurichten, bedeutet, mutig, geduldig und zuversichtlich mit den eigenen Träumen umzugehen. Es bedeutet, vertrauensvoll zu bleiben, auch wenn ein Vorhaben nicht immer auf Anhieb gelingt. Hinterfragen Sie zudem immer wieder, ob es wirklich Ihre Träume sind oder die der anderen. Denn nur weil etwas gerade hipp ist, muss es nicht Ihr Traum sein.

Tipp 2: Rechnen Sie damit, dass es nicht sofort gelingt

Um Veränderungen herbeizuführen, ist es nötig, zuerst aus der Hängematte der Selbstzufriedenheit (Komfortzone) auszusteigen. Das bedeutet, dass vieles, was bislang als normal galt, plötzlich nicht mehr so ist. Exakt in dieser Phase brechen viele ab und sehen dies als zu großes Hindernis an. Machen Sie sich bewusst: Anfängliche Hindernisse gehören zum Prozess und sind völlig normal. Mit jeder Hürde jedoch, über die Sie springen, kommen Sie Ihrem Ziel näher.

Tipp 3: Ein starker Wille schafft Perspektiven

Um Träume in die Realität umzusetzen, ist ein starker Wille hilfreich. Motivationsforscher haben herausgefunden, dass ein starker Wille ähnlich trainierbar ist wie ein Muskel. Tägliches Training in kleinen Dosen stärkt den Willen und das Ziel, sich selbst die Träume zu erfüllen. Bedenken Sie, was im schlimmsten Fall passieren könnte, wenn Sie Ihre Träume nicht leben. Alles, was wir im Leben anfangen, birgt auch ein Risiko, wofür wir Verantwortung tragen dürfen.

Legen Sie Ihre Ängste ab und versuchen Sie es. Denn wie gesagt: Wenn Sie es sich vorstellen können, dann können Sie es auch leben.

Wie Sie Ihre Zukunft gestalten können – allein oder mit Partner

Haben Sie auch eine Vision, ein Ziel oder einen Plan, wie Ihre Zukunft aussehen soll? Ein Mensch mit einem in die Zukunft gerichteten Plan ist neugierig und voller Vorfreude auf das, was kommt. Eine tägliche frohe Erwartung, gepaart mit einer Spannung, was das Leben zukünftig bereithält, eröffnet zukunftsorientierten Menschen eine Menge an Möglichkeiten und eine Vielzahl an Chancen auf ein positives Leben. Diese Menschen schauen nicht in die Vergangenheit, um dort Dinge, die nicht mehr zu ändern sind, zu verändern. Sie richten ihren Blick bewusst in die Zukunft.

Menschen, die eine Vision haben, sind meist erfolgreich, sehr motivierend, wissen, was sie wollen, kennen ihr Ziel, gehen direkt darauf zu und entwickeln sich oder ihr Unternehmen in Richtung Zukunft. Die Motivation liefert das Motiv, also das Bild, und der Wunsch geht in die gleiche Richtung. Nahezu obsessiv verfolgen Menschen mit einer Vision ihren Plan mit viel Enthusiasmus und voller Feuer und Flamme. Meist stehen zwei Fragen im Vordergrund: Wo möchte ich in Zukunft stehen? Wofür und für was stehe ich in Zukunft?

Dabei beschäftigt sich die Vision mit mehr als ausschließlich einem wirtschaftlichen Ziel. Meist steht hier auch das persönliche

Erleben oder die persönliche Entwicklung im Fokus. Eine Vision kann definiert werden als eine richtungsweisende und erfrischende Orientierung, die in die Zukunft gerichtet ist. Eine Vision ist also ein Ziel mit Blick in die Zukunft, sie schafft Struktur und Orientierung und ist Motivator für neue Projekte. Sind Sie auch ein Mensch mit einer Vision?

Zu Beginn einer Beziehung mit einem anderen Menschen gibt es einen bunten Strauß an Visionen. Im Laufe der Beziehung gehen diese Pläne überwiegend verloren. Retrospektiv hatten beide Partner möglicherweise die Vision zu heiraten, ein Haus zu bauen, eine Familie zu gründen und bis ans Lebensende zusammenzubleiben. Doch meist bleibt das Sprechen über Visionen auf der Strecke und der Beziehungsalltag rückt in den Vordergrund. Einst gesteckte Visionen verlieren an Wichtigkeit und die Beziehung plätschert so vor sich hin. Hier ist es hilfreich, sich die Ressourcen anzusehen, die jeder mit in die Beziehung gebracht hat, um sich dann gemeinsam an die Zukunftsplanung zu machen. Machen Sie Ihre Zukunftsplanung, und laden Sie Ihren Partner herzlich dazu ein, Gast in Ihrem Leben zu sein.

Hierfür kann ich Ihnen folgendes Ritual empfehlen: Setzen Sie sich gemeinsam hin, nehmen Sie ein Blatt Papier und schreiben Sie auf, was Sie im nächsten Monat oder Jahr erreichen möchten. Schreiben Sie es so detailliert wie möglich auf. Oftmals hilft es, das Ergebnis zu visualisieren. Vielleicht hilft es Ihnen sogar, Ihre Vision aufzumalen. Gestalten Sie eine Collage aus gesammelten Postkarten, Zeitungsartikeln und aufgehobenen Erinnerungen. Außer Ihnen weiß niemand, welche Vision sich hinter den Bildern verbirgt. Hängen Sie Ihr Werk sichtbar auf und erfreuen Sie sich täglich daran. Und unter Umständen ist das auch ein hilfreiches Mittel für die Zukunftsplanung Ihrer Partnerschaft?

Treffen Sie mit sich selbst die Vereinbarung, dass Sie einmal im Jahr Ihre Vision sichtbar gestalten. Verabreden Sie sich mit einer Freundin oder einem Freund, auch gerne mit Ihrem Partner, um Ihre jeweiligen Kunstwerke zu präsentieren. Schaffen Sie Raum für Ihre Visionen.

Stellen Sie sich dabei die folgenden Fragen:

- Wo möchten wir in einem, in zwei oder in fünf Jahren stehen?
- Was sind meine wichtigsten Ziele?
- Was möchte ich noch erleben?
- Welche Unterstützung wünsche ich mir von meinem Freundeskreis oder meinem Partner, damit sich mein Traum erfüllt?
- Welches sind meine Werte?
- Was kann ich selbst tun, damit meine Visionen wahr werden?

Tauschen Sie sich mit Ihrem Partner aus. Die Übereinstimmungen Ihrer Vision können Sie schon jetzt gemeinsam leben. Es ist nicht wichtig, dass alle Punkte eine gemeinsame Übereinstimmung finden. Wichtig ist, dass Sie mehr als nur eine Vision gemeinsam haben.

Vergessen Sie nicht, das Ganze regelmäßig zu wiederholen, um Ihre gemeinsamen Visionen als Paar zu leben. So halten Sie Ihre Partnerschaft liebevoll, lebendig und beglückt mit vielen wundervollen Impulsen. Um dem Ganzen noch mehr Bedeutung beizumessen, können Sie auch ein Bild von Ihren gemeinsamen Erlebnissen kreieren. Denken Sie daran: Wenn Sie es gemeinsam träumen können, dann können Sie auch Ihre gemeinsame Vision leben.

Diese Eigenschaften sollte eine Vision haben

Visionen haben einen großen Vorteil: Sie bewegen uns Menschen. Wenn Sie sich den kritischen Fragen stellen und diese auch beantworten, dann sind Sie schon auf dem Weg zu Ihrem Ziel. Teilweise sind Veränderungsschritte mühsam, anstrengend oder schwierig. Doch oft sind diese Veränderungen nötig. Wie auch immer das Ziel lautet, Visionen definieren das Ziel. Eine Vision schafft die Basis für die nächsten Schritte. Aus der Vision entstehen Maßnahmen zur Umsetzung. Zudem verändert eine Vision die dazugehörige Kommunikation. Im Rahmen einer Vision entwickeln Sie eine neue Sicht auf Ihre aktuelle Situation und verändern dadurch Ihre Zukunft. Visionen begeistern uns und stützen sich gleichzeitig auf Fakten.

Das sind die Eigenschaften, die eine effektive Vision haben kann:

1. **Sie ist vorstellbar:** Sie stellt bildlich dar, wie die Zukunft aussehen wird.

2. **Sie ist wünschenswert:** Wer ein langfristiges und erstrebenswertes Interesse hat, seine Ziele zu erreichen, beteiligt andere in positivem Sinne an seinem Veränderungsprozess.

3. **Sie ist fassbar:** Es handelt sich um realistische und erreichbare Ziele.

4. **Sie ist fokussiert:** Die Ziele sind deutlich genug, um bei der Entscheidungsfindung hilfreich zu sein.

5. **Sie ist flexibel:** Sie ist allgemein genug, um unter dem Aspekt veränderlicher Bedingungen individuelle Initiativen und alternative Reaktionen zuzulassen.

6. **Sie ist kommunizierbar:** Ist Ihre Vision einfach zu kommunizieren, und können Sie diese innerhalb von fünf Minuten erfolgreich erklären, haben Sie alles richtig gemacht.

Bevor Sie sich an die Umsetzung Ihrer Vision machen, sollten Sie wissen, wie Ihr aktueller Istzustand aussieht und wie Sie gerade im Moment aufgestellt sind. Das nennt sich Istanalyse. Nur wenn Sie Ihre Situation kennen, können Sie sich auch überlegen, was Sie in der Zukunft verbessern möchten. Das wird Sollanalyse genannt. Die Situationsanalyse ist faktenorientiert. Und genau aus diesem Grund können Sie es sich dabei ganz einfach machen und alles auf ein Blatt Papier notieren. Es gibt sehr viele Methoden, mit deren Hilfe eine Sollanalyse durchgeführt werden kann. Wichtig ist, dass Ihre Vision so plausibel und anschaulich wie möglich gestaltet wird. Welche Methode für Sie sinnvoll ist, entscheiden Sie selbst. Zwei anerkannte Methoden stelle ich Ihnen im Folgenden vor.

Zukunftsplanung mit der SWOT-Analyse und der WABE-Planung

Bei dieser Arbeitsweise ist der Fokus auf die Stärken (**S**trengths) und die Schwächen (**W**eaknesses) gerichtet, die den Chancen (**O**pportunities) und den Risiken (**T**hreats) gegenübergestellt werden. Die SWOT-Analyse ist ein Werkzeug aus dem strategischen Management, mit deren Hilfe einfach und flexibel sowohl Stärken und

Schwächen innerhalb eines Projektes als auch externe Chancen und Gefahren betrachtet werden können. Die SWOT-Analyse eignet sich ebenfalls sehr gut für Ihre Visionen, während Sie sich auf dem Weg zu Ihrem Ziel befinden. Sie macht bewusst, welche Stärken Sie bereits besitzen. Die Schwächen, die aufgezeigt werden, können als wertvolle Veränderungsschritte anerkannt werden, um sich dadurch weiterzuentwickeln. Risiken werden klar betrachtet, denn dahinter könnte sich die eine oder andere Fallgrube verbergen – etwas, dass Sie bestimmt aus Ihrem Leben verbannen möchten. Die Chancen liefern Ihnen ein klares Bild, wie es aussehen wird, wenn Sie Ihr Ziel erreicht haben.

Haben Sie eine Vorstellung davon, wie Sie Ihre Lebensziele erreichen können? Mit einer Zukunftsplanung wird es Ihnen gelingen, spielend Ihre Ziele zu erreichen. Wer eine gute Zukunftsplanung für sein Leben macht, setzt sich realistische Ziele, setzt diese Schritt für Schritt um, plant und organisiert sein Leben und ist neugierig auf die Zukunft.

Menschen mit Zukunftsplanung

- schenken Zielen, die sie verfehlt haben, keine lange Aufmerksamkeit,
- wenden sich mit viel Elan und Optimismus neuen Zielen zu,
- messen Misserfolgen keine hohe emotionale Bedeutung bei,
- tragen keine Folgen davon, wenn sich Niederlagen ereignen.

Menschen mit Lebenszielen sind:

- zielstrebig,
- kraftvoll,

- gesund, da sie Ressourcen haben,
- motiviert,
- ruhig und voller Antrieb.

Menschen, die als zielorientiert beschrieben werden, bleiben unermüdlich auf ihrem Weg, um das Ziel, dass sie sich gesetzt haben, zu erreichen. Das bedeutet, dass diese Menschen den Fokus, sowohl gedanklich als auch emotional, in Richtung der gesteckten Ziele richten. Dabei sprechen wir von Persönlichkeitsmerkmalen, sogenannten Verhaltensmustern in konkreten Situationen. Diese Merkmale haben wir seit der frühesten Kindheit erlernt, jedoch sind diese nicht in Stein gemeißelt. Mit ein wenig Motivation und einer gehörigen Portion Mut können Sie diese Merkmale verändern. Haben Sie sich entsprechende Eigenschaften antrainiert, erreichen Sie auch unter widrigen Umständen Ihre Ziele. Das gilt für viele Bereiche, etwa für den Sport, den Beruf und auch für die Planung der Lebensziele. Um Ihre Ziele in Zukunft erreichen zu können, ist es wichtig, keine Angst vor Strapazen zu haben und Hürden mit viel Schwung zu nehmen. Bei der Planung der Lebensziele ist ein gewisses Maß an Bewusstsein, Umgang mit den eigenen Ressourcen, Anerkennung der eigenen Stärken und Talente von Bedeutung.

Dazu gibt es aus wissenschaftlicher Sicht eine Methode, mit der Sie mit praktischen Anleitungen Ihre Ziele kennzeichnen, bildhaft machen und Schritt für Schritt auch erreichen können. Diese Methode nennt sich WABE und wurde entwickelt, um in einzelnen Übungsschritten und mit einfachen Mitteln die Machbarkeit in allen Lebensbereichen aufzuzeigen, wenn es um die Umsetzung der gewünschten Ziele geht. Der Hintergrund dieser Methode basiert auf dem Wunsch, Veränderungswünsche antrainierter Verhaltensmuster sichtbar zu machen, um Hürden zu erkennen, die auf dem Weg zur Erreichung der Ziele auftreten können. Um das Ziel zu erreichen, wird eine verlässliche Zielsetzung definiert, die Schritt für Schritt umgesetzt wird. Die einzelnen Buchstaben des Akronyms stehen dabei für

- W = **W**unsch
- A = **A**llerbestes Ergebnis
- B = **B**arriere
- E = **E**rfolgsplan

Und so können Sie die Methode ganz einfach sichtbar machen. Nehmen Sie ein großes Blatt Papier und gehen Sie die folgenden Schritte durch:

W = Wunsch

Schreiben Sie sich Ihren Wunsch so genau wie möglich auf. Bedenken Sie, dass die Formulierungen positiv sein sollen. Schreiben Sie nicht auf, was Sie zukünftig nicht mehr möchten. Notieren Sie vielmehr, was der Mehrwert ist, den Sie erreichen möchten.

Hierzu ein Beispiel: Wenn es Ihr Wunsch ist, im nächsten Jahr nicht mehr so viel zu arbeiten, dann könnten Sie Folgendes aufschreiben: »Ich arbeite im neuen Jahr täglich acht Stunden und verbringe die restliche Zeit mit meiner Familie, mit Freunden, mit Sport etc. Sollte es dringende Projekte geben, dann ist eine Ausnahme erlaubt.« Wer sich erlaubt, dass es Ausnahmen geben kann, hat die Freiheit, auch anders handeln zu dürfen. Gerade in stressigen Situationen ist das ein wichtiges Werkzeug, um Handlungsmuster zu durchtrennen, jedoch den Weg zu Ihrem Ziel nicht zu verlassen. Fragen Sie sich beim Buchstaben W:

- Welches ist mein bedeutendster Wunsch?
- Welchen Wunsch möchte ich mir erfüllen, gleichwohl er herausfordernd ist?

A = Allerbestes Ergebnis

Beim allerbesten Ergebnis fragen Sie sich, was das Beste und Fantastischste wäre, wenn sich Ihr Wunsch erfüllt, Sie Ihr Ziel also erreichen. Unter Umständen hilft es Ihnen in dieser Situation, die Augen für einen Moment zu schließen, um in dieses Bild zu tauchen.

- Was erwartet Sie am Ziel?
- Wie fühlen Sie sich, wenn Sie angekommen sind?

Öffnen Sie die Augen anschließend wieder, und notieren Sie sich alles, was Sie gesehen, wahrgenommen und gefühlt haben. Sollten Ihnen rechts und links auf Ihrem Weg zum Ziel Dinge aufgefallen sein, schreiben Sie diese unbedingt mit auf. Manchmal sind es genau diese scheinbar unbedeutenden Sachen, die Sie weiterbringen. Fragen Sie sich beim Buchstaben A:

- Wenn mein Wunsch erfüllt wäre, was wäre das Faszinierendste?
- Wie würde ich mich fühlen?

B = Barriere

Jetzt haben Sie bereits die Hälfte der Buchstaben erreicht. Beim B geht es um die inneren Hürden, die entstehen können und die Sie unter Umständen aufhalten.

- Was hindert Sie?
- Wie hoch sind die Hürden?

Gelegentlich ist es hilfreich, sich klarzumachen, dass Hürden nicht nur dazu da sind, dass wir darüberspringen – wir können auch darunter durchrobben, um ans Ziel zu kommen. Es ist nur eine Frage des Tuns. Fragen Sie sich beim Buchstaben B:

- Was in mir hält mich davon ab, mir diesen Wunsch zu erfüllen?
- Welche große Hürde könnte sich mir auf dem Weg zu meinem Ziel in den Weg stellen?

E = Erfolgsplan

Beim letzten Buchstaben geht es darum, sich darüber klar zu werden, wie Sie Ihr Ziel erfolgreich erreichen. Machen Sie sich bewusst, dass es hier nicht um unrealistische Ziele geht, sondern um Ziele, die machbar und realisierbar sind. Die Frage dazu lautet:

- Wie schaffen Sie es, Ihre Ziele spielend zu erreichen?

Zuerst sollten Sie sich Ihre Hürden bewusst machen und diese dokumentieren. Dann gilt es, sich die Fragen zu stellen:

- Welche Hürden behindern mich auf meinem Weg zum Ziel?
- Wie kann ich meine Hürden überwinden?
- Welcher Gedanke oder welche Aktion könnten mir dabei behilflich sein?

Unter Umständen ist es hilfreich, wenn Sie sagen können, wer Ihnen helfen könnte, Ihre Hindernisse zu überwinden. Auch kann es hilfreich sein, das Ganze bildlich darzustellen. Malen Sie Ihre einzelnen Schritte auf dem Weg zu Ihrem Ziel auf. Schreiben Sie einen Masterplan, und hängen Sie diesen an eine Stelle, an der Sie ihn jeden Tag ansehen können. Erstellen Sie mit den Menschen aus Ihrem Netzwerk einen Plan darüber, was Sie benötigen, wie Sie Ihre Ziele spielend schaffen und wer Sie auf Ihrem Weg begleiten kann. Seien Sie neugierig auf Ihre Zukunft, und planen Sie für sich realisierbare Ziele, dann werden Sie das auch schaffen.

Warum kleine Glücksmomente eine positive Zukunft schaffen

Haben Sie sich schon einmal mit der Frage beschäftigt, was Sie für Ihr zukünftiges Leben benötigen? Sicher helfen Ihnen die kleinen Glücksmomente. Kleine Glücksmomente sind gerade in Krisenzeiten nicht immer leicht zu finden. Ab und zu sind sie auch eine große tägliche Herausforderung. Bekanntlich soll uns jeder neue Tag dazu animieren, das Leben immer in vollen Zügen zu genießen und zu leben, Freunde zu treffen, in die Natur zu gehen und neu zu starten mit Fitness, positiven Gedanken oder dem Blick nach vorn.

Stattdessen sorgen tägliche Nachrichten für Unsicherheit, Angst und Ohnmacht, sodass Ihnen das Finden von kleinen Glücksmomenten um ein Vielfaches schwerer gemacht wird. Wenn das der Fall sein sollte, macht es auf alle Fälle Sinn, sich mit dem Thema Glück zu beschäftigen und damit, weshalb das Glück für uns Menschen so wichtig ist. Um das Glück zu erreichen, so sagt Prof. Dr. Martin Seligman, amerikanischer Psychologe, Schriftsteller und bekannt für seine Beiträge zur Positiven Psychologie, seien drei Dimensionen wichtig, an denen gearbeitet werden sollte:

1. **Das (Über-)Leben :** Das bedeutet, dass jeder Mensch seine Grundbedürfnisse befriedigen sollte.

2. **Das wertvolle Leben:** Damit ist gemeint, dass unsere Potenziale entwickelt und entdeckt werden sollten, um ein erfülltes Leben zu leben.

3. **Das sinnvolle Leben:** Das ist das Potenzial, sich für das Glück anderer einzusetzen. Dabei geht die Aufmerksamkeit auf die positiven Emotionen.

Doch was genau sind Glücksmomente? Glücksmomente sind die kleinen Bewegungen, die wundervollen Begegnungen, die wir täglich machen. Diese aktivieren unser Gehirn und produzieren Glückshormone (siehe auch Seite 69). Glückshormone sind Botenstoffe, die zum Wohlfühlen beitragen und Glücksgefühle auslösen können. Glückshormone können belebend, beruhigend und schmerzstillend sein. Zu den Glückshormonen gehören Oxytocin (auch Kuschel- oder Bindungshormone genannt), Noradrenalin, Serotonin, Dopamin und Endorphine.

Glückshormone haben eine Wirkung, ähnlich einer Droge. Aus diesem Grund werden sie auch »körpereigene Drogen« oder »endogene Drogen« genannt. Und genau diese Hormone sind es, die jedem Menschen Glücksmomente verschaffen und das Leben reicher und bunter machen. Es kann tatsächlich ganz simpel sein, diese wundervollen »Magic Moments« zu gestalten und in Ihr Leben zu integrieren. Ob es das Frühstück im Bett ist, endlich wieder tanzen zu gehen, einen Fremden anzulächeln – wenn man einmal darauf achtet, gibt es sie ganz häufig, diese kleinen Glücksmomente, die einem den Alltag vergolden. Sie dürfen sie nur nicht vergessen und sollten sich täglich daran erinnern.

Hier kommen vier ganz leicht umsetzbare Ideen für kleine Glücksmomente im Alltag.

Idee 1: Turn the Radio on

Kennen Sie das: Sie machen das Radio an, hören ein wundervolles Lied und drehen so laut auf, dass die Wände wackeln? Musik hören, dazu singen und tanzen – wie wundervoll! Wer einen direkten Nachbarn hat oder feststellt, dass die Uhrzeit gerade nicht dazupasst, setzt sich besser Kopfhörer auf, bevor die Nachbarn die Polizei rufen. Tatsächlich haben das Singen, das Tanzen und sogar das Musikhören eine sofortige Auswirkung auf die Stimmung. Versuchen Sie es.

Idee 2: Kleine Geschenke erhalten die Freundschaft

Wenn Sie jemandem eine kleine Freude machen möchten, ist bereits das Aussuchen ein Glücksmoment. Besorgen Sie das Geschenk für jemanden, der Ihnen am Herzen liegt. Am allerschönsten ist es zudem, das Geschenk liebevoll zu verpacken. Und dann kommt der größte Moment, das Auspacken. Ein altes Sprichwort besagt: »Die Finger reichen dar, aber das Herz schenkt.«

Idee 3: Frühstück im Bett

Ein Frühstück wie im Hotel im Bett serviert zu bekommen, nichts fehlt und es duftet köstlich nach frisch gebrühtem Kaffee oder Tee. Noch dazu gibt es alle Nahrungsmittel, die Sie gerne essen. Sind das nicht traumschöne Bilder? Selbst wenn es regnen sollte, ist das ein Moment, der glücklich macht – ein echter Glücksmoment.

Idee 4: Lächeln Sie

Wenn alle Stränge reißen sollten, eines ist grundsätzlich möglich: lächeln. Lächeln Sie sich selbst zu und lächeln Sie andere Menschen an. Solche Glücksmomente können sehr kurz sein, jedoch für immer in unserem Herzen bleiben.

Wie Sie motiviert in Ihre eigene Zukunft marschieren

Glücksmomente sind Motivatoren. Was Menschen motiviert, spornt sie an und sorgt dafür, noch mehr von diesem bezaubernden Gefühl zu konsumieren. Motivation ist das Erfolgsbarometer, das Ihnen Ihr Leben leichter und Dinge messbarer macht. Zugleich ist es der Motor für unser tägliches Handeln und Tun. Da Sie gelernt haben, der Held Ihres eigenen Lebens zu sein, ist es für Sie wichtig, lieber motiviert als unmotiviert durch Ihr Leben zu gehen. Motivation ist zudem eine Anlage, die jeder Mensch in sich trägt und die jeden von uns betrifft. Wenn es um den Erfolg geht, ist die Motivation der Schlüssel zum Weg. Motivation ist Disziplin, Fleiß, Pflichtbewusstsein und Ausdauer.

Hinter jeder Motivation steckt ein Motiv und gerade beim Erfolg sollte das Motiv sehr klar zu erkennen sein. Denn je klarer das Bild, desto deutlicher sind die Gründe, sich dort hinzubewegen. Das Wort Motivation geht übrigens auf das lateinische Verb »movere« (= bewegen) zurück. In der Psychologie wird Motivation folgendermaßen beschrieben: Motivation richtet sich nach einem angegebenen Ziel, auf dessen Resultat eine Belohnung folgt. Die Motivation grenzt sich vom Motiv ab. Die Tiefenpsychologie geht davon aus, dass die meisten Motive unbewusst, die Motivation dagegen bewusst angesteuert wird. Und noch einen wichtigen Aspekt für Ihre Zukunftsplanung bringt die Motivation mit sich. Sie drückt aus, sich »weg von etwas« (einem unangenehmen Zustand oder einem unerträglichen Gefühl) und »hin zu etwas« (einem neuen Ziel mit neuen positiven Gefühlen) zu bewegen.

Motivation ist ein Koffer verschiedenster psychologischer Bedürfnisse: Neben den Grundbedürfnissen wie Essen, Trinken, Schlafen, Verdauung und Sexualität sowie den gesellschaftlichen

Bedürfnissen ist die Motivation auch geprägt von dem Bedürfnis nach Sicherheit, dem Bedürfnis nach Anerkennung und dem Bedürfnis nach Individualität.

Dabei wird zwischen zwei Arten der Motivation unterschieden, nämlich zum einen der intrinsischen oder der Selbstmotivation und zum anderen der extrinsischen oder der Fremdmotivation. Das Motiv der Selbstmotivation liegt in der Person. Der Mensch motiviert sich selbst. Das Motiv der Fremdmotivation liegt im Außen. Das bedeutet, es bedarf eines Anreizes von außen, der als Motivator dient, um das Ziel zu erreichen. Der permanente Anreiz ist bei der Fremdmotivation wichtig. Bei der Selbstmotivation dagegen sind Kopf und Körper im Einklang. Wie bekommen Sie nun mehr Lebenslust und Lebensfreude durch Motivation in Ihr Leben? Hier habe ich ein paar Tipps für Sie:

- Übernehmen Sie die Verantwortung für Ihr Leben. Niemand außer Ihnen ist verantwortlich für Ihr Leben.
- Fragen Sie sich, was Sie motiviert, wer Sie dabei unterstützen kann, was Sie gerne machen und weshalb. Schreiben Sie es sich auf.
- Starten Sie mit kleinen Veränderungen, das heißt, nehmen Sie sich kleinere Dinge vor, denn die führen eher zum schnellen Erfolg.
- Setzen Sie sich neue Motive und Ziele und verfolgen Sie diese konsequent.
- Belohnen Sie sich für jedes erreichte Ziel. Gehen Sie zum Beispiel mit sich selbst Kaffee oder Tee trinken und gönnen Sie sich etwas.

Im Zuge Ihrer Zukunftsplanung ist es auch wichtig, sich mit der Kraft der Achtsamkeit zu beschäftigen. Der Begriff Achtsamkeit folgt einer buddhistischen Vorstellung. Die Wissenschaft beschäftigt sich ebenfalls mit dem Begriff und definiert ihn als eine intensive Aufmerksamkeit, die den Blick auf die Gegenwart lenkt, um im Hier und Jetzt zu leben. Die Lebensweise ist dabei bedachtsam, ehrlich und offen. Man erlebt den aktuellen Moment und nimmt die aktuelle Situation bewusst wahr. Dabei sind Gefühle, Sinneseindrücke und Gedanken ebenso wichtig wie körperliche Empfindungen. Die Empfindungen sollten so wertfrei wie möglich angenommen werden. Tatsächlich sind Achtsamkeit und der Bewusstseinszustand, sorgfältig und fürsorglich mit sich selbst zu sein, etwas, das von den meisten Menschen akzeptiert wird und in der Gesellschaft integriert ist. Der Effekt, achtsam zu leben, ist längst vielen Menschen bekannt. Es steigert das Selbstbewusstsein, macht die eigenen Stärken bewusst und sorgt für eine gute psychische Gesundheit.

Wissenschaftliche Anerkennung bekam die Achtsamkeit bei der Arbeit mit depressiven Menschen. Und sollten Sie ein Mensch sein, dessen Stressresistenz bislang zu gering war, können Sie mit Achtsamkeitsübungen den Stress und die belastenden Momente verringern. Dabei sind es nicht die auslösenden Situationen, sondern der Umgang mit diesen, der sich durch die Achtsamkeit verändert. Parallel dazu lassen sich durch gezielte Übungen schneller Lösungen finden, der Stress baut sich ab und das Problem löst sich in Luft auf. Ab und zu ist es auch hilfreich, geduldiger zu sein.

Dafür habe ich eine kleine Geduld-Strategie-Übungseinheit in vier Schritten für Sie.

Schritt 1: Machen Sie sich die Folgen Ihres Handelns bewusst

Bevor Sie zukünftig etwas vorschnell unternehmen, halten Sie inne. Machen Sie sich bewusst, was die Konsequenzen des Handelns und Tuns sind. Durch einen achtsamen und geduldigen Impuls lassen sich Konflikte vermeiden und Fehler minimieren.

Schritt 2: Planen Sie genügend Zeit ein

Notieren Sie sich die Situationen, in denen Sie in der Vergangenheit ungeduldig und wenig achtsam waren. Planen Sie nun genügend Zeit ein, um nicht mehr unter Zeitdruck zu geraten. Wenn Sie bemerken, dass Ihnen die Zeit wieder im Nacken sitzt, steuern Sie bewusst dagegen. Manchmal reicht es schon, ein paar Minuten ruhig zu atmen, aus dem Fenster zu schauen oder die Augen zu schließen.

Schritt 3: Visualisieren Sie Ihr Ziel

Das Visualisieren von Zielen, wenn Sie sich also das Zielbild vorstellen, unterstützt Sie dabei, erfolgreich ans Ziel zu kommen. Machen Sie Ihr Bild in Ihrer Vorstellung riesengroß und so exakt wie möglich. Wie bei allen anderen Fertigkeiten benötigt auch das Visualisieren ein wenig Übung, Zeit, Leidenschaft und Engagement. Je mehr Sie üben, desto mehr wird es Ihnen gelingen.

Schritt 4: Eine Frage der Sichtweise

Oft machen Menschen sich Stress und setzen sich massiv unter Druck, obwohl sie keine Möglichkeit haben, etwas an der Situation zu verändern, zum Beispiel im Stau oder beim Warten an der Supermarktkasse. Machen Sie sich bewusst, dass Sie diese Zeit viel besser nutzen können, indem Sie sich mit sich beschäftigen und achtsam sind. Ob Sie sich nun aufregen oder nicht, die Welt dreht sich trotzdem weiter, also ist es doch besser, achtsam zu sein.

Nachdem Sie sich nun mit der Geduld-Strategie-Übungseinheit auseinandergesetzt haben, kommen wir nun noch einmal auf unsere Bedürfnisse zurück. Nicht nur der Körper hat Bedürfnisse, die erfüllt werden sollten. Können Sie sich vorstellen, dass Ihre Seele auch Bedürfnisse haben könnte? Was braucht unsere Seele oder unser Geist zum Überleben? Gibt es Dinge, auf die jeder Mensch verzichten kann, ohne dass es unserer Gesundheit schadet? Unsere Bedürfnisse sind die treibende Kraft hinter allem, was wir tun. Viele unserer Handlungen sind darauf ausgerichtet, diese Bedürfnisse zu schützen und zu erfüllen.

In Zukunft sollten wir also beispielsweise darauf achten, dass wir neben ausreichend Nahrung auch ausreichend Liebe und Gemeinschaft erfahren. Jeder Mensch nimmt Nahrung zu sich, um bei Kräften zu bleiben und damit der Körper richtig arbeitet und gesund bleibt. Gleichermaßen sind Anerkennung, Lob und Liebe für viele Menschen wichtige mentale Bedürfnisse. Für die sozialen Bedürfnisse brauchen Sie den Kontakt zu Menschen. Isolation ist Gift für das Miteinander. Auch Tiere, die Sie gerne haben, sind wertvoll. Menschen ohne soziale Kontakte sind schnell einsam oder sehr traurig. Sie fühlen sich nicht wahrgenommen und von der Gesellschaft verlassen.

Und zum Schluss haben wahrscheinlich auch Sie Luxusbedürfnisse, die Sie in Ihrem zukünftigen Leben nicht unbedingt benötigen. Luxusbedürfnisse können sein: teure Handys, Schmuck, Autos, Genussmittel wie Kaviar und Champagner oder Luxusvillen. Luxusbedürfnisse gehören nicht zwingend erforderlich zum Leben und hängen meist mit auch mit hohen finanziellen Ausgaben zusammen. Fragen Sie sich, ob die Luxusbedürfnisse überhaupt noch relevant für Sie sind. Mein Tipp: Überlegen Sie sich einmal, welche Luxusbedürfnisse Sie selbst wirklich haben, um herauszufinden, was Ihnen wichtig im Leben ist und nach welchen Werten Sie leben möchten.

Ihre Zukunft und Ihre Bedürfnisse

Die Psychologie beschreibt das Bedürfnis als einen Zustand oder das Erleben eines Mangels mit dem Wunsch, diesen zu beheben oder Abhilfe dafür zu schaffen. Ein Beispiel: Sie sind müde und möchten sich hinlegen, um zu schlafen (schlafen ist ein Bedürfnis). Wo genau Sie sich hinlegen, ist dabei nicht relevant, stattdessen steht für Sie im Vordergrund, dass Ihr Bedürfnis gestillt wird.

Auf welche Bedürfnisse wir verzichten können, ohne Schaden an unserer Gesundheit zu nehmen, mit dieser Frage haben sich zahlreiche Psychologen beschäftigt. All unser Handeln ist darauf ausgerichtet, unsere Bedürfnisse zu schützen und zu erfüllen. Ist ein Bedürfnis befriedigt, dann fühlen wir uns zum Beispiel glücklich, froh, fröhlich, heiter usw. und haben keinen Mangel. Ist das Bedürfnis jedoch unerfüllt, dann können Gefühle entstehen wie zum Beispiel Ärger, Wut, Irritation, Trauer usw. – die entsprechenden Gefühle kennen Sie. Was jedoch den meisten Menschen nicht bewusst ist, ist, dass die Gefühle die Pforte zu unseren Bedürfnissen sind. Wir fühlen uns dann wohl, wenn die Bedürfnisse gestillt sind.

Kommunikation und Austausch sind, wie wir gesehen haben, wichtige Werkzeuge einer jeden zwischenmenschlichen Beziehung und gleichzeitig auch zwei Bedürfnisse. Wer über seine Bedürfnisse spricht, öffnet die Kommunikation und sorgt dafür, dass das Gegenüber versteht, weshalb etwas gerade so ist, wie es ist. Das bedeutet, wer für ein gemeinsames Verständnis beispielsweise einer Situation sorgt, schafft die Möglichkeit für eine gegenseitige Klarheit. Klarheit in einer Situation bedeutet, ein gemeinsames Gespür für die Situation zu bekommen. Jeder Mensch hat Bedürfnisse, die meist unterschiedlich gewichtet sind. Tauschen wir uns darüber aus, so ist eine gemeinsame Ebene für eine wohlwollende Gesprächsführung eröffnet.

Wichtig ist: Jeder Mensch priorisiert seine Bedürfnisse eigenständig. Das bedeutet, dass man, um ein gegenseitiges Verständnis zu erreichen, unbedingt mit anderen kommunizieren muss. Dazu ein Beispiel: Sie kommen nach einem anstrengenden Tag nach Hause, sind müde und erschöpft. Ihr Bedürfnis ist, Ruhe zu finden, Stille zu erleben und Sie möchten sich am liebsten zurückziehen (Bedürfnis Entspannung). Ihr Partner freut sich schon auf Sie und möchte noch spazieren gehen (Bedürfnis Bewegung) oder mit Ihnen über den Tag sprechen (Bedürfnis Austausch und Kommunikation). Spätestens an dieser Stelle ist es wichtig, über Ihre unterschiedlichen Bedürfnisse und wie Sie beide ihnen gerecht werden können zu sprechen, denn sonst ist der Konflikt vorprogrammiert. Ein Konsens wäre beispielsweise, dass Sie sich für 20 Minuten zurückziehen, um Kraft zu tanken. Danach machen sie einen gemeinsamen Abendspaziergang und reden dabei über den Tag.

Fazit: Jeder Mensch hat Bedürfnisse, die sich in unterschiedliche Kategorien einordnen lassen. Alle Menschen haben die gleichen physischen Bedürfnisse und auch die sozialen Bedürfnisse sind in der Regel dieselben.

- Was sind Ihre Bedürfnisse?
- Was gönnen Sie sich, um sich gut zu fühlen?
- Worauf können Sie verzichten?

Fragen Sie sich, was in Zukunft noch nötig ist und was Ihnen hilft, ein resilientes Leben zu führen.

Übung 1: Das Zukunftshaus

Jeder Mensch hat seine eigene Art, mit den Dingen umzugehen, die er in der Vergangenheit erlebt hat. Ab und zu sind es jedoch die kleinen Schritte, die den Blick wieder in Richtung Zukunft heben. Seien Sie gespannt, wie viel Sie selbst in der Hand haben, wenn es um die Gestaltung Ihrer eigenen Zukunftsplanung geht. Auch wenn

Ihre Vergangenheit dunkel oder belastend war, jetzt geht es in die Zukunft, und da ist es freudig, freundlich und zuversichtlich. Damit Sie sich Ihre Zukunft vorstellen können, hilft Ihnen vielleicht diese Übung.

Setzen Sie sich bequem hin, sorgen Sie für innere Ruhe und schließen Sie Ihre Augen. Sollten Sie bemerken, dass Sie unruhig oder angespannt sind, dann akzeptieren Sie diesen Zustand bitte und versuchen nicht mit aller Macht, zur Ruhe zu kommen oder entspannt zu sein. Manchmal hilft es, ein paar Mal ruhig und tief in den Bauch ein- und auszuatmen. Stellen Sie sich dann bei jedem Ausatmen vor, dass Sie die Unruhe oder die Anspannung ausatmen.

Nun stellen Sie sich vor, Sie sitzen in einem wundervollen, geradezu entzückenden Garten. Er ist ein wenig wild und durcheinander, jedoch auch sehr feenhaft. Im Hintergrund sehen Sie ein altes und verwildertes Haus. Es zieht Sie magisch an, dieses Haus zu erkunden, und zudem kommt es Ihnen bekannt vor. Sie machen sich auf und treten durch eine quietschende Tür in den Flur des Hauses. Sie gehen von Raum zu Raum, und noch ehe Sie es sich gut überlegt haben, steht Ihr Entschluss fest, dass Sie das Haus kaufen und renovieren werden. Gesagt, getan, und schon geht sie los, die Renovierungsarbeit an Ihrem Haus. Sie gestalten Ihre Küche, den Flur, Ihr Büro, das Esszimmer und den Wohnbereich neu. Der untere Bereich ist erledigt, nun geht es an die erste Etage. Das Bad ist schon fertig, doch die größte Baustelle ist Ihr Schlafzimmer. Nach langer Bauzeit ist jedoch schließlich auch dieser Raum so, wie Sie es sich vorgestellt haben. Der Umbau Ihres Hauses ist geschafft.

Nun folgt die Reinigungsphase Ihres Hauses. Jedes einzelne Zimmer wird gereinigt. Bis in die hinterste Ecke jedes Zimmers, vom Keller bis zum Dachboden, wird alles auf Hochglanz poliert. Sie sind zwar kaputt und abgearbeitet, jedoch sehr stolz auf sich, denn Ihr Haus erstrahlt in neuem Glanz.

Gehen Sie nun in Gedanken noch einmal durch jeden Raum, und schauen Sie sich an, was Sie mit Ihren eigenen Kräften erschaffen haben. Genießen Sie jeden Raum und speichern Sie diesen wundervollen Moment in sich ab.

Bald ist es an der Zeit, sich von Ihrem Haus und dem feenhaften Garten zu verabschieden und Ihre Aufmerksamkeit in das Hier und Jetzt zu bringen. Öffnen Sie Ihre Augen. Nehmen Sie sich noch ein wenig Zeit, und schreiben Sie auf ein Blatt Papier oder in Ihr Notizbuch, was Sie in Ihrem Leben zu neuem Glanz aufpolieren möchten oder was Sie zum Leben erwecken wollen. Formulieren Sie Ihre Gedanken bitte so exakt wie möglich aus. Und sollten Sie erneut an eine Stelle in Ihrem Leben kommen, an der Ihnen die Ideen ausgehen, können Sie diese Übung jederzeit wiederholen.

Übung 2: Ade, Aufschieberitis

Ab und zu ist es hilfreich, sich an die Wünsche, Begabungen und Ideen zu erinnern, die Sie schon als Kind hatten. Manche Menschen vergessen, dass Sie damals Impulse hatten, jedoch diesen Impulsen nicht gefolgt sind. Impulsen zu folgen, das ist es, was dem Leben eine neue Zukunft gibt. Sie müssen nicht sofort Ihr ganzes Leben auf den Kopf stellen, es reicht schon, wenn Sie mit einem kleinen Teil anfangen, der Ihnen Ihre Zukunft schöner und vor allem leichter macht. Also auf ans Werk.

Beantworten Sie für sich die folgenden Fragen. Das geht sowohl schriftlich als auch gedanklich:

- Was wollten Sie als Kind werden, welcher Beruf sollte es sein?

- Gab es in Ihrer Kindheit Impulse, denen Sie bis heute nicht gefolgt sind?
- Was sind die Erinnerungen, die Sie noch an Ihre Kindheit haben, und welche Ihrer Ideen von damals möchten Sie umsetzen?
- Was benötigen Sie dafür?
- Wer könnte Ihnen dabei behilflich sein?

Sagen Sie der Aufschieberitis ade und packen Sie es an. Prokrastination stammt aus dem Lateinischen und beschreibt, dass etwas auf morgen geschoben oder vertagt wird. Der Begriff dokumentiert das Nichterledigen von anstehenden Angelegenheiten, obwohl die Entscheidung getroffen wurde, diese zu erledigen. Hier kommen ein paar Impulse, wie Sie zukünftig die Aufschieberitis vermeiden können.

Impuls 1: Setzen Sie sich realistische Ziele

Stellen Sie sich zukünftig die Fragen:

- Ist mein gestecktes Ziel realisierbar?
- Schaffe ich das, was ich mir vorgenommen habe?

Schauen Sie der Realität ins Auge. Die häufigsten Gründe für eine Aufschieberitis sind unrealistische Ziele oder Vorhaben, die unerreichbar und in weiter Ferne sind. Setzen Sie sich also Ziele, die sowohl terminlich als auch mit den Ihnen zur Verfügung stehenden Mitteln und Fähigkeiten realistisch umsetzbar sind.

Impuls 2: Planen Sie für Ihre Projekte genügend Zeit ein

Zeit ist ein wesentlicher Faktor. Denn meist ist die Zeit der Komplize der Aufschieberitis. Denken Sie bei Ihrem nächsten Projekt daran, dass Sie genügend Zeit einplanen, damit Sie entspannt mit den neuen Themen beginnen können.

Impuls 3: Belohnen Sie sich

Belohnungen wirken wie ein Energie-Booster. Wenn Sie anerkennen, was Sie bereits geleistet haben, motivieren Sie sich selbst und bestärken dadurch zusätzlich Ihre Fähigkeiten. Belohnungen können eine Tasse Tee sein, eine kleine Köstlichkeit oder der Satz, dass Sie stolz auf sich sind und auf das, was Sie geleistet haben.

Impuls 4: Sagen Sie auch einmal Nein

Sie müssen nicht zu allem Ja sagen. Ab und zu dürfen Sie auch Nein sagen. Ganz besonders dann, wenn Sie merken, dass die Aufgabe, die an Sie gestellt wird oder die Sie sich selbst auferlegt haben, nicht bis zur Deadline erledigt werden kann. Denn wenn Sie bereits genug Arbeit auf Ihrer To-do-Liste haben, werden Sie sich selbst überfordern, wenn Sie noch zusätzlich etwas annehmen.

Was auch immer Sie sich vornehmen, Sie werden es schaffen. Denken Sie daran: Sie können nur in der Gegenwart etwas ändern, wovon Sie in Ihrer Zukunft profitieren werden. Und diese Zukunft beginnt jetzt.

Übung 3: Der Brief an Ihr zukünftiges Ich

Einen Brief an sich selbst zu schreiben, ist eine wundervolle Gelegenheit, um über das zukünftige Leben nachzudenken und dem bereits vergangenen Leben zu danken. Für den einen oder anderen mag diese Übung einfach erscheinen. Dennoch bitte ich Sie, dass Sie sich erst einmal hinsetzen und überlegen, was Sie am Ende des Briefes mit diesem machen möchten. Möchten Sie ihn aufbewahren, per Post verschicken, in ein Schließfach legen oder eine Person Ihres Vertrauens darum bitten, den Brief zu einem bestimmten Zeitpunkt Ihnen zukommen zu lassen? Sammeln Sie alle Ihre Ideen und Impulse, über die Sie schreiben möchten. Entscheiden Sie auch, wie viel Zeit vergehen soll und wie alt Sie sein werden, wenn Sie Ihren Brief öffnen. Entscheiden Sie noch, welches Briefpapier Sie benutzen möchten, ob Sie mit Füllfederhalter oder Kugelschreiber schreiben – und dann geht es frisch ans Werk. Befassen Sie sich mit Ihrem zurückliegenden Leben und beantworten Sie folgende Fragen:

- Was ist das Schönste, das ich bislang erreicht und erlebt habe?
- Worauf bin ich ganz besonders stolz?
- Was fällt mir heute besonders leicht?
- Wofür bin ich extrem dankbar?
- Woraus schöpfe ich meine größte Kraft?
- Wer ist der wichtigste Mensch an meiner Seite?
- Welche Entscheidung bereue ich bis heute *nicht*?

Stellen Sie sich nun für das Leben, was Ihnen noch bevorsteht, folgende Fragen:

- Was möchte ich unbedingt erleben und mit wem soll das erfolgen?
- Wer ist die wichtigste Person in meinem Leben?
- Für welche Dinge plane ich in meinem zukünftigen Leben Veränderung?
- Woran habe ich Spaß?
- Was macht mich glücklich und zufrieden?
- Wenn ich einen Wunsch frei hätte, welcher wäre das?

- Wenn ich am Ende meines Weges angekommen bin, worauf bin ich stolz?

Bedenken Sie bitte: Es ist Ihr Brief, den Sie an sich schreiben, darum sollten Sie es sich wert sein, Zeit und Milde zu investieren. Mit Milde meine ich, seien Sie nicht zu kritisch mit sich.

Wenn zum Schluss alles in Ihrem Brief steht, was Sie an sich schreiben möchten, versiegeln Sie ihn bitte gut. Kleben Sie den Briefumschlag zu, sodass er nicht so leicht geöffnet werden kann, wenn er versehentlich in falsche Hände gerät. Und sollte es dennoch der Fall sein, dann bitten Sie den Leser auf einem Extrazettel darum, den Brief wieder zu verschließen und ihn an die Stelle zurückzulegen, an der er gefunden wurde. Bewahren Sie den Brief an einem sicheren Ort auf, und notieren Sie sich gut, wo dieser Ort ist. Machen Sie sich eine Notiz in Ihrem Kalender, die Sie daran erinnert, wann Sie Ihren Brief öffnen möchten und wo Sie den Brief hinterlegt haben. Sie können sich den Brief wie gesagt auch auf dem Postweg zukommen lassen. Machen Sie sich zudem eine Kopie von Ihrem Brief, falls er verloren geht. Das wäre doch sehr schade, wenn Ihre ganze Arbeit umsonst gewesen wäre.

Ich wünsche Ihnen ganz viel Spaß beim Schreiben und noch mehr Freude, wenn Sie Ihren Brief in Ihrer Zukunft öffnen und den Inhalt lesen.

Mein Zukunftsplanungslearning: Meist kommt es anders, als man denkt

Dass es Wunder gibt im Leben, wissen Sie bestimmt genauso wie ich. Aber wissen Sie auch, was passieren kann, wenn aus einem kleinen Buchstaben ein Buchstabenverwechsler wird, der plötzlich Ihr ganzes Leben auf den Kopf stellt? Stellen Sie sich für einen kurzen Moment vor, dass Sie aufgrund eines solchen Verwechslers vor der Tür ihrer großen Liebe stehen, das zu diesem Zeitpunkt nur noch nicht wissen, Ihre große Liebe aufmacht und sie denken: »Fuck, was für ein sch*** Timing.«

Ich wohnte in meiner kleinen Wohnung mit Blick auf den Rhein und war auf der Suche nach einer neuen Unterkunft, da mein jetziges Quartier endlich war. Dafür hatte ich mir die Samstagszeitung besorgt, da dort viele Wohnungsinserate zu finden waren. Neben der Lokalzeitung hatte ich mir eine Tasse Kaffee gemacht, denn um mich mit den Inseraten für eine neue Unterkunft zu beschäftigen, brauchte ich einen Hallo-wach-Verstärker. Statt mich mit den Anzeigen von Wohnungen zu befassen, las ich aber dann doch lieber, was so alles auf dem Markt angeboten wurde: Frau sucht Frau, Mann sucht Mann usw. Schließlich fiel mein Blick in die Rubrik »Gesellschaftliches«. Dort las ich eine Anzeige, in der ein »Bilker« nach Menschen suchte, mit denen er essen gehen könne, klönen, ins Kino oder in die Sauna gehen könne. Klönen bezeichnet in Düsseldorf den verbalen Austausch miteinander und ein »Bilker« ist der Bewohner eines Ortsteils von Düsseldorf. Dieser Ortsteil war damals ganz in der Nähe meines Wohnorts. Und da der »Bilker« weder eine Affäre noch eine feste Bindung suchte, schrieb ich ihm einen Brief.

Schon nach ein paar Tagen kam ein Anruf von Michael. Michael? Ein wenig irritiert lösten wird dann schnell auf, dass er der »Bilker« ist, dem ich geschrieben hatte. Wir telefonierten und der Typ war supersympathisch. Also verabredeten wir uns zum gemeinsamen Essen beim Italiener, bei Michael um die Ecke.

Michael beschrieb mir einen Tag vor dem Treffen, wie ich zu ihm komme, und ich kritzelte alles brav auf einen Schmierzettel. Denn Navigationssysteme gab es zu diesem Zeitpunkt nicht in jedem Auto und das Internet war auch nicht so weit verbreitet. Als mir dann bewusst wurde, dass das nicht in Bilk sein konnte, sondern in Richtung Niederrhein ging, stoppte ich und fragte: »Du wohnst doch in Bilk, oder?« Michael antwortete: »Bilk? Die Pizzeria, in die wir gehen, ist bei mir um die Ecke, nur in Bilk wohne ich nicht.« – »Aber das stand doch so in deiner Anzeige in der Lokalzeitung? ›Bilker, wieder zurück im Lande sucht…‹« – »Nein«, sagte Michael, »da stand ›BIKER wieder zurück im Lande sucht …‹« Biker, Motorradfahrer, fiel es mir wie Schuppen von den Augen.

Der Buchstabe L war leider zu viel. Spätestens jetzt hätte die Geschichte auch zu Ende sein können. Denn Motorrad fahren war gerade das Allerletzte, was ich wollte, da ich mich ja erst wieder auf den Unterarmgehstützen bewegen konnte. Also fragte ich Michael: »Fährst du Motorrad?« Er antwortete: »Ja, und das sehr gerne.« Das funktioniert auf keinen Fall, schoss es durch meinen Kopf. Also stellte ich ihm die Frage »Hättest du ein Problem damit, wenn du jemanden triffst, der im Rollstuhl sitzt?« Totenstille am anderen Ende. Auf meine nächste Frage »Bist du umgefallen?«, hörte ich ihn sagen: »Nein, ich musste nur mal eben überlegen.« (Pause.) »Nein, habe ich nicht«, sagte er schließlich und setzte noch nach: »Und zudem ich habe einen großen Kofferraum.« Erledigt. Und da wir nichts zu verlieren hatten, haben wir uns getroffen.

Wir haben uns gesehen und ineinander verliebt (übrigens meine dritte Liebe). Umgezogen bin ich dann trotzdem innerhalb von Düsseldorf, habe mein Studium der Angewandten Psychologie beendet und im Anschluss meine Selbstständigkeit gestartet. Wir haben dann getestet, wie es sich anfühlt, in zwei Wohnsitzen, in Düsseldorf und am Niederrhein, zu wohnen, und schlussendlich ein Haus gebaut. Selbstverständlich barrierefrei, denn damals war noch nicht klar, ob ich tatsächlich wieder vollständig gehen können werde.

Fast hätte ich es vergessen: Geheiratet haben wir, nachdem unser Haus stand, die Unterarmgehstützen habe ich in die Garage gestellt und mir dafür ein Motorrad gekauft. Ach ja, den Führerschein dafür habe ich auch gemacht.

So, und jetzt wieder zu Ihnen. Sollte Ihnen ab jetzt etwas vor die Füße geworfen werden, eine Aufgabe, eine Herausforderung oder eine Begegnung, dann wird es dafür schon einen Grund geben. Also anpacken und annehmen, so schwer die Aufgabe auch sein mag.

Mein Tipp für mehr Resilienz in Ihrem Leben: Setzen Sie sich Ziele!

Was Erfolg ausmacht, und wie Erfolg beschrieben wird, definiert jeder Mensch für sich selbst. Wie definieren Sie Erfolg? Was ist für Sie anders, wenn Sie erfolgreich sind? Ist Erfolg erlernbar?

Es gibt ein paar Faktoren, die wichtig sind, um erfolgreich zu sein. Erfolg kann vieles sein. Meist drücken wir mit dem Wort Erfolg aus, dass wir etwas erreicht haben. Wir haben es geschafft, wir sind zufrieden! Erfolgreiche Menschen haben ihre Ziele messbar erreicht. Da sich Ziele von Mensch zu Mensch unterscheiden, lassen sich diese kaum vergleichen.

Wie lässt sich Erfolg erreichen? Fast jeder Mensch wünscht sich, in seinem Leben erfolgreich zu sein. Die Kraft für den Erfolg schlummert in jedem von uns. Ob wir die Kraft aufbringen oder die Bereitschaft dafür entwickeln, Erfolg in unserem Leben zuzulassen, liegt an jedem Einzelnen. Machbar ist es dann, wenn wir unsere Ziele klar und erreichbar definieren und den Fokus darauf ausrichten, das Ziel nicht aus den Augen zu verlieren. Das bedeutet, dass es wertvoll ist, nicht nur ein Ziel zu verfolgen, sondern sich auch einen Plan mit einzelnen Meilensteinen zu erstellen. Je selbstsicherer Sie mit Ihren

Zielen umgehen, desto schneller werden Sie diese auch erreichen. Ziele können zum Beispiel sein, gesund zu bleiben und sich gut zu ernähren, Sport zu treiben, wertschätzender mit den Mitmenschen umzugehen, eine gute Balance zu finden zwischen Privatleben und Business, sich weiterzuentwickeln sowie finanzielle Freiheit.

Für einen Teil der Menschen ist es wichtig, eine gute Balance zwischen Privatleben und Business zu haben. Für andere wiederum ist es bedeutsam, einen wertschätzenden Umgang mit anderen Menschen zu pflegen. Um das Ziel zu erreichen, ist es für die meisten Menschen wichtig, durch die eigene Kraft dort hinzukommen.

Ich gehe davon aus, dass Sie, liebe Leserinnen und Leser, hier schon so weit sind, dass Sie Ihre Ziele sehr klar und realistisch definieren können. Schließlich haben Sie ja schon ein paar Kapitel aufmerksam gelesen, gehen mit sich achtsam um und besitzen die Fähigkeit, nun Ziele deutlich zu formulieren.

Was sind wichtige Faktoren, um zum Erfolg zu kommen? Was uns Menschen antreibt und motiviert, erfolgreich zu sein, ist so unterschiedlich wie die Menschheit selbst. Ein paar Punkte vereinen jedoch alle Menschen, die Erfolg im Leben haben. Diese Triebfedern sind:

- Motivation
- einen Sinn finden im Handeln und Tun
- Vertrauen in die eigenen Fähigkeiten
- Aussicht für die Sache
- Begeisterung
- einen Sinn finden

Von Begeisterung sprechen wir dann, wenn es Menschen gelingt, andere oder sich selbst in den Bann zu ziehen. Authentizität, Ehrlichkeit, Verbindlichkeit, Intelligenz, eine große Persönlichkeit, ein souveränes sowie ein sympathisches Auftreten und eine unverwechselbare Ausstrahlung zeichnen Menschen aus, die begeisterungsfähig sind. Wer sich und andere begeistern kann, findet auch einen Sinn, brennt für das, was er macht, und vertraut sich und dem Weg zum Ziel. Vertrauen ist der Start einer guten Beziehung zu sich selbst und die Chance, nicht über die eigenen Grenzen zu gehen. Vertrauen ist der Anfang von allem, so lautete vor vielen Jahren der Slogan einer großen deutschen Bank. Diese Devise lässt sich gut auf den Erfolg kopieren, denn mit Motivation, Begeisterung und einer gehörigen Portion Selbstvertrauen werden Sie spielend Ihre Ziele erreichen und erfolgreich sein.

Erfolg ist Leben und der Triumph, der vom Leben berichtet.

So, liebe Leserinnen, liebe Leser, nun sind Sie am Ende der sieben Säulen der Resilienz angekommen. Bevor Sie sich nun dem Zusatzmaterial widmen, fragen Sie sich höchstwahrscheinlich: Was kann ich nun mit dem gesammelten Wissen machen? Was ist der erste Schritt? Das möchte ich Ihnen gerne beantworten.

Sie haben viele Anregungen und Impulse gelesen, jetzt geht es darum, diese im Alltag anzuwenden. Nutzen Sie das Buch zum Beispiel als Workbook, in das Sie schreiben, in dem Sie Stellen markieren oder sich kleine Randnotizen machen. Je mehr Sie sich mit diesem Buch, den neu gewonnenen Ideen und Methoden beschäftigen, desto deutlicher werden Ihnen die Veränderungsschritte in Ihrem zukünftigen Leben bewusst. Wenn es Ihnen hilft, dann ist es vielleicht ratsam, sich ein persönliches Notizbuch zuzulegen, in dem Sie Ihre Erfolge notieren. Der erste Schritt beginnt damit, dass Sie sich die Frage stellen: Womit möchte ich heute starten? Was möchte ich verändern? Und dann lassen Sie sich bitte nicht von den kleinen Rückschritten irritieren, denn die gehören auch dazu. Stehen bleiben, stolz auf sich sein, mutig sich auch mal eine Pause gönnen – das sind die Attribute, die dazugehören. Viel Glück und gutes Gelingen!

Praktisches Zusatzmaterial zum Thema Mentaltraining

Zum Schluss gibt es noch ein paar Informationen über die Kraft der Gedanken. Die meisten Menschen unterschätzen, was es bedeutet, Einfluss auf die eigenen Gedanken zu haben. Wissen Sie, wie dieser Einfluss auch noch genannt werden könnte? Die Stärke, Herr der eigenen Gedanken zu sein. Und nun stellen Sie sich für einen kurzen Augenblick vor, Sie könnten tatsächlich etwas an Ihren Gedanken ändern. Stellen Sie sich vor, Sie hätten die Möglichkeit, mit einem individuellen Training Ihre Gedanken positiv zu trainieren oder sich von Ihren alten und vor allem schlechten Gewohnheiten zu trennen. Dass es sich dabei um kein Wunderwerk handelt, ist sogar wissenschaftlich bewiesen. So zum Beispiel wird im Sport das Mentaltraining bereits seit vielen Jahren eingesetzt. Die in diesem Bereich durchgeführten Studien belegen, dass schon die pure Vorstellung eine Aktivität im Gehirn eröffnet, ohne dass ein praktisches Training erfolgt wäre. Noch deutlich größere Erfolge werden durch die Kombination von realer Bewegung und der Bewegung im Gehirn erzielt. Und so wie das Mentaltraining im Sport funktioniert, so funktioniert es auch bei jedem anderen Veränderungswunsch, denn es

- löst Sperren im Kopf und macht frei,
- sorgt für Bewegung im Gehirn,
- steigert die Motivation,
- stärkt das Selbstvertrauen und den Selbstwert und noch vieles mehr.

Und noch ein Phänomen wurde wissenschaftlich belegt. Unser Gehirn macht keinen Unterschied, ob wir uns etwas vorstellen (etwas also vor unserem geistigen Auge geschieht) oder ob wir tatsächlich etwas machen. Die Region, die im Gehirn aktiviert wird, ist dieselbe. Doch Vorsicht: Sie können Ihr Gehirn auch negativ trainieren, vor allem dann, wenn Sie in die Opferrolle geraten und sich nur noch den blanken Horror ausmalen. Bedenken Sie: Grundsätzlich alles, was Sie sich vorstellen können, kann auch geschehen. Und wenn Sie schon aktiv denken, dann doch bitte positiv.

Mentaltraining gibt es in fast allen Bereichen des Lebens. Speziell bei Menschen mit Ängsten oder solchen, denen es an Selbstvertrauen fehlt, kann das Mentaltraining eine hilfreiche Methode sein. Jedoch auch für die pure Entspannung oder in Situationen, in denen es um Ruhe geht, kann das Mentaltraining genutzt werden. Im Normalfall sind Ängste ein Warninstrument und unterstützen uns bei Gefahr. Denn genau dafür sollte Angst da sein: als Warnsignal, zum Beispiel bei Rot nicht über die Ampel zu gehen. Um bei Gefahr in den Fluchtmodus gehen zu können, wird der Körper mit Stresshormonen geflutet. Der Blutdruck steigt durch das Adrenalin, unwichtige Funktionen wie die Verdauung werden unterdrückt, und auch die Immunabwehr wird durch das Cortisol zurückgefahren. Bei unvermeidbaren Gefahrensituationen sind diese Funktionen folgerichtig, sinnvoll und überlebensnotwendig. Jedoch können diese Reaktionen auch durch tägliche Bilder aus den sozialen Medien, Berichterstattungen im Fernsehen oder dem Lesen der Tageszeitung entstehen. Der Körper ist so im Dauerstress – Herzinfarkt, Schlaganfall oder Gefäßerkrankungen können Folgen der Ängste sein. Stellen Sie sich für einen kurzen Augenblick vor, Sie könnten mit Ihrer Angst reden. Noch besser, Sie könnten Ihre Angst sehen. Beides geht. Hier kommt die Übungseinheit, um angstfreier zu leben. Ist Ihre Angst erst einmal verschwunden, kommt Ihr Selbstbewusstsein von ganz allein. Damit es vielleicht noch ein Fünkchen schneller geht, habe ich Ihnen auch dafür eine Übung vorbereitet. Und wenn alle Stricke reißen sollten, hilft es Ihnen bestimmt, ganz ruhig und gelassen zu atmen. Denn unseren Atem unterschätzen wir häufig, vor allem dann, wenn wir im Stress sind, es hektisch wird, wir in einer Belastungssituation oder sogar in einer Krise stecken. Damit Sie das Atmen nicht vergessen, kommt in diesem Kapitel noch eine kleine, jedoch sehr hilfreiche allerletzte Übung. Viel Spaß dabei!

Übung gegen die Angst

Suchen Sie sich einen ruhigen Ort, an dem Sie für ein paar Momente ungestört sind. Bevor Sie beginnen, sollten Sie alle störenden Geräusche minimieren. Stellen Sie Ihr Festnetz- und Ihr Mobiltelefon aus, und machen Sie am besten noch ein Schild an die Tür, dass Sie jetzt gerade nicht gestört werden möchten. Wenn Sie entspannt und zur Ruhe gekommen sind, versetzen Sie sich bitte für einen kurzen Moment in die Situation, die Sie zuletzt geängstigt hat. Spüren Sie, wie sehr Ihre Angst Sie im Griff hat und welche Bilder in Ihnen entstehen? Nun befassen Sie sich mit den folgenden Fragen und beantworten diese so spontan wie möglich. Am besten antworten Sie aus dem Bauch heraus. Legen Sie sich einen Stift und ein Blatt Papier bereit, damit Sie alles notieren können. Los geht es:

- Ist Ihre Angst groß oder klein? (Wenn es Ihnen leichter fällt, dann nehmen Sie Maß an sich: Ist Ihre Angst größer oder kleiner als Sie?)
- Ist Ihre Angst dick oder dünn? (Genauso wie bei der Größe können Sie es auch bei der Figur machen.)

- Ist Ihre Angst alt oder jung? (Und auch beim Alter ist das eigene Alter ein idealer Gradmesser.)
- Ist Ihre Angst männlich oder weiblich? (Das erklärt sich von allein, denn welches Geschlecht Sie haben, das wissen Sie.)

Jetzt sollten vier Begriffe auf Ihrem Blatt Papier stehen. Zum Beispiel: klein, dick, alt und männlich. Fragen Sie sich, welche Figur könnte sich hinter diesen vier Attributen verstecken? Damit es Ihnen leichter fällt, nehmen Sie eine Figur aus dem Zeichentrick, Comic oder Märchen, etwa Quasimodo. Bitte nehmen Sie keine Person aus dem wahren Leben.

Prima, bis hierhin haben Sie es schon geschafft, Ihre Angst hat jetzt ein Gesicht. Sie haben nun die Möglichkeit, der Figur noch einen persönlichen Namen zu geben, damit Sie Ihre Angst ab jetzt ansprechen können, wenn sie erneut versucht, Macht über Sie zu bekommen. Fragen Sie (in diesem Fall) Quasimodo, was er von Ihnen möchte. Machen Sie sich bewusst: Sie sind der Chef von Quasimodo. Würden Sie sich von einem Angestellten so behandeln lassen, wie es Quasimodo mit Ihnen macht? Dürfte ein Mitarbeiter Ihres Unternehmens eine so große Macht übernehmen? Ich gehe davon aus, dass Sie gerade zweimal mit Nein geantwortet haben. Dann übernehmen Sie doch bitte wieder die Geschäftsleitung in Ihrem Unternehmen »Gehirn«. Sagen Sie doch ab jetzt zu ihrem Quasimodo: »Danke für die Warnung, den Rest mache ich selbst.« Zur Not bekommt Quasimodo vier Wochen Sonderurlaub auf einer einsamen Insel. Sie selbst bringen ihn zum Flughafen und beobachten, wie das Flugzeug mit Ihrem Quasimodo wegfliegt. Stellen Sie sich das Bild für einen kurzen Moment vor. Sind Sie erfreut, geradezu beglückt, dass er weg ist? Kann es sein, dass Sie jetzt gerade für einen kurzen Augenblick einen riesigen Spaß hatten, als Sie sich vorgestellt haben, dass er in den Urlaub fliegt?

Bewahren Sie Ihre positiven Bilder. Sollten Sie nach dieser Übung schmunzelnd von dannen gehen, kann ich Sie nur beglückwünschen, denn dann hat Ihr Mentaltraining funktioniert.

Übung für das Selbstbewusstsein

Für Ihr Selbstbewusstsein habe ich auch eine kleine Übung vorbereitet. Suchen Sie sich erneut einen ruhigen Ort. Bei dieser Übung geht es darum, sich mental, also bildhaft vorzustellen, dass Sie schon an Ihrem Ziel angekommen sind. Stellen Sie sich vor, wie Sie sich anderen gegenüber benehmen, wenn Sie selbstbewusster sind. Was machen Sie? Wie geht es Ihnen? Und vor allem: Können Sie fühlen, wie es ist, erfolgreich am Ziel Ihres Selbstbewusstseins angekommen zu sein? Alles, was Sie sich vorstellen, also Ihr Zielbild und die dazugehörigen Gefühle, speichern Sie bitte gut in Ihrem Gehirn ab.

Vielleicht hilft es auch, dass Sie sich ein paar Notizen dazu machen. Schreiben Sie alles so exakt wie möglich auf, damit Sie jederzeit nachlesen können, welche Schritte auf dem Weg zu Ihrem Ziel, erfolgreich und selbstbewusster zu werden, wichtig sind. Höchstwahrscheinlich ist auch eine Zeichnung hilfreich, aber bitte nur dann, wenn Sie es sich zutrauen, Ihr Zielbild künstlerisch darzustellen. Alles, was Ihnen hilft, erfolgreich zu werden, sollten Sie unbedingt machen.

Übung für den bewussten Atem

Sicherlich kennen Sie das auch: Sie sind in einer Prüfungssituation, haben Lampenfieber, wissen, dass es jetzt um alles geht, und Ihr Gehirn schaltet ab – Blackout. Oder: Ihr Chef ruft Sie zum persönlichen Gespräch, und Sie sind aufgeregt, da Sie nicht wissen, was auf Sie zukommt – Herzrasen. Oder: Eine Situation hat Sie mal wieder komplett im Griff, und Sie würden am liebsten wegrennen – Fluchtreaktion.

In den meisten dieser Fälle vergessen wir, achtsam mit uns selbst zu sein, und vor allem atmen wir dann eher flach als gezielt in den Bauch. Dadurch wird unser Gehirn nicht ausreichend mit Sauerstoff versorgt, was das Ganze nicht besser macht, sondern die Situation verschlimmert.

Kennen Sie den Spruch: Stress macht blöd? Das stimmt, denn wenn wir einen Blackout haben, Lampenfieber oder vor Stress fast gelähmt sind, hat das auch Auswirkung auf den Atem. Wegrennen und die Decke über den Kopf ziehen sind meist keine Lösungsansätze, die Ihnen dabei helfen, dem Stress zu entfliehen. Logisch zu denken, ist oft ebenfalls ausgeschlossen, weil der Körper mit Herzrasen, schneller Atmung und schweißnassen Händen reagiert. Wussten Sie, dass zu viel Stress langfristig Auswirkungen auf das Gehirn haben kann? Ist Ihnen bewusst, dass durch eine lang anhaltende Überlastung sich das Gehirn in bestimmten Bereichen sogar verändern kann? Okay, Lampenfieber, Blackout-Situationen und die Angst zu versagen, kennt jeder Mensch. Doch kennen Sie auch die Lösung dafür? Die Lösung lautet: atmen.

Um zukünftig in stressigen, belastenden und hektischen Situationen das Atmen nicht zu vergessen, kann Ihnen diese Atemübungseinheit sicherlich eine wertvolle Stütze sein. Bei einer bewusst eingesetzten Atemübung lernen Sie nicht nur, gezielt und bewusst Ihren Atem zu steuern. Mit dieser Übung versorgen Sie auch gleichzeitig alle Bereiche Ihrer Lungenflügel. Das Zwerchfell und Ihre Lungenmuskulatur werden dadurch aktiviert und mit ausreichend Sauerstoff versehen. Das wiederum gefällt dem Gehirn, da auch dieses vom Sauerstoff profitiert und besser arbeiten kann. Sorgen Sie dafür, dass Sie die Übungseinheiten in einer ruhigen und ungestörten Umgebung durchführen. Sie können die Übung am besten im Sitzen auf einem Stuhl mit einer Lehne durchführen. Achten Sie bitte darauf, dass Sie sowohl mit den Füßen den Boden als auch mit dem Rücken die Stuhllehne berühren. Wenn Sie es sich zutrauen, schließen Sie bitte Ihre Augen. Alle Gedanken, die jetzt noch durch Ihren Kopf huschen, lassen Sie einfach kommen, und wenn diese einfach nicht verschwinden möchten, dann ist es unter Umständen hilfreich, sie in einen Heißluftballon zu setzen und auf die Reise zu schicken.

Lehnen Sie sich jetzt locker an die Stuhllehne. Ihre Hände liegen entspannt auf Ihren Oberschenkeln oder alternativ auf dem Unterbauch. Versuchen Sie, locker in den Bauch zu atmen. Sollten Sie die Körperwahrnehmung für den Atem benötigen, ist es sicherlich sinnvoll, die Hände auf den Unterbauch zu legen, um die Bewegung Ihres Bauches zu spüren.

Versuchen Sie, ganz ruhig und locker Ihren Atem zu spüren, sowohl wenn Sie einatmen und der Bauch sich hebt als auch wenn Sie ausatmen und der Bauch sich senkt. Bei jedem Einatmen sagen Sie sich: »Ruhig und konzentriert geht es garantiert.« Beim Ausatmen sagen Sie sich: »Alles, was mich belastet, verlässt beim Ausatmen meinen Körper.« Versuchen Sie, mit jedem Atemzug ruhiger zu werden. Stellen Sie sich vor, wie alles Nebensächliche Ihren Körper beim Ausatmen verlässt und alles Wichtige mit dem Einatmen den Körper versorgt.

Nach fünf bis zehn Minuten beenden Sie die Übung, bleiben jedoch noch ein wenig entspannt sitzen und genießen die Ruhe, bevor Sie die Augen wieder öffnen, um in die Realität zurückzukehren.

Diese Übung können Sie auch vor jeder Prüfung, jedem unangenehmen Gespräch oder in stressigen und hektischen Situationen anwenden. Hilfreich ist, diese Übung einmal täglich zu wiederholen, um einen positiven Übungseffekt zu erzielen.

Ich wünsche Ihnen, dass Ihnen nie die Puste ausgeht.

NACHWORT

Sie sollten sich schon selbst den roten Teppich für Ihr Leben ausrollen.

Sabine Lahme

Einen Arbeitsplatz zu verlieren, ist tragisch, ein Beziehungsende ist traurig und wenn ein Mensch verstirbt, ist es sehr schmerzhaft. Beim Verlust einer Arbeitsstelle rutschen nicht nur Sie ab, das Gleiche kann mit Ihrem Konto passieren. Beim Beziehungsende ist die Trauer das Allererste, was spürbar ist, und beim Tod eines nahen Menschen scheint die Welt stehen zu bleiben. Doch in allem, was in unserem Leben passiert, steckt auch eine Chance. Und so lernen Sie Ihre Chancen kennen.

Glauben Sie mir, ich habe all das auch erlebt, und ich kann nachempfinden, wie sich Menschen fühlen, wenn ihnen Tod, Arbeitsverlust oder ein Beziehungsende zuteilwird. Auch in meinem Leben gab es diese Brüche. Grundsätzlich gab es jedoch immer eine Chance mehr, die es mir möglich machte, wieder aufzustehen. Und ab und zu gab es nicht nur diese zauberhaften Chancen, sondern auch ganz viele kleine Wunder. Ohne das Ärztenetzwerk würde ich heute noch im Rollstuhl sitzen. Ohne meinen Mut und meine Disziplin könnte ich heute nicht auf meinen eigenen Beinen gehen. Ohne den finanziellen Vorteil durch die Kündigung meines Arbeitsplatzes wäre es mir nicht möglich gewesen, mich selbstständig zu machen. Ohne meine Selbstständigkeit hätte ich nicht meine Geschäftspartnerin Margarete Monika kennengelernt. Ohne die Kündigung meiner ersten Geschäftsräume hätten Margarete und ich nicht die Chance bekommen, unsere gemeinsamen Räume zu beziehen. Ohne den Tod von Margarete hätte ich nicht die Möglichkeit ergriffen, die Institutsräume mit meinem Mann Michael gemeinsam zu nutzen. Ohne meinen wundervollen Mann hätte ich sehr oft keinen freien Rücken. Und ohne meine schwere Erkrankung wäre ich heute nicht der Mensch, der ich bin.

Sie sehen, es lohnt sich, jede Challenge im Leben anzunehmen, um daraus eine Chance zu machen. Und jetzt möchte ich mich bei Ihnen bedanken, dass Sie bis zum Schluss dieses Buches geblieben sind, Sie es gelesen und vielleicht auch die eine oder andere Übung gemacht haben. Herzlichen Dank dafür.

Was mir darüber hinaus am Herzen liegt, ist, Sie zu ermutigen, aus jedem Tag Ihres Lebens die allerbeste Zeit zu machen. Denn es gibt diesen Moment in Ihrem Leben immer nur einmal. Morgen gibt es einen anderen Augenblick, doch nicht denselben. Bedenken Sie bitte, niemand in Ihrem Leben wird Ihnen einen roten Teppich ausrollen, damit aus Ihrem Tag ein wundervoller Moment Ihres Lebens wird. Das sollten Sie schon selbst machen. Und ich weiß, das können Sie jetzt und noch viel besser. Ich bin mir ganz sicher, das werden Sie ab jetzt auch tun.

Ich würde mich sehr darüber freuen, wenn ich Ihnen ein paar Wege aufzeigen konnte, und unter Umständen habe ich Sie ja auch zu Ihrer eigenen Reise inspiriert. Sollte der Mut Sie verlassen, schauen Sie einfach wieder in das Buch, und wenn es ganz schwierig wird, ist es bestimmt hilfreich, das Buch nochmals von Anfang zu lesen.

Ich wünsche Ihnen für Ihr zukünftiges Leben ganz viel Zuversicht und eine riesige Portion Resilienz.

Passen Sie gut auf sich auf.

Ihre Sabine Lahme

ENDNOTEN

1 Dr. Susan C. Vaughan: *Half Empty, Half Full: Understanding the Psychological Roots of Optimism*. Mariner Books: Boston, 2001.

2 https://www.dpdhl.com/de/suche.html?q=glücksatlas (Studie aus dem Jahr 2017; abgerufen am 07.03.2023)

3 Martin E. P. Seligman: *Der Glücks-Faktor – Warum Optimisten länger leben*. Lübbe: Köln, 2005.

4 https://www.pnas.org/doi/10.1073/pnas.1900712116 (abgerufen am 06.02.2023)

5 https://www.wanderverband.de/_Resources/Persistent/5b7fcbaa8b6dd4a973a26a8475d976b15ba03c11/Gesamtbericht_Wanderstudie_2012.pdf (abgerufen am 07.03.2023)

6 John M. Gottman: *Die 7 Geheimnisse der glücklichen Ehe*. Ullstein: Berlin, 2014.

7 Satir, Virginia: *Kommunikation ist ein riesiger Regenschirm … der alles umfasst, was unter Menschen vor sich geht*. Klett-Cotta: Stuttgart, 2018.

8 https://www.spiegel.de/wissenschaft/natur/intelligente-affen-wassertrick-verschafft-schimpansen-nuesse-a-767715.html (abgerufen am 07.03.2023)

9 Steve de Shazer und Yvonne Dolan: *Mehr als ein Wunder: Lösungsfokussierte Kurzzeittherapie heute*. Carl Auer Verlag: Heidelberg, 2020.

10 https://www.ardalpha.de/wissen/psychologie/tod-trauer-liebe-begleitung-verlust-beziehung-100.html (abgerufen am 07.03.2023)

11 Covey, Stephen R.: *Die 7 Wege zur Effektivität. Prinzipien für persönlichen und beruflichen Erfolg*. 58., überarbeitete Auflage. GABAL: Offenbach, 2018.

12 http://www.helenfisher.com/about.html (abgerufen am 07.03.2023)

13 https://www.psychologie-heute.de/leben/artikel-detailansicht/38818-mitgefuehl.html (abgerufen am 06.02.2023)

14 https://www.spektrum.de/news/was-traeumen-neugeborene-und-foeten/1566458 (abgerufen am 07.03.2023)

DANKE

An alle Leser*innen für das Vertrauen und die Zeit, die Sie sich genommen haben für dieses Buch.
An meinen Mann Michael, der mir Inspiration und Liebe schenkt.
An Franca, die mir Freundin und Herzensmensch ist.
An Markus, der mit mir ein Stück Heimat teilt.
An den mvg Verlag, der mir dieses wundervolle Geschenk gemacht hat.
An Anna und Moritz, die wundervolle Impulsgeber sind.
An Kerstin und Guido für zauberhafte Gespräche.
An Gerald, schön, dass du da bist.
An meine Lektorin für zauberhafte Anregungen und wundervolle Impulse.
An meinen Großvater, den besten Mentor der Welt.

Liebe Leserinnen, liebe Leser: Hören Sie bitte nie auf, an sich zu glauben, mutig, dankbar und zuversichtlich zu bleiben!

ÜBER SABINE LAHME

© Misha Kovalov Photography

Um auf eigenen Beinen zu stehen, ein selbstbestimmtes und erfülltes Leben zu führen, musste Sabine Lahme vieles auf sich nehmen. Mit 28 Jahren erkrankte sie so schwer, dass die Ärzte sie für 100 Tage in ein künstliches Koma versetzten. Fünf Jahre später fesselten sie die Folgen dieses Komas an den Rollstuhl. Doch mit einer speziellen Therapie erlernte sie das Gehen erneut.

Heute ist Sabine Lahme Resilienz-Trainerin, zertifizierte Systemische Coachin, zertifizierte Mediatorin, Beziehungsexpertin und geprüfte psychologische Beraterin. Zudem war sie viele Jahre Dozentin an der Paracelsus-Schule und bei der Deutschen Gesellschaft für Alternativmedizin.

2005 gründete sie ihre eigenen Unternehmen Lebens-Linie.de sowie Sabine-Lahme.de. Zu ihren Klienten gehören Unternehmer, Manager, Führungskräfte, Paare und Einzelpersonen. Gemeinsam entwickelt sie systematische Lösungsmodelle mit denjenigen, die sich in ihrem beruflichen Umfeld, in ihrer Karriere, in ihrer Ehe oder ihrer Familie verändern und ihr Leben wieder auf Linie bringen möchten.